江苏高校哲学社会科学研究专题项目阶段成果（2022SJS

江苏省高职院校教师专业带头人高端研修资助项目（2022TDFX010）；

扬州市社科联重大课题资助出版项目（扬社联〔2021〕31号）；

扬州市职业大学优秀学术著作资助出版；

扬州市职业大学优秀青年骨干教师项目资助（扬职大〔2021〕40号）；

扬州市职业大学2022年高等教育科学研究课题阶段成果（2022GJ11）。

多维视角下的高校教学改革与德育优化研究

王　君　著

北京燕山出版社

BEIJING YANSHAN PRESS

图书在版编目 (CIP) 数据

多维视角下的高校教学改革与德育优化研究 / 王君
著 . -- 北京 : 北京燕山出版社 , 2022.6

ISBN 978-7-5402-6602-8

Ⅰ . ①多… Ⅱ . ①王… Ⅲ . ①高等学校 – 教学改革 –
研究 – 中国②高等学校 – 德育工作 – 教育研究 – 中国

Ⅳ . ① G642.0 ② G641

中国版本图书馆 CIP 数据核字 (2022) 第 124435 号

多维视角下的高校教学改革与德育优化研究

出版发行 : 北京燕山出版社有限公司

社　　址 : 北京市丰台区东铁匠营苇子坑 138 号 C 座

邮　　编 : 100079

责任编辑 : 刘占凤　吴蕴豪

版式设计 : 优盛文化

印　　刷 : 定州启航印刷有限公司

开　　本 : 710mm×1000mm　　1/16

印　　张 : 16

字　　数 : 260 千字

版　　次 : 2022 年 6 月第 1 版

印　　次 : 2024 年 1 月第 1 次印刷

ISBN 978-7-5402-6602-8

定　　价 : 98.00 元

前　言

　　我国高等教育已进入大众化教育阶段，由过去的重视规模扩张转向内涵发展。提高高等教育质量已成为广大教育工作者和社会大众普遍关注的问题。不仅如此，在建设社会主义现代化强国的过程中，高校教学的战略地位更加突出，中国高校教育改革将会是一项重大的、持续的、影响深远的改革。高校教学改革过程中，体制改革是关键，教学改革是核心，更新教育思想和教育观念是先导，改革的主力军是高校的教师和教育教学管理者。

　　高等教育承担着培养高级专门人才、发展科学技术文化、促进现代化建设的重大任务，提高教学质量是高等教育发展的核心任务。在新时代背景下，人才的流通和交流已经成为全球性的趋势，对高学历、高素质人才的培养成为世界各国教育发展的重要目标。我国高校对大学生的培养和教育也逐步向国际化、人性化方向发展。

　　本书通过研究教育教学基础理论，立足高校教学的本质和我国当前高校教学现状与问题，结合新时代社会发展需要，围绕高校教学的多个维度，全方面探索高校教学改革的实施办法和德育教学改革及优化的策略。笔者分别从高校课堂教学改革、高校教学方法改革、高校教学课程改革、高校教学管理改革、"互联网＋"与高校定制化教学五个维度对高校教育改革进行了深入且细致的研究，内容丰富，既有教育思想、教育观念、教育模式方面的研究，又有教学管理、教学制度、德育教学改革及优化等方面的探索。

全书共分为九章，第一章总述了高校教学的基本理论；第二章为高校教学改革概览；第三章至第六章分别从课堂教学、教学方法、教学课程、教学管理不同层面详细讲述了高校教学改革的现状，并根据现状及问题提出有理可循的改革对策；第七章重点提出了"互联网＋"背景下的定制化教学的实施策略；第八章至第九章论述了高校德育教育相关理论及实践途径，并诠释了高校德育教学改革及优化的相关内容。希望本书在促进高校教育教学改革上能贡献一份力量。此外，还希望本书能对教师和教学管理人员，特别是刚从事教学管理工作的人员有所帮助。

由于作者水平有限，写作时间较为仓促，书中难免存在不足之处，敬请各位专家学者及同行及时提出修改意见或建议，以便进一步修改订正，以臻完善。

王　君

2021 年 9 月

目　录

第一章　高校教学概述

第一节　高校教学的相关理论

高校教学是培养高级专门人才和职业人员的主要社会活动，它是教育系统中互相关联的各个重要组成部分之一，通常包括以高层次的学习、培养、教学、研究和社会服务为主要任务和活动的各类教育机构。20 世纪后半叶是高校教学发展史上不寻常的扩展和质变的阶段，社会对高级专门人才需求的迅速增长以及个人对接受高校教学就学机会的迫切需要，使得高校教学以前所未有的速度发展，从精英教育走向大众化教育。

一、高校教学的本质

（一）对教育本质的认识

任何教育理论都是在一定人性假设的基础上建构的，如孔子的教育主张是建立在他的"性善说"基础上的。在此所论述的教育的本质建立在人性假设的基础上。既然是人性假设，那么教育的本质也只能是一种假设。这个假设包括哪些内容呢？

1. 教育的本质是发挥人的潜能

从人的个体生命来说，人首先是一种实然的存在，这种存在不同于动物之处在于：人有一种具有一定结构的高于动物的潜能。众多国内外文献对这点几乎没有异议。世界上有"狼孩"之事，但狼与人共生，狼是不会成为"人狼"的。人本主义的"潜能说"是非常有价值的。创造性、自发性、个性、真诚、关心别人、爱的能力、向往真理等，全都是胚胎形式的潜能，属于人类全体成员，这就为当代教育学激发教育对象的能动性、主体性、个性化和创造性找到了一种可能性或一种萌芽。但是这些潜能仅仅是人体内一种类似本能的微弱冲动，一种可能性或萌芽，要使可能性转化为现实，要使萌芽不夭折，就要兴教育人，在教育中不断引导、发展、完善和巩固它们。

2.教育的本质是发现人的价值

任何人生在世界上都有其自身的价值。人本主义从人的个体生命出发，认为人的终极价值是自我实现；马克思主义从人的社会生命出发，认为人类的最高境界是共产主义，在这里人类由必然王国进入了自由王国，人是自己世界的主宰者。前者重视人的内在价值；后者在肯定人的内在价值的同时，强调人的外在价值。两者并不矛盾，而是有机统一的，内在价值是外在价值的基础，外在价值是内在价值的表现。

但是，人的价值不是一时就能被发现和认识的。从历史上看，原始社会由于生产力低下，人的生存经常受到外在客观力量的威胁，因此人们总觉得自己软弱无力，看不到自己已有和应有的地位和作用。奴隶社会是一匹马换五个奴隶的时代，人作为奴隶自然毫无地位、作用和尊严可言。在封建社会，封建统治严重桎梏了人的价值。资本主义社会对人的价值有了进一步的发现，也产生了种种干扰。由此看来，到现在为止，人的价值尚未被全面而深入地发现与认识。人的价值被充分发现与全面认识必须借助教育。第一，教育使人类获得知识，这样人类才能睁开被蒙住的双眼。第二，教育引导人们创造性地、能动地超越种种给定性，逐步从实然走向应然，从而坚持人的主体地位，发挥其主体作用。只有这样，人才能逐步发现自身应有的内在价值和外在价值。所以说，教育就是引导人们发现个人的价值和人类的价值的活动。

3.教育的本质是通过文化的传递、内化、融合和创新使个体社会化

一个自然人来到世上便具有了成为社会人的一切可能，但这些可能会向什么方向发展，成为什么样的现实，是由后天决定的，这就需要借助教育。教育是教育者有计划地根据社会的需求对受教育者的身心施加一定的影响，使其符合教育者的意图。因此，社会的需求是人的发展方向，施加的影响就是文化的传递、内化、融合和创新。文化，指广义的文化，包括人文与科学。对学校而言，文化不但是一种学识、一种智慧、一种氛围，更是一种人格、一种精神。教师通过教学传递文化，学生把文化内化为自己的素质，师

生结合社会实际不断创造新的文化。这样，个体就成了既定社会的个体，一个能融入当前社会的个体，也便具有了既定社会所需的学识、智慧和品格。值得注意的是，从人的个体生命来看，人的本性的发展方向是自我实现；但从人的社会生命来看，社会需求是人的发展方向。只有当自我实现与社会需求一致时，人性才能得到完美的发展，否则就会出现人性的异化。

4. 教育的本质属性在于引导完备人性的建构与发展

教育通过文化的传递、内化、融合和创新使个体社会化，个体就成了既定社会的个体，就拥有了某种知识、能力、道德品质、行为规范等。这是一种实然的存在，但教育不仅如此。人总是存在于实然与应然的肯定与否定的动态过程之中，能动地、创造性地打破既定实然，走向应然。因此，教育的本质属性更应当主要表现为如下几个方面：它要使受教育者在已有的各种现实规定性中奋起去追求新的自我、新的世界；它要使一切文化知识、道德规范等的接纳在他们身上产生生成性的变化，转化为创造的潜力；它要使受教育者能以一种批判的向度去面对、掌握、审视现实生活。一个人既是他正在成为的那种人，又是他向往的那种人，因此教育既要使人是其所是，又要使人是其所应是。

从以上分析可知，人既是个体生命与社会生命的统一，又是实然与应然的统一。建立在这种人性假设基础上的教育实践，既能促进个体的发展，又能促进社会的发展；既能促进个体适应社会，又能促进个体的创新。总之，这种教育实践使人得到全面充分的发展，进而推动社会的进步。相反，失去了一半的人性假设就会导致失掉另一半的教育，而这种失掉了另一半的教育，培养的与其说是失掉了一半的人，不如说尚不是真正意义上自由自觉活动的人。因此，从基本意义上说，教育应是人道的，因为它要讲理、讲道、讲技，总是围绕人展开；离开了人，教育就会成为无本之木。

（二）高校教学的本质属性和特征

1. 高校教学的本质属性

在有关教育本质的讨论中，虽然有着各种不同的论点，但概括起来，大致有以下几种：第一，主张教育是上层建筑；第二，主张教育是生产力；第三，主张教育的一部分是上层建筑，一部分是生产力；第四，认为教育是不能用生产力、经济基础、上层建筑等范畴来归类的社会现象，而是一种特殊的社会实践。上述四种主张对我们都有一些启示，但也有一定的片面性。主张教育是上层建筑的观点，对教育的复杂性，特别是教育与生产力的关系，缺乏有力的说明；主张教育是生产力的观点，容易忽视对人的全面培养；主张教育是实践活动的观点，也缺乏全面说明教育这种实践活动与其他社会实践活动的区别和联系。关于教育本质的讨论，无论是教育属于上层建筑说，还是教育是生产力说，或者教育是特殊社会实践说，都是在教育与社会的关系上做文章。这启示我们，教育的本质是教育自身所固有的、较稳定的根本性质，是教育区别于其他一切事物的特殊属性。在中外教育史上，尽管对教育的解说各不相同，但有一点是一致的，就是都将培养人的活动视为教育区别于其他一切事物的根本特征。可见，教育是培养人的一种社会活动，是发挥人的潜力、发现人的价值，通过文化的传递、内化、融合和创新使个体社会化的社会活动，其本质在于引导完备人性的建构与发展。具体来说，教育活动既要体现社会的要求，又要反映人的身心发展规律。

我们知道，教育，特别是高校教学，既受政治、经济和社会的制约，又对政治、经济和社会等起着巨大的反作用，具有上层建筑的社会属性。这种社会属性在不同地区、不同国家、不同社会形态，以及不同社会的不同发展阶段所表现出来的性质和特点也不尽相同。在阶级社会里，教育需反映统治阶级的要求和意志并为其服务。高校教学的阶级属性主要表现为为什么人服务，由什么人掌握领导权，坚持什么样的办学方向，贯彻什么样的教育方针，灌输什么样的意识形态和世界观，倡导什么样的道德标准和价值观念，培养什么样的人才，等等。

高校教学的上层建筑属性等主要表现在高校教学与政治的关系上。一方面，高校教学受政治的制约。首先，国家通过制定教育方针和教育制度，以及一些有关的政策、法令、规章，把一定阶级或政党的政治准则、要求，贯彻到培养人的各个方面；其次，高校教学的领导权掌握在统治者手上；再次，政治决定着接受高校教学的权利。另一方面，高校教学为政治服务，表现为通过培养专门人才来为政治服务。其一，高校教学根据国家所制定的教育方针、教育目的、培养目标，培养具有统治阶级意志与政治意识的人才，以维护统治阶级的利益，巩固社会的政治制度；其二，高校教学通过培养各级各类专门人才，促进生产力提高，发展国民经济，增强国力，巩固经济制度；其三，高校教学为国家培养专门的政治、法律人才，为统治阶级的政治直接服务。

历史的经验证明，片面夸大或忽视高校教学的上层建筑属性和阶级性，将导致教育方向出现偏差。

　　高校教学不仅是劳动生产力再生产的重要手段，还是促进科学技术发展、提高社会生产力、提升社会文明的重要手段，具有生产力的社会属性。对高校教学的生产力属性的认识，不但对认识现代高校教学的本质、功能、地位、作用等具有重要的理论意义，而且对高校教学的投入、对发展战略的制定、对高校职能的认识以及对教学改革都具有现实的指导意义。

　　高校教学还包括既不是生产力也不是上层建筑的部分。正如胡乔木所说的教育现象很复杂。教育的任务是非常广泛的，差不多与生活一样广阔。生活的全部经验都要靠教育传递下去。作为一个科学定义，教育的定义比历史唯物主义的某些公式包含的内容要广泛得多，不能简单地按照马克思、恩格斯的历史唯物主义的现成公式来解释。马克思、恩格斯的历史唯物主义当时主要着眼于社会生活中最本质的东西，而社会生活要比根本的东西宽广得多。高校教学确实是一种复杂的社会现象，高校教学的本质需要参照教育的本质，但简单地从一般教育的本质来推演是无法准确把握高校教学的本质属性的。无论是高校教学还是高等学校，都是发展变化的概念和事物，国际上尚无被人们广泛接受的界定。从根本上说，人们之所以对高校教学本质属性存在理解上的分歧，是因为人们对历史发展中的高校教学认识的差异及其现实表现的复杂性、多样性。

2. 高校教学的基本特征

　　高校教学属于教育范畴，拥有各类教育共同的基本特征和规律，但是由于高校教学普遍被认为属于高层次的教育，它的对象和任务不同于一般的教育，所以高校教学又有自身的特殊性。

　　（1）教育任务的特征——高等专门性。高校教学是建立在普通教育（或基础教育）基础上的专业性教育，以培养各种专门人才为目标。它所培养的专门人才可以直接进入社会各个职业领域从事专门工作。如果高校教学的起源追溯到古希腊的"学园"，甚至更早（在我国，高校教学起源于"大学"或"稷下学宫"），那么这类高校教学也是有专业性的。12—13世纪西欧的大学，包括法国的巴黎大学和英国的牛津大学、剑桥大学等，一开始就带有一定的专业性。所有中世纪大学的基本目的是专业教育，时代要求大批受过良好教育的人以满足其需求，大学接受了这一任务。法律、医学、神学和艺术都是需要受过教育的人所从事的专业，大学提供了这些教育。从性质和任务来看，现代高校教学具有高等专门性。

　　（2）教育对象的特征——身心成熟。大学生一般是18岁以上的青年，他们的身心已趋于成熟。我国全日制普通高等学校本科大学生大体在20岁左右；研究生、成人高等学校的学生，不少已是超过青年期的成人，他们的身心发展得更为成熟。

从生理特征来看，大学生的发育已经成熟，主要标志就是性成熟；骨骼、肌肉、心脏、循环系统与呼吸系统正进行着或已经完成了最后阶段的发育；体力有了明显的增长，特别是神经系统的发育基本上达到了完善的程度，能够负担艰难的、复杂的脑力工作，兴奋和抑制过程之间趋于平衡；不像少年期那样易于冲动，但还没有壮年那样平稳。

从心理特征来看，由于中枢神经系统中大脑皮质的发育，特别是长期以来接受系统思维训练和生活经验的增加，大学生的感觉和知觉更加趋于深刻和精密，定向注意力能够持续很久，逻辑记忆能力有了较高的发展，善于运用联想，掌握了记忆的规律，不喜欢机械记忆，喜欢根据自己的观察对事物进行独立判断，分析、综合、演绎、归纳的能力已经具备，比中学生更能抓住事物的主要方面，更能深入事物的本质。由于思维能力的加强，许多大学生喜欢进行抽象问题的思考争辩，如事物的本质、空间与时间的无限性、人生哲学等。

从性格特征来看，大学生创造性的想象力和少年儿童一样，仍然是很丰富活泼的，而且与现实联系得较好，想象的目的性与随意性加强了，因此，具有较高的社会价值与艺术价值；大学生的幻想表现为比较明显的对理想的追求，不像少年儿童那样仅有朦胧的远景。大学生的兴趣特点比较集中与持久；感情比起少年期更稳定与深入，感情与理智有了一定的结合，兴奋与抑制较为平衡；意志比少年时期更明确坚定。

（3）教育过程的特征。教育劳动使学生获得发展，不仅使身体（肉体）得到训练，更主要的是使附着在不同个体身上的思想和精神（包括观念、情感、态度、价值观等）在个体间传递与流通，它不是物质的简单交换与馈赠，教育主要培育学生的理性，发展其精神。可见，教育劳动过程带来的更核心与更实质的是思想和精神。

从投入过程来看，教育劳动既有物质和经费的投入，更有信息和精神的投入。物质和经费的投入是一种分割，遵循着"分割原理"。正如一种自然资源采掘出来出售给另一地区，却以它的同量减少为代价。在分割的过程中，物力和财力并不增值，总量一定，份数越多，分量越少；投入以后，它才升值，且这种升值的速度是缓慢的。然而，信息与精神的投入是一种分享，遵循着"分享原理"。在分享的过程中，它是随着主体的增加而总量不断增加的，其投入具有传递效应、增值效应和活化效应。

教育活动领域既有物力与财力的投入，又有信息与精神的投入，还有时间、时机的选择与投入等。因而，这种投入是一种综合投入，是"硬投入"和"软投入"的有机结合。在教育过程中，精神的投入不但不会被消耗掉，而且会得到更大的增值，创造出新的价值；物质和经费的投入是易耗的，且只是表层的，是思想和精神投入的制约和保障。这种劳动过程和价值的不同，用"造原子弹"和"卖盐茶蛋"来比喻，是比较形象和易于理解的，这也决定了它们之间的劳动形式、成果分享、收入分配原则的不同。高校教学作为教育的高级阶段，加之主体的高等复杂性，是复杂的高级的智力活动。它需要将科学研究引入教学，教师和学生相互交流、相互促进，是一种复杂的精神性创造过程。精神性意味着难以看到，有时不可度量。

以上三大特征说明，高校教学应当有着不同于初等、中等教育的内容、方法和组织形式。高等学校教师只有充分考虑这些特征，才能更好地把握作为教育者的职责和要求。高校教学研究工作也有许多特殊问题需要探究，对这些特殊问题的研究是整个教育科学工作的一个重要组成部分，但却不是以普通学校教育为对象的普通教育学所能概括和容纳的。

二、高校教学的价值

关于什么是价值，历来有多种不同的看法。我国哲学界学者从马克思主义哲学出发，给出如下定义：价值，是反映价值关系实质的哲学概念。在主客体相互关系中，客体是否按照主体的尺度满足主体需要，是否对主体的发展具有肯定的作用，这种作用或关系的表现就称为价值。简言之，价值就是客体与主体需要之间的一种特定关系。

尽管现代高校教学增加了新的经济功能，能带来可观的经济效益，满足人类物质生活的需要，具有一定的物质价值，但是高校教学仍然以传授知识的教育活动与发现知识的科学活动为主，以此满足个人与社会的精神生活需要。所以，高校教学最基本的两个价值应是本体价值与社会价值。

（一）高校教学的本体价值

高校教学的本体价值即高校教学的个人价值。高校教学正是在对个体产生作用，满足每个人的求知欲望，在帮助每一个人实现目标的过程中和基础上，体现着其他的价值与功能。由于教育是发展人的一种特殊手段，离开了人自身的发展，教育就无从反映和促进社会的发展，教育本身也不会存在。

因此，在高校教学价值体系中，最为基础的高校教学的本体价值是高校教学促进个人发展的价值，它包括两个方面。

1.促进个人发展知识能力的价值

接受高校教学首先意味着个人知识量的增长与知识质的变化。知识量的增长体现为人们在高校教学环境中，在教育者的指点下，以较少的时间获得人类长期积累起来的大量知识。知识质的变化体现为接受高校教学之后，个人的知识由原来的普通的、一般的科学文化知识变为以普通科学文化知识为基础的专业科学知识，形成个人具有明显专业倾向特征的知识结构。可以认为，只有同时具备基础知识与专业知识的知识结构才是高层次人才合理的知识结构。高校教学对个人知识发展的价值不仅在于量，更在于这种合理知识结构的形成。当然，形成合理的知识结构除接受高校教学外，还有其他途径。但是，高校教学毕竟是人类社会迄今为止形成个体合理知识结构最理想的方式，合理的知识结构的形成对于个人接受新知识、发现新知识具有重要的作用。

接受高校教学还意味着个人智力的迅速发展与能力的不断增长。智力发展与知识增加，特别与知识结构的形成之间存在着一定的正相关关系。在一般情况下，知识增加、知识结构形成总是促进智力发展的积极因素，这是因为知识是思维活动的内容与工具。没有知识，或知识甚少，何谈思维力及智力之提高？

此外，大学教学方法、围绕教育开展的一系列研究和实践活动、大学教师在教学中的许多富于启迪性的思想等，都成为促进受教育者个人能力发展的有利因素。

2.促进个人提高文明素养的价值

随着人类文明的不断进步，人类的知识水平也在不断提高，而人类知识水平的提高又促进了人类文明的不断发展。从现代世界各国的发展状况来看，知识水平的高低与社会的文明程度是成正比的。

人类、国家、社会如此，个人也是同样的道理。在高校教学发展的历史中，有些国家的大学曾经以提高个人的文明素养作为大学教育的唯一目标或主要目标。大学的存在也主要是为了满足社会上一部分人文明修养方面的需要，提高个人的文明素养成为高校教学的主要价值。最典型的学校是英国的牛津大学和剑桥大学。这两所大学在很长时间内都坚持大学的职责是实施通才教育，而不是培养擅长某一专业的知识分子。对于大学毕业生来说，"具有教养比具有高深学识更为重要"。

尽管在现代高校教学活动中有众多新变化融入高校教育，但是它对提高个人文明素养的价值并没有消失。许多国家实施高校教学中的"教养"教育，通过设置的一些课程与一些实践活动加强对大学生的行为指导，提升大学生的文明素养和对社会美德传承的责任感。高校教学在培养大学生文明素养中发挥着很大作用，同时促成了大学自己的校园文化和精神氛围。

与社会上其他一些机构的精神文化或社会亚文化相比，高校教学的"文化与精神"的最大特点就是求真求实、创造创新，是知识文明的体现。大学的精神氛围和校园文化弥漫在校园的各个角落，渗透在大学生的学习和生活中，给他们带来潜移默化的影响，这种潜移默化的影响往往是较为深刻、持久的。

（二）高校教学的社会价值

高校教学的社会价值反映了高校教学客体与社会主体需要之间的关系。这里笔者主要从社会学的角度分析高校教学的社会价值。

1. 社会化

社会化是个人学习社会文化的过程。一个人从出生起就始终处在社会化之中，社会化是一个多层面、多内容、多方向、多阶段的复杂结构。在人生的不同阶段，社会化的特点、内容、方式、功效均有所不同。社会中的多种机构执行着社会化的职责，其中，"学校系统显然是最系统化的强有力的影响因素之一"。业内普遍认为，教育过程实质上就是人的社会化过程。

社会化的最佳时期是青年期。这是因为青年时期人的认识水平有了一定的发展，认识水平的高低在一定程度上决定着评价能力与行为走向；青年的自我意识逐渐成熟，在此基础上，开始形成较强的自我意识。在我国，18岁的青年具有了法律规定的选举权、被选举权等公民的基本权利，可以作为一个"社会人"参与社会活动。对于大学生来说，大学教学是影响其"社会化"的主要因素。首先，大学是代表社会向大学生施教的教育者，大学生是接受大学教学的学习者；其次，大学教学对大学生社会化的影响是有目的、有计划、有组织的，这种影响不仅体现了社会要求，还反映了大学生身心发展和社会化的客观规律。因此，大学教学作为大学生社会化过程中的主要影响因素，发挥着重要的导向作用。

2. 社会选择

社会是由属于不同阶级或阶层，有不同文化背景，具有不同能力、不同愿望的个人组成的。社会中个人的发展方式、发展程度、发展道路与社会选择有着密切的关系。所谓社会选择，即社会依据一定的规则，给个体提供不同的发展机会，并由此影响个体的发展进度、发展程度与社会地位。

高校教学担负着为社会培养各种专门人才的任务，高校教学的社会选择对社会发展具有重要的意义。高校教学的社会选择主要体现在两个环节上，入学前的选择与入学后的选择。两种选择的方式不同，性质有别。入学前的选择，即大学招生，其基本性质是选优，即将具有接受高校教学能力的个人选入高等学校进行培养。入学后的选择的性质是汰劣。择优与汰劣相结合，可以完整地实现高校教学的社会选择价值。

3. 社会流动

社会流动是指一个人从一种社会地位或阶级向另一种社会地位或阶级的运动，包括上向、下向和水平运动。在封闭社会中，个人的社会地位具有"先天"气质，不易改变，社会流动的速率缓慢，人们几乎觉察不到。在开放社会中，个人的社会地位通过个人的努力可以得到不断改变，社会流动成为一种重要的社会现象。

高校教学是促进社会流动的重要因素之一。高校教学促进的社会流动主要为"代际流动"，即下代所从事的职业与社会地位异于上代所从事的职业与地位。因此，高校教学赋予个人知识，增强个人能力，提升个人素质。高校教学促进的这种"代际流动"往往具有"上向流动"的性质。

第二节　高校教学发展的影响因素

一、影响高校教学的外部因素

（一）经济因素

国内的学者从不同的角度对高校教学与经济发展之间的关系进行了讨论，开展比较多的是高校教学与经济发展之间的互动关系研究和协调性研究。

对于高校教学与经济发展之间的互动关系研究，胡求光和过国忠直接引用了皮尔森相关系数，通过动态聚类分析将全国 31 个省区市分为 4 类高校教学经济区，来揭示高校教学与区域经济的互动关系。研究得出，高校教学可以在很大程度上促进区域经济的发展，反过来，区域经济的发展又可以为高校教学提供强有力的支持，只要处理得当，两者是可以互相促进、良性互动的。李萍运用聚类分析法和典型相关分析发现，高校教学招生规模与衡量国家经济发展水平的国内生产总值的关系最为密切。高校教学的在校学生规模除了与财政收入有关外，还与农民纯收入、城镇居民收入密切相关。崔玉平在柯布－道格拉斯生产函数的基础上，采用丹尼森和麦迪逊的算法，计算出我国 20 世纪末高校教学对经济增长的贡献率，得出我国高校教学对经济增长的贡献率较低，同时分析了美国、英国、日本等六个国家高校教学发展速度与经济发展速度的互动关系。

对于高校教学与经济发展之间的协调性研究，周铁军指出，两者之间出现不协调的原因主要有两者缺乏互动的平台保障、高校培养的人才与社会需求的人才矛盾突出、地方政府支持协调作用欠缺、资源分配不均衡。许玲运用主成分分析法，对我国区域高校教学与经济发展之间的协调性进行了实证研究。部分专家研究得出：我国区域高校教学发展水平与经济发展水平的协调程度正在逐渐加强，高校教学在不同省份发展超前与滞后的问题也比较严重，同时发现，高校教学表现为适度超前发展的省份，其经济发展潜力更大。王娟以人力资本理论和新经济增长理论为支撑，通过运用动态经济计量模型，研究得出我国社会经济增长与高校教学发展之间存在着长期均衡、短期波动的动态关系。还有一部分学者在讨论高校教学与经济发展之间的关系时，以高校教学促进经济发展的某一方向为视角进行了讨论。吕艳和胡娟于 2007 年对我国 31 个省区市高校教学发展水平与创新水平关系进行了定量研究并发现，我国高校教学发展水平与创新水平具有相似的区域分布特征，两者之间具有显著的正相关性。

（二）文化因素

文化对高校教学发展的影响有的是直接的，有的是间接的，主要表现在两个方面：一是文化传统中所固有的"扩张性"影响着高校教学发展的精英性或大众性；二是文化的发展趋势影响着高校教学不断从精英教育向大众教育、普及教育方向发展。精英文化在高校教学初期起了决定性的作用，高校的首要目标是培养为统治阶级服务的政治家、受过良好教育的绅士等，因此高校教学规模不可能也不需要很大。大众文化使培养有责任感的公民成为高校的首要目标，这一目标荡涤了传统高校教学的贵族色彩，使其转为大众高校教学。大众文化使高校教学不但规模有所扩大，而且更加灵活多样，我国高校教学目前正走向这一阶段。普及文化要求高校教学不但在数量上增加，而且在结构、形式、时间、空间等方面都有所改变，以满足公民终身教育、休闲教育等多方面的需要。随着高科技的发展和知识经济的来临，"开放大学"和"虚拟大学"等高校教学组织会以新的形式满足高校教学的需求。

（三）教育政策因素

教育政策一般是由政府部门制定的，是教育管理方法、管理手段的具体化。教育政策中如经费投资体制、评价和评估制度等作为政策导向，引导着教育行为方式的选择，是高校教学内涵发展的重要因素。

我国高校教学发展规模和招生规模通常是按照人口增长与国家经济计划安排的比例和各类教育发展比例确定的。我国高校教育经费根据"综合定额加专项补助"的办法进行核拨。这种拨款方式以在校生作为唯一的政策参数，按生均经费拨款，完全以数量为依据，不与教育质量挂钩，也不权衡办学效益，只会刺激高校盲目扩大招生规模，以及追求学生层次（硕士、博士）的提高。这样的供给机制只会使高校更往上看，而不会向市场看，最终学校在计划招生和拨款方式的政策安排下追求规模与层次所得到的暂时收益会受市场检验，并会因人才培养规格和数量的不当而使未来收益递减。我国现行的教育评估中也一直存在着偏重数量、不注意质量的倾向，如现在博士、硕士学位授权点已经成为评价高校办学实力和水平的重要指标，而对学位点实际培养能力和培养质量的重视度不够。又如，高校的科研实力和水平评估，均以科研经费数、成果鉴定数、获奖成果数、发表论文数和专利数等指标为依据，数量成为主要因素，忽视了论文的理论学术价值和成果转化为生产力的实际效益等质量、效益因素。这导致不少高校的年轻教师浮躁，急功近利，缺少进行基础理论研究的科学精神。科学研究不是企业生产，学术管理也不能企业化，人的精神创造管理也不能物质化。这说明了教育政策对教育客体（高校）具有激励作用，对教育行为具有导向作用，对整个高校教学发展具有重要影响。

（四）科学技术因素

在现代科学技术日益广泛影响社会生活的情况下，科技的迅猛发展给教育发展带来了前所未有的激发力。科学技术主要以思想观念和物质技术两种方式直接或间接通过政治、经济制度以及文化传统对高校教学施以作用。第一，科学技术迅速发展对高校教学层次结构变化产生了影响，要求研究生教育层次不断扩大。这也是为了适应科技的发展。第二，高校教学在培养科技人员的数量和层次上要有适应性。科学技术的进步必然有利于促进高校教学的发展，同时为了促进科技的发展，我们需要更多的高级职业技术人员，因此应该加强高等职业技术教育。第三，科学手段在高校教学中的运用极大地推动了高校教学事业的发展，提高了效益。例如，多形式地发展广播电视教学、网络学院等，正是在科技发展到一定水平才成为可能的。科学技术的发展也为高校教学的教学技术现代化和高校教学大众化的进一步发展提供了物质和技术准备。

二、影响高校教学的内部因素

（一）运行机制因素

综观近几年我国高校教学机制改革的发展状况，虽然取得了很大的进展，但是还有很多实质性问题需要解决。

现在高校都在进行体制改革，而衡量一个体制的好与坏，看发展方式的优劣，不仅要看减少了多少人员，提高了多少待遇，还要看运行机制是否彻底发生变革，大家的积极性是否空前高涨，学校是否焕发活力，办学质量和办学效益是否突飞猛进。体制改革的关键也并不在于放权，而在于如何更好地行使管理权力和办学权力，同建立政府统筹规划、宏观管理、高校面向社会自主办学的新体制的改革目标相适应。目前必须建立三个方面的具体运行机制：一是主动适应社会需要的发展机制和自我积累调节机制，二是利益机制和竞争激励机制，三是自我约束和保证质量机制。运行机制决定了高校教学内部管理的过程状态和最终结果。通过全面的体制创新，优化结构，合理配置资源，在学校内部形成自我激励、自我竞争、自我约束、自我发展的运行机制，才能从根本上抑制盲目膨胀因素和片面发展观念的干扰和影响，才能真正摆脱大起大落的无序发展状态，进入健康有序的发展轨道。

（二）领导素质和管理能力因素

在高校管理体制中，学校领导者以其决策、指挥、协调和监督职权而居于纵向链条的制高点，决定着一定时空中的办学方向和步调，是学校的灵魂。"一个好的校长就是一所好的学校"说的也是这个意思。高校教学的荣辱兴衰更加取决于领导者对新的现实的理解和接受。综观世界一流高校的发展历史，凡是学校发展较快、较好的时期，都有杰出校长的传世功绩。例如，柏林大学的创始人威廉·洪堡、芝加哥大学的赫钦斯、哈佛大学的埃利奥特、北京大学的蔡元培、南开大学的张伯苓等，这些校长本身是专家，又都是教育家，他们都有自己的思想，对教授、对学术、对学生、对思想、对自由，大体有固定的看法。他们以其明确的办学思想、独到的教育理念、高瞻远瞩的战略眼光和矢志不渝的改革魄力去铸造世界一流高校的辉煌。

校长仅仅是教授或学者还不足以成为高校校长，他们还必须是出色的管理者、规划者、评价者、招募者、革新家、鼓动家和企业家。良好的管理虽说不是取得高质量的充分条件，但却是一个必要条件。我们相信，低劣的管理是使高校教学不能进步的最根本原因。如何提高管理者的素质和能力还是一个亟待研究的课题。

（三）高校发展战略定位因素

当前，我国不少高校对自身的发展战略和目标定位，修订或更改频繁。例如，一大批高校将办学总体目标定位为建设成国内一流、国际有重大影响的多学科高校，如此种种。我国高校的发展，最大的问题之一是缺少个性，几乎所有院校都追求高层次，重要原因之一是高校发展定位不准确。目前，我国高校有办学趋同化的趋势。在办学趋同化的浪潮中，问题最严重的是一般性院校，包括一些学科基础较为薄弱的地方院校，都一味追求高层次的研究生教育，向综合性高校看齐，走研究型高校的纯学术发展道路；对自身的性质、特点、师资力量、办学设施等认识不够深刻，这样很容易导致高校陷入发展不明确的误区。

影响我国高校教学发展的因素是多方面、多层次、多方位的，而且有的起直接作用，有的起间接作用，到底哪一个因素发挥的作用最大，是很难界定的。只有树立完整的、科学的发展观，才能保证高校教学的可持续发展。

第三节　高校教学的现代教育理论

一、行为强化

行为主义心理学认为，学习是由经验的反复练习而引起的比较持久的行为变化。行为主义者只研究外在的可观察的行为，试图解释行为变化是如何发生的。他们认为，行为变化的实质是刺激—反应联结的形成，这种刺激—反应理论把学习者置于一个特定的环境，给他以特别的刺激，当他做出明确反应时，学习就发生了。

根据行为主义学习理论，布里格斯等在 1979 年提出了四条网络教学设计原则。

（一）接近原则

反应必须在刺激后立即出现，否则，如果刺激和反应之间的时间间隔过长，反应将被淡化，反应与刺激配对的可能性就会减少，难以达到学习的目的。

（二）重复原则

重复练习能加强学习和记忆。实践证明，重复刺激—反应，可以加强学习，引起行为比较持久的变化。

（三）反馈与强化原则

学习者知道反应正确与否，对学习很有帮助。学习者必须获得有关反馈是否适当的信息。反馈将告知学习者他的反应是否有错，如果反应发生的可能性越来越大，或越来越小，那就表明反馈起到了强化作用。跟在错误之后的反馈同样有价值，因为如果没有反馈，错误的反应就有可能被重复。

（四）提示及其衰弱原则

在减少暗示或提示的条件下，朝着被期望的反应去引导学生，让学生主动去思考、去探索，使学生始终处于自觉积极探索的状态，进行自主筹划和整合各类资源和条件，主动完成学习任务，达到学习目标。

二、认知建构

（一）认知主义学习理论

行为主义学习理论认为，学习起因于外界刺激的反应不同，而不关心刺激引起的内部心理过程，因此它在解释行为为什么会发生时存在一定的局限性。在批判行为主义学习理论的基础上，认知理论强调研究内部的心理过程。认知理论认为，学习就是面对当前的问题情境，在内心经过积极组织，从而形成和发展认知结构的过程，强调刺激与反应之间的联系是以意识为中介的，强调认知过程的重要性。因此，认知主义学习理论在学习理论的研究中开始占据主导地位。根据阿特金森等于1968年提出的记忆的多存贮模型，记忆分为相互联系的三个系统，即感觉记忆、短时记忆和长时记忆。感觉记忆起感觉选择的作用，将一两种信息传递到短时记忆。短时记忆的容量、保持信息的条目和所保留的时间都有限，存储在短时记忆中的信息经过多次使用后，可被传递到长时记忆。当学习者要产生行为时，必然要搜索长时记忆，将搜索到的信息和技能，提取到短时记忆，与新进来的信息相结合，形成新的学习能力。

认知主义学习理论强调，知识的获得不是对外界信息的简单接收，而是对信息的主动选择和理解。人并不是对所有作用于感官的信息都接收，而是只对某些信息给予注意，并将其接收、加工。

认知主义学习理论认为，有意义的学习过程始终在认知结构基础上进行，先学习的知识对以后的学习总会产生各种影响。认知主义学习理论强调的不是刺激—反应，不是环境和学习者的外部行为变化，而是学习者认知结构的变化。它把学习看作掌握事物的意义，从把握事物内部联系的意义来学习，而且认为学习的本质是在用符号表征观念和学生认知结构中原有的适当观念之间建立实质性的、非人为的联系。教学不是知识的传递，而是促使学生积极主动地获取知识，教师要为学生创造良好的学习条件和环境，激发学生的学习动机，提供合理的学习策略，从而促进学生的学习。

认知主义学习理论家认为，学习在于内部认知的变化，学习是一个比刺激—反应联结复杂得多的过程。他们注重解释学习行为的中间过程，即目的、意义等，认为这些过程才是控制学习的可变因素。

（二）建构主义学习理论

随着认知理论的发展，人们越来越强调学习者是在积极主动地建构对知识的理解，这种建构是在主客体交互作用的过程中进行的。建构主义认为，知识是学习者在一定的情境，即社会文化背景下，借助其他人的帮助，利用必要的学习资料，通过意义建构的方式获得的。也就是说，获得知识的多少取决于学习者根据自身经验去建构有关知识意义的能力，而不是取决于学习者记忆和背诵教师讲授内容的能力。

建构主义学习理论强调以学生为中心，认为学生是认知的主体，是知识意义的主动建构者；强调情境对意义建构的重要作用；强调协作学习和对学习环境的设计。总的归纳起来，建构主义学习理论的基本观点有以下几条。

1. 学习是一种建构的过程，知识来源于人们与环境的交互作用

学习者在学习新的知识单元时，不是通过教师的教授获得知识，而是通过个体对知识单元的经验解释，从而将知识转变成自己的表述，知识的获得是学习个体和外部环境交互作用的结果。人们对事物的理解与其先前的经验有关，因而对知识的正误判断是相对的，而不是绝对的。学习者形成自己对知识的表述时，不断对其进行修改和完善，以形成新的表述，这种表述是一个开放的体系。学习者在对知识单元进行学习时，实际上是形成了一个个的知识体，每一个知识体就是一个小的结构，一个新的知识单元的学习是建立在原有知识结构的基础之上的。

2. 学习是一种活动的过程

学习过程并不是一种机械的接收过程。在知识的传递过程中，学习者是一个极其活跃的因素。知识的传递者不仅肩负着传授知识的使命，还肩负着调动学习者积极性的使命，对于学习者的许多开放的知识结构链，教师要能将其中最适合追加的知识结构链活动起来，这样才能确保新的知识单元被建构到原有的知识结构中，形成一个新的开放的结构。

学习的发展是以人的经验为基础的，由于每一个学习者对现实世界都有自己的经验解释，因此不同的学习者对知识的理解可能会不完全一样，这导致有的学习者在学习中所获得的信息与真实世界不吻合。此时，只有在社会中经过一定时间的磨合，两者才能吻合。

3. 学习必须处于丰富的情境中

学习发生的最佳情境不应该是简单抽象的，相反，只有在真实世界的情境中，学习才会变得更为有效。学习不仅要让学生懂得某些知识，还要让学生真正运用所学的知识去解决现实世界中的问题。在一些真实的情境中，学习者的知识结构怎样发挥作用，学习者如何运用自身的知识结构进行思维，是衡量学习是否成功的关键。如果学生对知识记得很熟，却不能用来解决现实生活中的具体问题，这种学习应该说是不成功的。

以上各种心理学理论在不同的历史时期，对教与学、教学设计的发展都起到了一定的作用。对于每种理论，都应该以正确的态度给予评价，用辩证的方法对已有的各种理论进行吸收，用于指导网络教学的设计开发。在众多教育理论中，建构主义学理论（它既是一种学习理论，又包含新的教学理论）特别强调学习者的自主建构、自主探究、自主发现，并要求将这种自主学习与基于情境的合作式学习、与基于问题解决的研究性学习结合起来，从而特别有利于学习者创新意识、创新思维与创新能力的培养。而其他的教育理论虽然也有许多宝贵特点，但大多侧重于对系统科学知识的深入理解与掌握。所以，为了更好地贯彻和体现创新人才培养的素质教育目标，当前在基础教育领域以很大力度推动的新课程改革，在鼓励运用多种先进教育理论作为指导的同时，特别强调建构主义学习理论的指导作用。

三、主体生成

对主体的清晰认知以及形成正确的主体观是对任意教学主体的必然要求，而教学主体观的探讨围绕着两个问题展开：一是教学的主体究竟是谁，二是教学主体的作用如何显现。看似简单的两个问题，实质上蕴含了教学的核心理念：任一问题的回答都代表了一种价值理念，代表了一种教学模式。纵览教育史上的历次变革，无一不与教学主体观的变革密切相关。要建构起合理、科学且满足时代发展需求的教学主体观，必须认识到该问题的复杂性，回归历史，从历史发展的河流中找寻主体观发展的历史根基，汇聚历史之精华，构建时代之新河。

教学主体观的核心就是对教学主体的认知与建构，立足于教学实践活动，分析教学主体的本质属性，是主体共生教学主体观的本体论基础。尽管教学主体观是观念形态的意识建构，但观念并非凭空捏造，其本质特性也不可能定格在"自我意识"之上，这是对教学主体现实性的否认与架空。

（一）教学主体的特质与结构

教学主体的特质与结构是主体共生教学主体观生成的逻辑起点。主体共生型教学主体观的最大特点是站在共生立场上认知教学主体，认为教学主体为发展的实施者与受惠者，将教学主体看作不可分割的整体与全面发展的个体，强调个体的主体性与整体的主体性的真实整合，既反映了教学主体观的客观属性，也昭示了教学主体观的个性特色。

1. 教学主体观视师生为教学实践活动中的独特个体

对人的个体化存在形式的本质认同正是教学主体观生成的起点。无论后现代主义如何批判，都不能否认马克思主义的核心理念，即人与实践的关系，教学主体从事教学实践活动，又为教学实践活动所规定。要分析教学主体的特质，就要重视教学主体差异性的发展和差异主体效应的发挥。

对教学主体独特个性认知的观点成为主体共生教学主体观生成的前提。主要观点包含如下几个。第一，教学主体是具有独特个性素养的特殊个体，无论教师还是学生都是由多元素养组成的，遗传素质、教育、环境与自身主观选择共同构成了主体的独特本质，这是必须尊重个体性的前提。只有充分尊重个体素养的独特性、差异性，尊重师生的主体地位，尊重师生人格的平等性，才能有效开发具有独特性与差异性的教育。第二，教学主体是具有独特发展模式的选择性个体。在教学活动中，师生的发展模式是不一致的，即使是单一主体群体的发展模式也存在差别。就教学观察可知，没有任何学生的发展是完全相同的，即使选择相似，在不同个体身上也会展现出不同的发展可能、发展空间与发展未来。主体有自由选择适宜自身发展模式之权利，选择适合自身个性素养、符合个体个性追求的发展模式，将以往平面选择的方式转化为立体的组合选择，将主体的选择由封闭形态转为开放形态，建构师生共享的发展模式，以完善、多元发展模式承载主体的个性发展。第三，教学主体是具有多元价值定位的独特个体。在教学实践活动中，尽管有整体性的角色定位，但个性化的价值定位必然显现于教学各环节、各系统之中，只有尊重个体多元价值生成之必然性，才能真正有效地引导师生价值发展的方向，实现优质的独特性个体的生成。

2. 教学主体观的生成依仗于师生在教学中的实践生成关系

离开教学活动，人的社会角色、定位就会出现变化，不会以教学主体而存在，教学主体的存在必然与教学实践紧密相关，教学主体的结构特质也由教学实践活动的性质与状况决定。在重视教学主体的个体特性的基础上，强调教学主体的整体性、教学主体与教学实践活动的一致性是共生型教学主体观生成的现实载体。其一，教学主体在实践活动中的关系不是单一、平面的，而是复杂的立体结构，是因过程、系统的变化而呈现出变化结构的多元存在方式。教学主体生存于教学实践活动中，教学实践活动的多元性、特殊性规定着教学主体的多元存在表征，教学主体由此呈现出个体、群体及整体相互联系而成的开放性生成系统。其二，教学主体因角色、分工不同，分属于不同的群体，教学主体的整体性必须将不同群体特性加以综合，自然群体的生成是教学主体存在的基础表征。自然群体是因教学组织形式的需要而自然确立的，从教学组织生成之日起，师生间就形成了教师与学生的分属形式、教学关系，以此维持教学活动的正常运转。课堂是自然群体的基本载体，是教学实践的主导形态，课堂教学的深入是促使教学主体分工合作、完善发展的前提。其三，随着自然群体的确立，社会群体随着教学组织内部的分工协作的深化而逐步形成。教学主体间不断生成新的关系组合，特别是单个人的利益、群体的利益及所有交往互动中每个人的共同利益开始在博弈中展现新的特质。可见，"个人怎样表现自己的生活，他们自己就是怎样"，教学主体的存在特质与其教学实践相统一，与其在教学实践中的活动表征内在一致。

3.教学主体观视教学主体为共生发展主体

定位共生发展关系是主体共生教学主体观生成的重要前提。第一，教学主体的社会性是个体主体性的发展基础，没有社会就没有现实的个人，教学主体的发展不可能如后现代主义所言之"虚空"。主体的发展有个体的独特性，但更有社会的现实性。教学从萌芽、确立到发展无不与社会现实联结，没有社会就没有人的主体性，没有人的主体性就没有社会的有效发展。因此，教学主体与社会发展内在一致是个体社会性与社会发展性的一致形态。第二，教学主体的发展与社会发展的统一性间表现出独有的特殊性。教学是社会的组成部分，但又是不同于社会发展的独立组织形态；教学主体群尽管是由学生与教师组合而成的，但学生与教师的初始表征、运行表征及发展表征有着巨大的差异，同时又必须是内在的统一关系，师生差异性的表征又必须与社会发展的根本属性相调和，这是极为复杂的组合体。第三，教学主体与社会发展的组合形式有待完善，以教学主体为核心建构起社会发展的根本形态，教师的发展是社会发展的组成部分，社会发展的表征必须以人的发展为基础，教师是全体人的重要组成部分，也是社会发展的核心。教师的全面发展是社会发展的衡量标准与指针，同时，教师以其全面发展带动专业发展，提升学生的发展品质，学生是未来人的载体，学生的发展表征是与未来人的预设表征相结合的，由此可见，教学主体的共生发展是社会发展的根本需求。第四，实践连通个体的主体性与整体的主体性：一方面，教学主体在教学实践中实现个体素养的生成、发展、反思、融合，最终形成多元个体素养的共生发展；另一方面，教学主体在教学实践中获得共生支持，在互动与交往中提升主体的个人境界，实现整体性，完善个体的整体性特质，如教师在完善自我发展的同时，提升教师群体的素养，并形成综合辐射力，营造共生整体效应，促进教学效能的有效增长。作为教学主体，人的发展与教学实践的表征、社会发展的需求的内在是一致的，这种一致存在于教学主体的多维关系建构中。主体共生教学主体观的生成不能脱离其根本性的前提，必须正确认知教学主体间的关系，改进主体间的发展关系。因此，教学的发展、变革必须围绕人的个性发展、人的生存需要、人与社会的价值共生展开，贯彻"以人为本"的主体共生发展理念。

（二）教学主体的创造性

教学主体的个性化、发展性特征为主体共生教学主体观的生成提供了前提，但其根本性的生成还依赖教学主体的创造性，只有充分认识到主体在参与教学实践中的创新能力、创新精神，主体共生才有自己充分的发展空间。具体而言，对教学主体创造性的认知应从三个方面共建。

1. 教学主体是"共生世界"的创造者

明确教学主体是"共生世界"的创造者，具体观点如下：其一，师生在改造彼此的同时，创造了新的社会；其二，教学主体在改造社会的过程中，实现了对新人的培养，这个新人既包括学生也包括教师，实质指向人的新生。教学主体在教学实践中通过交互活动建构起了人与人、人与社会的内在联系，教学将人的自在形式发展为特殊的"成人"形式。总体而言，教学实践活动本质上是化人为社会人，并把社会改造为新人的"共生世界"的过程。人在教学实践中的作用不是形式上的，而是生成性的，只有通过个体人的发展、整体人的生成、优质人的培养，进而在个体间生成共生效应，才能在共生中促进个体的反身改进，动态地调整个体的生成、发展状态，才能在人的共生中创造出人化世界。教学实践活动是优化教学的"为人"状态，师生作为教学的主体成为教学活动的主宰，在教学活动中生成人与人的优化组合，形成学生、教师、课堂、学校、社会相生相长的"共生世界"。

2. 教学主体在教学实践活动中创造着人的共生发展历程

教学活动是以教学为主要形式，以师生的有序发展、不断生成为核心标志的发展运动历程。教学内容的更新、教学形式的变革都以人的发展为根本诉求，评价教学活动效果的根本标志是人的主体性的发展、人的主体性的成长与成熟，这也是教学活动与其他社会实践活动的根本区别。在教学实践活动中，教学主体发展的时代性核心、表征是共生发展。其一，教学主体自身素养的共生发展。如霍华德·加德纳所言，每个人都具有八种智力潜能：语言智能、逻辑—数学智能、空间智能、身体运动智能、音乐智能、人际交往智能、内省智能、自然观察智能，但多元智能的发展空间、发展可能及个体的发展选择都是具有内在差异的，于是在主体的发展过程中，每个个体身上显现出的多种智能结构的组合也显现为差异多元性。但教学活动的目标是促进人的多元共生发展，不是单一智能的独显，也不是多元智能的低效运转，而是在教学活动中有效激发主体的全体智能的优化，以形成最优质的个体。其二，教学主体间的共生发展。这是在个体智能优质共生基础上的主体间性发展。教学主体关系的建构不是以牺牲个人为代价，而是以个人的优质发展为契机，以此产生共生效应、群体效应，带动主体间的互动影响，产生共生能量，使教学主体在交互过程中不致走向负性的共生损耗，而是从更有效的共生协作走向共生循环发展。教学主体、教学实践与社会发展间的共生演进则是教学主体的发展追求，教学主体的培养与生成不是最终目的，教学的最终目标、教学培养的最终指向，都是人与社会的优质组合、和谐共生，由此，教学主体的发展过程就是与社会由远及近、由外及内、由相异走向共生的有序发展历程。教学必须将个人带入社会，将个人更新的过程与社会发展的过程相结合，在社会激发个人进步的基础上，使个人成为引领社会发展的核心力量。

3. 教学主体促进了教育教学体制、机制的创新

教学主体在教学实践活动过程中，因个体发展及主体间性发展的不断深入，对教学系统及共生环境的要求日益提高，个体发展需求的提升与服务系

统的有待完善之间形成了较为明显的矛盾冲突，在教学主体的创新性发展过程中，与之密切相关的教育教学体制、机制顺应发展，不断创造着新的师生关系及相应的教学制度体系。教学体制、机制适应主体发展时，就会促进主体的优质发展，是主体发展速度提升的基石；但当教学主体发展程度日益提高，教学体制、机制却时常保持旧有的形式、秩序，成为教学主体及教学发展进步的障碍时，教学主体就显现出主观能动性，主体性地否定旧有制度的存在，创造新的教学体制、机制，这是人的创造性的体现，也是在一定社会组织形态中，主体作用的优势所在。一方面，在教学主体的多元共生发展进程中，教学动力机制、培养机制、保障机制、运行机制、评价机制不断发展完善，特别是各种机制间的内部融通，有效完善了教学机制的整体效能，共同为人的主体性发展服务。另一方面，教育教学管理体制与运行体制不断变革、创新，是教学主体的发展演进，在更大层面上推动了行政体制的改革，这也正是教学主体创造性的有效表现形式。教学主体与外部环境、社会是"亲密"的关系，在发展中彼此影响、制约，有效地促进它们的共生循环，这不仅需要教学主体的发展、创造，还需要体制、机制的优化服务。

4.教学主体的创造性表现为对文化世界的创造

文化是由人创造的，文化与主体的创造本是一体，文化由主体创造而生，主体因文化而发展、延续，没有人就没有文化，没有文化就没有人的真正主体性展现。教学活动作为人的活动，是文化整体的有机组成部分，但教学实践活动中的人对文化的创造却呈现出更为显著的意义与价值：只有在教学实践活动中发挥出人的主体性，才能真正呈现出文化创造的本质。其一，文化世界的创造需要人的创新意识，而培养具有创新意识的人正是教学的时代追求，只有在教学活动中注重对人的主体性的培养，改变教学对人性的束缚，才能培养出真正有创新意识的时代新人，也才可能为文化世界的创新奠定基石。其二，在教学实践过程中，教学主体的创造性主要体现为理念文化的创造，通过教学实现文化的传播、生成与发展。有人提过学校是先进文化的发源地，实际上指的是教学主体是先进文化的创造者。因此，必须重视教学活动的文化创造性，有意识地培养主体的创造能力，发展主体的文化创造功能。其三，教学实践活动中的主体，既是现在的主体，也是未来的主体，无论学生还是教师都并非固定于教学体系之内，特别是学生具有未成熟性，教学活动应该保存、激发其创造力，培养出能创造未来理念文化与非理念文化的力量主体，在主体培养的过程中，重视主体人的多元发展的可能性。

总体而言，教师对教学主体创造性的认识与态度直接决定着主体共生教学主体观生成的空间与质量，是关键的生成步骤。

四、价值形成

（一）教学价值观的时代意义与内涵

教学价值观建构在主体对教学理念、教学实践及教学评价的整体认知与选择之上，是随着时代发展、个体需求的提高而不断变化的认知体系，因此，主体共生教学价值观的建构有其历史发展的脉络与必然走向。

1. 教学价值观的价值取向分析

主体的共生发展这一价值取向实质上是建立在马克思主义关于人的发展的价值取向基础上的。第一，它是幸福的根本要旨。正确的教学价值观有助于教学主体创造幸福。在教学活动过程中，尊重教学主体的价值与个性，给予主体追求幸福的权利与能力，将教学视为创造幸福的途径，将教学视为幸福，这是教学价值观的首层要义。第二，它是自由发展的永恒追求。在教学活动中的自由是主体间共同阐释的自由，主体间共同创造的自由，是自由更深层的含义。自由与发展的结合是主体发展的根本特征，也是主体发展的根本追求，是对人性价值的尊重。在长期的教学活动中，人性被模糊化，教师的神性被片面夸大。要在人性的本能上激发教学价值的神性光辉，必须首先尊重人性，给予主体合乎人性的要求、适宜人性生存的土壤，满足主体人性施展的空间，在此基础上才能激发人性的升华。第三，它是共生共荣的发展性组合。教学是双主体的活动，给予主体发展的权利，更重要的不是个体的极致生长，而是关系和谐建构后的共同成长，教学复合主体间的关系是共生共荣的，这是实现价值全面、彻底解放的关键。

总体而言，主体共生教学价值观的价值取向必须由人的个体发展走向人的价值的联合体发展，再由人的价值的联合体发展为主体共生价值联合体的终极目标。

2. 主体共生教学价值观的主客体关系分析

要正确理解价值，必须了解主客体关系的本质。"价值"这个普遍概念是从人们对待满足他们需要的外界物的关系中产生的。主客体关系问题是教学理论中的基本问题，是主体共生教学价值观确立的中心问题，是正确理解、建构合理价值观的关键前提。有意义的生命活动把人同动物的生命活动直接区别开来。因此，主客体关系是以价值创造为中介建立起的关系，然而教学价值体系中的主客体关系不同于一般的社会实践活动。由于教学活动存在着主客体的多重复合性，主客体的关系建构由此展现出更为复杂、多变的特性。

（1）价值产生于主客体间的能量互动，价值的生成必须建立在对主客体关系的正确认知上，这既是沟通主客体关系的纽带，也是建构主体共生教学价值观体系的原动力。教学价值体系内的主客体关系不仅包含主体与客体互动所形成的意义与功能，还必须包含主体与主体在交互过程中创造的意义与功能，实质上是"主体—客体—主体"关系的立体组合，因此教学价值的本质就不能被简单地确立为"客体属性对主体需要的满足"，而必须实现主客体间内在价值的统一。

（2）主体与主体关系的认知与建构及在此基础上主体价值的发挥，是主体共生教学价值观立意的核心。在教学活动开展过程中，主体发挥着最为重要的作用，是主客体关系的核心，准确定位与建构教学主体间的关系，是建构主体共生教学价值观的重要前提。首先，必须明确主体在价值生成中的属性、地位与关系，主体与主体在相互承认与尊重中展示其存在，主体间是目的与手段相交织的交往关系。其次，正确引导与处理主体间的关系，以促进教学价值的彰显。最后，必须在主体间建立起平等交流的机制，以促进主体关系的良好互动，促进教学价值的真正实现。

（3）主体在教学活动中形成对客体的认识是教学价值观产生的基础。客体对主体价值的贡献是主体共生教学价值观的应有内涵，主客体的互动是价值产生的路径，客体在对主体发生作用的过程中实现其自身的价值，并激发主体对其认识、作用的深化，从而产生对主体的价值影响。同时，主客体在相互作用中产生新的价值，加之教学活动的客体是主体与主体作用的重要中介，客体具备多样化、丰富化、情境化的特征，亦为主体价值增添多元与生成的特性。反之，客体对主体价值的发挥有制约作用，主体价值的发挥与获取必须尊重客体的物质，遵循其现实制约性。

主体共生教学价值观的建立与发展不是教学主客体各子系统特点的反映，而是主客体协同作用的结果。在教学价值观的生成中必须建立主客体共生系统，促进主体在互动中形成意义与功能的统一，使教学价值得到最优化体现。

3. 主体共生教学价值观的核心理念

核心理念在整个教学价值观体系中占据重要地位，是价值观能够作为有机体在教学活动中发挥作用的关键，是指在整个教学系统中，能够贯穿教学活动的始终，能指引教学目标确定、教学过程推进、教学评价展开的核心指导思想，是教学价值观的中心和灵魂。

主体共生教学价值观核心理念的建构必须满足两个前提：一是与社会主义核心价值观保持内在一致。中国共产党第十八次全国代表大会报告明确提出"倡导富强、民主、文明、和谐，倡导自由、平等、公正、法治，倡导爱国、敬业、诚信、友善，积极培育和践行社会主义核心价值观"，指明了中国特色社会主义的发展方向。《国家中长期教育改革和发展规划纲要（2010—2020年）》也明确规定了教育价值的指向，"把社会主义核心价值体系融入国民教育全过程""深入开展社会主义核心价值体系学习教育"。教学价值观的建构离不开社会主义核心价值观的指引，必须将社会主义核心价值观融入教学价值观的理念建构。二是服务于教育价值的实现。教育是国家发展的基础，培养国家、社会发展需要的人才是教育发展、教育教学改革持续的重要保障，教学价值观的建构必须服务于人才培养的需求。服务于教育发展的教学价值观必须是认识与实践结合的价值观，建构起既立足于现实又高于现实的发展型教学价值观体系。建立新的教学价值观，首先必须重新认识教学的价值，以及思考如何实现教学价值的最大化：教学中主体生命价值的共同彰显，可以更好地推动主体和谐发展。具体包括两层深意。一是对教学活动主体生命价值的共同关注与重视。对生命的关注与重视是时代发展的主题，生命价值的彰显是教学活动真正激发主体主动性、创造性的根源。师生共同服务于教学活动，必须将两者从工具形态真正转变为生命形态，尊重两者的生命需求、生命价值的追求，如此方能真正将教学主体的能动性激发出来。二是以主体的和谐发展为教学方向。和谐发展是人的最高价值追求。教学价值观中追求的主体和谐发展包括三层内涵：其一是学生的和谐发展。教学活动以及主体间的生命互动，真正给予学生在学校和谐发展的能力，为学生终身和谐发展打下基础。其二是教师的和谐发展。这是教学价值观建构应有的内涵，能激发教师的创造力。其三是主体间的和谐发展。这是教学活动交互性的体现，亦是主体相处能力的提升路径。学生的发展未来不应只指向个人，还必须指向社会、群体，这是学校教育中应该重视的发展思路。主体共生教学价值观立足于共同的生命体验，立足于和谐发展，此核心理念将贯穿主体共生教学观体系建构的全过程。

（二）教学价值观的体系

主体共生教学价值观既要反映社会主义核心价值观的共性，又必须反映教学活动及主体发展的个性；既要反映社会主义的本质要求，又必须遵循教育教学发展的内在规律，以适应社会、教育教学与个体共同的需求。这是一个复杂且多元的系统，要想真正把握观念的实质，必须抽丝剥茧，找准中心。本部分以要素的方式来呈现主体共生教学价值观的体系，以明确其轴心。

1. 诚信与友善：个体层面的价值准则

诚信与友善是社会主义核心价值观的组成要素，并作为教师道德的内在要求进入教育价值体系，是现代教学价值观的必备内涵，也成为主体共生教学价值观的核心要素。诚信是最基本的德性原则，诚信的培养与建构是教学价值观的必然追求，也应是教学的必然结果。想要建构诚信的教学价值观，并使其真正成为社会主流的价值形态、个体的价值准则，必须塑造于教学价值观念体系之中，践行于教学活动的实际运行之中。"诚"与"信"是价值标准的两种体现，"诚"强调人性本真的呈现，"信"则是立身行事之原则。诚信的根基乃是真实，目的则在于建构人的德性。主体共生教学价值观的诚信理念，即通过教学使主体回归真实，唤起主体内心的道德良知，在主体之间创建至善的价值基础，发挥主体间的积极道德影响，建构起诚信发挥的空间与诚信发展的未来。

友善作为主体共生教学价值观的核心要素，其实质是爱，呈现于与他人的共处中，通过爱人、互爱来实现主体间的合作、共生。主体共生教学价值观以友善为核心要素，通过教学活动的开展，培养教学主体，即无论是学生还是教师都要学会尊重、学会理解、学会包容、学会认同，适应多元文化社会发展的需求。友善价值观是教学主体间能够有效联系、彼此交流、共同进步、互惠互利的基础，是构建教学主体间和谐关系的最佳纽带，是减少甚至化解教学矛盾、冲突的重要道德品质。

2. 自由与平等：交互层面的价值取向

自由与平等是现代文明的基本价值理念和价值目标，是支撑教学价值的基本框架，是体现现代教学本质要求的价值要素，是从教学价值评判标准提出的核心价值观。在教学的世界中，每个主体都有自由选择的权利，都有平等获得的权利，这是主体共生教学价值观中不可缺少的成分，指引我们在教学中树立自由平等的教学价值理念。

在主体共生教学价值观的建构中，自由与平等的观念是建立在主体交互关系之上的。自由是相对的自由，平等是相对的平等，自由与平等都是在主体关系中生成的，受主体关系状态与发展的牵制，无绝对的自由与平等，而是以主体之间价值的实现为基点建立的自由与平等体系。这是现代社会的自由与平等观念，是现代社会发展的价值取向，通过主体共生教学，主体间彼此服务，实现自由与平等的结合。在教学体系中，在教学活动的开展过程中，平等直接决定着教学价值的发挥空间，是保证教学正常运行、教学活动得以开展的前提，亦为自由提供了有效的保障。在主体共生教学观中，自由与平等是相辅相成的要素组合，教学价值的发挥建立在主体平等权利的认可、平等发展机遇的肯定及通过教学活动真正获得收益的平等态度上，这是主体生存与发展的应然之选，成为教学推动主体进步的唯一理念。

3. 和谐与发展：理想层面的价值目标

和谐与发展是主体共生教学价值观不可缺少的要素，是从教学主体生命价值得以追寻与实现的角度提出的核心价值观。

和谐和发展是教育教学的本质与最高追求，是主体共生教学观的终极价值目标。长期以来，教学价值世界经历了由人的片面发展的强制到人的全面发展的追寻的历程，实现了由主体角色的缺失到主体价值的关注与体现，实现了教学价值理念的巨大飞跃。然而，在现行的教学价值体系中，仍存在着片面与全面的博弈，即片面地关注学生主体的全面和谐发展，片面地强调教师的专业发展，以满足学生全面和谐发展的需求。这种教学价值观的盛行，一方面是由于教学价值观得到解放，人们开始关注教学主体生命价值，另一方面是由于教学价值观的解放不彻底，未真正做到与教学价值主体结合。

现代社会是人与人共生共荣的社会，人的价值必须在与人的共生中、与社会的共生中得以实现。作为教与学、教师与学生相统一的教学世界，为了学生主体价值的实现、生命价值的彰显，不能忽略教学价值的整体性特征，将教师主体价值局限于专业领域，更不能忽略教师全面和谐发展的需求以及教学主体价值的共生创造力。

主体共生教学价值观的最大贡献就是强调全面主体的和谐发展，真正立足于主体之间价值的共生相长，实现主体共生的和谐发展。由此，主体共生教学价值观的终极目标就是教学价值的和谐发展，指教学存在的理想状态，指教学内外关系的存在状态，包括教学内部要素之间、主体内部、主体之间及教学内外环境之间在总体状态上的协调统一、相对稳定、不断前进的关系与状态。

第二章 高校教学改革概览

第一节 高校教学改革的相关概述

一、高校教学改革的内涵

许多学者在对教学改革进行分析的过程中，首先对教学改革这一重要的概念进行了界定，认为教学改革是指在一定的目标以及要求的引导之下，突破传统的教学观念以及教学思想，积极地保障现有的教学模式符合时代发展的需求。

高校教学改革侧重于学校总体实力的提升，在新理念的指导之下，严格按照教学改革目标的实际要求，将各种理论策略以及政策相结合，积极地突破传统的教学思想以及理念，改变原有的教学手段、教学方法、教学内容以及教学体制，积极推动教育教学水平的提升。

二、高校教学改革的意义

第一，革新观念。教育观念是教学活动开展的"航标"，决定着教学的目的和方向。教学改革的首要任务就是革新观念，摒弃落后的教育观念，结合新的社会环境，确立新的教学观念，逐步摆脱传统应试教育的束缚。如果进行教育改革，却忽视了对教学观念的革新，那么将会出现本末倒置的情况，使教育改革无法得到真正意义上的实行。

第二，革新教学和学习方式。教学方式是教学观念在实践中的映射，教学观念的改革仅仅是从理论上和思想上进行的改革活动，真正发挥改革作用的是教学方式改革。教学改革需要有明确的改革目标。一方面是提高教学质量，保证学校的教学任务顺利完成，学生通过在校学习，真正实现能力的提升。为此，高校应当以学生为改革的重点考虑对象，将学生不适应或者不利于学生能力发挥的教学方式和学习方式摒弃，制定具有针对性的教学和学习方式，保证学生和教师可以在实际教学活动中教学相长，各自得到提升。[①]另一方面则是提高教学效率，保证在常规的教学时间里，学生能够最大化地对教学知识进行吸收，剔除对学生发展没有积极影响的教学要素，优化教学资源配置，尽量避免冗余的教学流程。教育改革不是一朝一夕可以实现的，而是一个漫长的过程，需要在不断的实践过程中，逐步确立先进的教学方式和学习方式，保证学生在有限的在校时间里，最大限度地提高自身能力。

第三，推动高等教育体制改革。体制改革是进行教育改革的根本手段，方式改革和观念改革所带来的改革效果都是暂时的，只有从体制层面深化教育改革，才能保证教育改革的各项措施落实到位。我国的实际国情决定了高校人才的培养都是在体制下完成的，一旦体制出现漏洞，或者与实际改革理念和方法不相符，那么改革势必无法长期、有效地推行。现阶段，体制改革已经成为高校教育改革的重中之重。高校教育体制改革的最终目标是让高校内部管理机制与市场发展和教育环境相适应，充分发挥高校的教育职能和社会职能。

三、高校教学改革与高等教育主体密不可分

随着高等教育机构与国家、社会和个人的联系日益紧密，高等教育质量成为全世界都关心的核心问题。大学生作为高等教育的主体，应被高度重视并与高校教学改革进行高度结合。现就大学生学习现状及其与高校教学改革的关系进行论述。

（一）大学生学习状况及其特点

1. 大学生学习状况的内涵

我国学者鲁洁在其《教育社会学》一书中对学习状况是这样定义的：学习状况是指学生学习活动的表现及其特征，涉及与学生学习有关的方方面面。从内容上看，学习状况主要包括学习的自身前提性情况（通常被称为学

---

① 罗道全，李玲. 国外高校面向 21 世纪教学改革述略 [J]. 北京教育（高教），2001(1): 45–47.

习的准备）、学习的环境情况、学习的过程性情况（通常被称为学习策略）、学习的结果性情况。自身前提性情况包括身体准备、智力前提、非智力前提、知识基础准备，学习的环境情况包括人际环境、物理环境、家庭环境、学校环境、社会环境，学习的过程性情况包括信息加工过程和学习管理过程各方面的情况，学习的结果性情况包括学习成绩、特长、学习能力等。

在传统的意识中，学习状况主要体现在学习成绩上。随着对学习这一活动的深入理解，可以得知，学习状况贯穿整个学习的过程，涉及学生学习的方方面面。学习过程是一种自我监控的过程，学生认知效果取决于学生的自我监控能力。其中包括对学习目标、学习计划、学习状态、学习策略和学习结构的自我评价。学习是获得知识经验，形成技能技巧，发展智力，提高思想品德修养的过程。学习是为了更好地认识世界和改造世界。学生通过学习前人的经验，成为德才兼备的人才，进而完成改造世界的任务。要了解大学生的学习状况，就要了解大学生的学习过程，要了解大学生的学习过程，就要对大学生的学习动机、学习方式和学习适应等进行调查与分析。所以说，大学生的学习状况主要体现在大学生的学习动机、学习方式和学习适应等几个方面。

2. 大学生学习的特点

与中小学生的学习过程相比，大学生的学习过程虽然也是由学生、学习内容和学习方式等基本要素构成的，但这些基本要素在教学过程中的相互关系与活动结构是不同的。相同的要素在不同的结构中发生联系与活动，势必形成其联系与活动的特殊性，形成各要素间特殊的矛盾关系。与中小学生的学习相比，大学生的学习发生了很大的变化，作为处在走向社会、进入工作状态之前的最后一个学校教育阶段的大学生，其学习过程具有专业性、自主性、批判性、探索性和实践性等基本特点。

第一，大学生的学习具有鲜明的专业性。在大学学习的过程中，随着年级的上升，专业化程度逐步提高，这一特点是由大学培养高级专门人才的基本教育目标决定的。大学阶段是学生成长由"求学型"向"成才型""创造型"过渡的关键期，是步入社会前系统、集中、全面学习的最后阶段。高等教育是专业教育，大学生在入学前就确定了专业方向。因此，大学生的学习具有鲜明的专业性。

第二，大学生的学习具有很强的自主性。自主学习是指学生作为学习的主体，通过自己独立分析、探索、实践、质疑、创造等方法来实现学习目标。所谓的自主学习，不只包括自觉主动，更包含了自觉对学习方法的探索和对学习的定位，即在学习过程中进行自我监控，自己选择学习方法，自己评价学习结果。

第三，大学生的学习具有较强的批判性。大学的学习与中学不同，中学学习的基本都是有定论的东西，学生以接受学习为主要学习方法，而在大学的学习过程中，大学教师除了要将一些定论的知识传授给学生外，还要向学生介绍学科的发展前沿，介绍比较有争议的知识，因此学生就需要利用自身的知识背景去思考、去批判。

第四，大学生的学习具有很强的探索性。与其他较低层次的学习相比，大学生的学习除了学习和接受前人总结出来的已有知识和经验，继承前人先进的科学文化遗产和技术外，还包括探索人类已发现但未解决的问题以及未知的领域。正是因为大学生的学习具有较强的批判性，敢于质疑真理，所以大学生需要利用自身的知识背景去探索新的知识。

第五，大学生的学习具有较强的实践性。大学教育是大学生走向社会、走向职业岗位的最后在校教育阶段。为了培养具有较强职业能力的专业人才，尽可能缩小教学与社会实践的差距，顺利完成职前教育向职业实践的过渡，缩短大学生的职业适应期，大学生学习必须具有实践性。大学生除了掌握书本知识、完成课堂教学任务外，还要参加社会实践活动，在社会实践中检验知识、丰富知识、应用知识、深化知识和发展知识。

（二）提高高等教育质量是高校教学改革的目标

人类任何的社会实践活动都是有目的的，高校教学改革也是一种有意识、有目标指引的实践活动。高校的教学改革具有很强的目标指向性，提高高等教育质量可以说是高校教学改革最核心、最根本的目标。质量是高等教育的生命线，提高高等教育的质量已经成为世界高等教育改革与发展的共同主题。育人是高等学校的根本任务，质量是高等教育的永恒主题。无论高等教育的功能如何拓展，也无论高等学校怎样改革，提高教育教学质量、培养高素质人才，始终是高校存在与发展的基础，是高等教育的生命线。教学质量之于高校的重要性决定了高校的一切工作，包括教学改革工作，都必须紧紧围绕质量而展开，以提高人才培养质量为最终目标。

（三）大学生的培养质量是高等教育质量提高的落脚点

高等教育的三大职能是人才培养、科学研究和为社会服务。其中，人才培养是最基本、最核心的职能，失去人才培养这一职能，高校就失去了其存在的基础。通常所说的狭义的高等教育质量主要是指人才培养的质量，即大学生的培养质量。高等教育的根本任务是人才培养，要完成这一任务，就要全面提高高等教育质量，大力提升人才培养水平。

（四）大学生的学习状况是大学生培养质量的根本体现

影响高等教育质量的因素有很多，很多学者从宏观的体制、管理、教师队伍建设等方面入手，研究各种影响因素。但是，关注高等教育的质量问题更应该关注高校办学活动所针对的对象——学生。学生应该是高等教育质量评估的核心焦点。大学生质量是高校教学质量的主体，也是高校教学质量的根本体现，大学生的学习状况是了解和衡量学生质量的重要尺度。提高大学生的培养质量不仅要从学校、教师等方面入手，还必须从大学生的视角出发，真正地了解大学生的学习特点、学习方式，分析大学生的学习状况，从大学生的视角去探讨学习环境因素对大学生学习与发展的影响。只有把对大学生学习状况的研究加入高校内部质量保障体系，才能更系统地探索提高高校教学质量的途径与方法。所以，提高高校教学质量就应该从大学生的学习状况出发，高校的教学改革更应基于大学生的学习状况进行，从而促进教学改革、改进大学生的学习状况、提高高等教育质量。

（五）高校教学改革应以大学生学习状况的改善为核心

如前所述，高校教学改革最核心、最根本的目标就是提高高等教育质量。国家希望高等教育机构培养德、智、体全面发展的社会主义建设者和接班人，家长和学生则希望通过接受高等教育，获得较高的经济地位和社会地位。尽管不同的主体有不同的质量标准，但是他们的核心都是大学生的发展，而大学生的学习状况是大学生发展的一个重要体现。所以说，无论从哪个方面、哪个角度出发，高校教学改革都应该以大学生学习状况的改善为核心。

第二节 基于现代教育理论的高校教学改革建议

一、基于现代教育理念的教学理念改革

随着高等教育大众化进程的不断推进，在高校人数不断增多、高校规模不断扩大的同时，高校的教育质量问题也日渐凸显，高校培养的人才日渐满足不了社会的需要。为此，在反思高等教育后，人们开始纷纷关注高校的教育质量问题，政府、学校开始探索教育改革之路。高等教育的改革，归根结底是高校教学的改革。高校教学改革是一个复杂的、系统的过程，它的有效实施需要各个方面的配合，如何很好地执行是一个重点也是一个难点。本节从研究性学习的角度来探索高校的教学改革之路，希望在这种理念和学习方式的转变下，高校教学能健康发展。

（一）强调学生价值，关注人的发展

研究性学习概念的提出是教育系统的一次改革，它主要提倡重视学习过程中学习者的主体地位，着重培养学习者自我认知和判断能力、创新思维和操作能力、疑惑思维和处理问题的本领。研究性学习的核心教育理念不同于解放初期传统教育中知识和思维的单方面转移，也不同于改革开放后流行的工具崇拜主义，它更加侧重强调作为教育的主体所发挥的作用。研究性学习是社会和经济发展的必然产物，在研究性学习的过程中，教师不再扮演教育中绝对权威的角色，学生也摆脱了被动地听从安排的状况，两者成为教学过程中互动交流的主要角色。

研究性学习注重学习者本身的价值，侧重点不是提高学习者的学习成绩，而是学习者在学习过程中对文化知识的掌握程度、对问题的看法、处理问题的能力、对学习过程的感受以及对结果的评估。教师则转变为"指点者""询问者"。在这些转变的过程中，学生的价值得到了体现，同样教师也是受益者，其价值也得到了彰显。在以前的教学模式中，教师更像是文化的"传话筒"，严格遵守教学大纲，进行备课、讲课和检查作业。学生成绩是教师教学质量评价的唯一准则。在研究性学习中，教学主题的设定由教师和学生共同参与完成，充分融合了学生的兴趣，也体现了教师的诉求。与此同时，研究性学习规定教师要系统地学习有关教育理念和教学方法，这个要

求本身对于教师的职业发展来说是有很大积极作用的。一直以来，人们在根深蒂固的思想指引下，认为高校就是象牙塔般美好的存在，教师都带着崇高的光环被人们敬佩。然而，教师年复一年讲解着相同的知识，自身的兴趣也会随之消失殆尽。研究性学习使教师感受全新的知识构架，尝试新的教学方法和教学体验，所以说不仅学生的价值得到了体现，教师的价值也重新绽放光彩。

因此，我们在教育系统改革中要更多地关注人作为主体的价值，学生和教师的感受与发展是我们首先要考量的要素，也是引领高校设计教学目标、革新教学方式以及评估教学效果的关键。

（二）转变教学理念，发扬大学精神

教学理念是教学实践活动的指导思想，在不同的教学理念指导下，相应的教学方式、课堂组织模式、教学评价、教学结果等都不相同。我们过去的数学教学流程以定义、公式、原理作为起点，展开推理、证明，得出结论、定理和方法，最后进行应用。随着科技的发展，社会对高校人才的数学能力有了全新的、更高的要求，现今的教育思想对传统数学教学有了质疑和冲击。高校的数学课程不再是为了学习基本数学文化而学习，不再满足于让学生掌握概念、公理、推论的层次，而是要以传播知识为基础，让学生理解数学思想，明白数学的根本所在，感受数学文化氛围，从而形成了解数学、掌握数学、建设数学、解析数学的全套探索性的思维模式。

什么是大学精神？作为高等教育的主要载体，大学必有它自身的精神所在。蔡元培曾提出大学应"思想自由，兼容并包"，指出大学是研究高深学问的机关，不是研究某一家或某一派的学问，只要各派言之成理、持之有故，都可让他们自由发展。虽然这是针对当时大学里的弊端而提出的思想，但时至今日，仍具有现实意义和借鉴价值。大学精神是一所大学依据社会的发展和自身的特点，在长期的实践中发展的一种能够让本校所有人员认同的，能代表本校特点的精神理念。大学精神犹如个人的品格，是大学最为核心和高度抽象的价值追求和行为规范，决定着大学的行为方式和大学发展的方向，是大学存在和发展的基石，是大学的灵魂和本质之所在。[1] 所以，高校应该秉承大学精神，以开放的思想、开放的心态来发展自己学校的特色。

研究性学习本身就是以一种开放的理念、开放的学习方式进行学习的。

---

① 费文晓.高校办学特色的特征及价值探析 [J]. 内江师范学院学报 , 2008(7): 84-87.

研究性学习要求学生在客观条件允许的情况下，根据教学的要求和自己的兴趣，通过与教师讨论来共同制定研究主题，从微观上看，体现的是学生自身的特点，但从整体上看，学生和教师在学习过程中形成的特点就是一个高校的主流特点，是大学精神的体现。大学精神是大学保持永久活力的源泉，是大学优良传统文化的结晶，是大学在长期教育实践中积淀下来的最具典型意义的精神象征，体现了大学所有群体的心理定式和精神状态，展现了大学的整体面貌、风格、水平、凝聚力、感召力、生命力，最终凝聚形成独有的办学特色。

故新时代的高校要在适应时代需要、以学生为本的同时，从学校自身出发，基于学校的主流特点，坚持本土化，办出自身的特色。

（三）注重教学质量，培养复合型人才

研究性学习秉承的是整体主义思想，是对所有参与人的培养，也是对人整体的培养。研究性学习强调的不仅是知识的学习，还有能力的培养；不仅是课本知识的学习，还有课外领域的关注；不仅是兴趣的发掘，还有实践的检验；不仅是情感的体验，还有合作的团结；不仅是一种尝试学习，还是一种责任的承担；不是针对个别人的学习，而是面对所有学生的学习。研究性学习体现的是整体主义思想，培养的是综合素质人才。

在高校中，教学质量问题是其核心问题，用什么样的标准来衡量大学生的质量和教学效果，也就是培养什么样的人的问题。从民国初期到20世纪80年代，关于我国高校培养什么样的人才的问题，随着时代的步步发展，一直都在"通才—专才—通识"中螺旋式前进。不管是"通才"教育、"专才"教育还是"通识"教育，都是专注于知识层面的教育，对实践能力、创新能力的培养涉足不深。到20世纪90年代，随着信息时代的到来，经济飞速发展，竞争日益激烈，科学文化与人文文化不断融合，不管是"通才"还是"专才"都无法很好地满足社会的要求，学生的实践能力、创新思维、应变能力、交往能力以及良好的心理素质都越来越受到人们的重视，素质教育应运而生。1999年，中共中央、国务院做出的《关于深化教育改革全面推进素质教育的决定》特别强调：高等教育要重视培养大学生的创新能力、实践能力和创业精神，普遍提高大学生的人文素养和科学素养。素质教育是基于知识和能力、科学和人文分离的现象而提出的一种和合教育思想。同时，创新教育理念、产学研合作教育理念逐渐涌现，观其根本精神与研究性学习不谋而合，即综合素质人才培养的质量观。

在高校教学改革的过程中，各高校要明确自己的教学质量观，把综合素质人才的培养作为衡量高校教学效果的标准。这是时代赋予当今高校的任务，也是社会对高校教学质量的期望。

二、基于现代教育理念的教学体制改革

（一）激发创新意识，建立竞争机制

基于心理学的研究结果，人们普遍具有创新思维。创新思维不能说全有和全无，而每个个体都有差别，是存在得多与少，激发出来的程度怎样的差别。具体到每个人，创新意识是需要刻意开发才能充分展现出来的，在我国传统教育的长久填鸭式教学模式之下，学生一直被动地被灌输知识以及标准答案，思维模式已经被固化，发散思维明显匮乏，面对事物灵感缺失，自由联想式的思想碰撞少，最终体现为创新思维不足。目前社会和学校已经意识到学生的这种不足，为了培养出具有创新思维和独立自主意识的人才，持续进行高校教育革新，研究性学习应运而生，推动了高校革新的进行。研究性学习着重培养学生具有独特的思维方法，支持和鼓励学生发出不一样的声音，提出有个性的想法，特别是全新的见解，进而通过自己查找相关资源，向教师及学科专家讨教等规划出实施方案，应用新的思维去感受新的事物，得出新的论断。也许经过一番学习，最终得出的研究结果是片面的、错误的，那也无伤大雅，至少在整个探索的过程中，学生的思想得到了提升。世界上很多发明和创造都是在新思维的指引之下通过一次次的挫折、失败、思想起落、碰撞之后形成的，因此重视创新意识是我国高校改革冲出旧思维的关键举措。

（二）调整教学内容，适应时代需要

高校教育教学理念是高校教学改革的指导思想，但理念的作用最终是通过具体的教学改革的内容来体现的。谈高校的教学改革，就不能不具体地谈到教学改革的内容。因此，这里主要从教学目标、课程体系、教学管理、教学评价、教学方法、学生主体六个方面进行分析。

1."四个重视"的教学目标

教学目标是指教学活动实施的方向和预期达成的结果，是一切教学活动的出发点和归宿。根据研究性学习的特点以及社会对高校教学的期望，提出

"四个重视"的高校教学目标。

（1）重视基础知识的获得。研究性学习强调培养学生的实践能力和创新意识，这很容易使人们对研究性学习产生误解，认为研究性学习不注重知识的获得。这种认识是错误的，研究性学习顺利进行的前提条件就是学生掌握大量基础知识，尤其是专业相关领域和新兴领域的基础知识（如计算机和现代信息技术）。这是我们现在学习的基本工具，没有这些知识的学习和积累，妄想发掘出新的知识，就像空中楼阁一样是不现实的。只是研究性学习中知识的获得不像传统的知识获得那样仅仅依靠教师的传授，而是要求学生自己学会学习，具备获得新知识的能力。当然，开展研究性学习并不意味着排斥或替代传统的学习方式，只是将其作为一种互补的学习方式。大学生经历了中小学知识的积累，加上心智的逐渐成熟，不论从心理上还是生理上，都具备了自学的能力，所以在研究性学习的准备阶段，大学生应掌握与自己所研究主题相关的各种基础知识，否则研究性学习就成了无源之水，无本之木，又何来创新？基础知识的获得是研究性学习基本的教学目标，也是高校教育教学的基本目标。

（2）重视实践能力的培养。高校进行教育教学改革，首要任务是培养学生的实践能力，以满足当今时代对高校人才的要求。然而，在现在高校中，大学生的理论学习和实践活动往往是割裂的。社会对理工科人才的实践能力要求较高，但学生在学习中由于实习不足、实践不够，毕业后遇到问题便不能顺利运用所学知识来解决。研究性学习的重点之一就是培养学生的实践能力，它要求学生对自己的学习全程负责，在整个过程中要自己发现问题、分析问题、查询信息资料、亲自动手控制整个研究并做结果分析评价，把自己所学的知识真正用到实处。这是研究性学习的重点，也是高校教学要加大力度改革的一个方面。

（3）重视创新意识的开发。在知识经济时代，创新是国家经济发展的原动力，是实现科学发展观、构建和谐社会的必要条件，是民族崛起的不竭动力。经济的发展离不开创新的企业，创新的企业离不开具有创新意识的人才。而高校则是培养具有创新意识人才的最重要的机构。因此，激发大学生创新意识，加强大学生素质教，提高大学生综合能力，大力培养创新性人才，已成为当前创新型教育改革所面临的一项重要而紧迫的任务。创新教育包含培养学生的创新意识、创新技能、创新思维、创新人格等多项内容，是一项综合的系统工程，因此需要内外力共同推进、多方面举措协同实施。一方面，个性品质培养和兴趣开发在创新性培养方面具有独特优势，能够从本质上推动大学生创新能力的提高；另一方面，良好的激励体制能够激励大学生的创新意识，从外部条件上营造创新意识的良好氛围，激发大学生的创新热情。

（4）重视交往能力的培养。一提到学生，人们还是会将其与"两耳不闻窗外事，一心只读圣贤书"的书生相联系。当然，不是说现在的学生不闻实事，只是指现在的学生在大学校园里，与外界接触少，交往能力相对较弱。由于大学课程的特点，大学生不会再像在中小学那样有固定的教室和班主任，学生的自由时间较多，但大部分学生只是三线一点的活动，更多的是去图书馆看书，学习认真、功课做得好就被公认为好学生，而对其他的交往活动参与比较少。虽然学生会里不同的部门在周末或者各种节日都会有不同的活动，但那种举办活动的热情只能维持在大一新学期，慢慢地，这种交往活动便流于一种形式或者是一部分人的事。所以，对大学生的交往能力还是没有实质上的提高。但交往能力对于研究性学习来说却是其顺利进行的支撑条件，研究性学习是一个整体的过程，这个过程不像做题，可以自己攻破。在研究性学习中，大学生自己所选择课题的可研究性除了自己论证还要与指导教师研讨，学习过程中遇到的问题需要向相关的人了解情况，有的研究性学习要跟其他伙伴一起完成，这些都需要学生在学习中学会团结合作，学会跟他人沟通交流。此外，研究性学习不只限于学校内的学习，还可以进行校外研究。研究性学习的开展，可以很好地锻炼学生的交往能力。

目前，我国高校教育逐渐看到了综合素质人才培养的重要性，尤其是对具有实践能力和创新能力人才的培养，因此《国家中长期教育改革和发展规划纲要（2010—20220 年）》也明确提出要着力培养本领过硬的高素质专门人才和拔尖创新人才。"四个重视"的教学目标是其具体体现，高校教学要将"四个重视"的教学目标放在首位。

2. 开发具有本校特色的课程

课程是最近几年教育界关注较多的词语之一，人们对它的认识也是见仁见智，有人把课程等同于教学科目，这是最普遍的定义，如《中国大百科全书·教育》中所言，课程是指所有学科的总和，或学生在教师指导下各种活动的总和，这通常被称为广义的课程；狭义的课程则是指一门学科或一类活动。有人则把课程看作学生的学习体验、经验，这是杜威根据他的实用主义经验论得出的结论。也有人把课程定义为学习的目标或计划。每一种观点都反映了定义者不同的观点和价值理念。美国学者古德莱德归纳出五种不同的课程：第一种是理想的课程，即由一些研究机构、学术团体和课程专家提出应该开设的课程；第二种是正式的课程，即由教育行政部门规定的课程计划和教材等；第三种是领悟的课程，即任课教师所领会的课程；第四种是实行的课程，即在课堂上实际展开的课程；第五种是经验的课程，即学生实际体验到的东西。这种从不同层次给课程的定义似乎更加全面。本书中的课程是一种理想的课程又是一种体验的课程，是立足于学生的直接经验，从学生的学习和生活中探究确定研究的问题，主动分析、解决问题并能锻炼学生的探究能力、实践能力、创新能力的活动，从本质说就是研究性学习课程。

研究性学习课程已经作为国家规定的必修课进入中小学，但没有明确纳入高校课程。事实上，高校最具开发研究性学习课程的优势和必要性。研究性学习课程开发需要以各学科的基础知识和基本技能（基础知识和基本技能以下称为"双基"）作为客观前提，"双基"是研究性学习课程深入开展的有力支撑，研究性学习课程是"双基"内容的整合与实践运用。高校正具有这样的条件来开发研究性学习课程，且现在高校的教学改革多次强调高校要形成自己的办学理念和办学风格，在不同层次、不同领域办出特色。研究性学习课程不同于以往学科课程的最大之处就在于它必须由每所学校自主开发。研究性学习课程没有课程标准和固定教材，它是基于学生的兴趣、特点、经验，在教师和相关专家的指导下，运用学校的资源，由学校自己开发的课程，在开发中体现本校的特色。研究性学习课程的开发不是少数几个人的精彩表演，它需要综合学校和校内相关人员的需求，借助学校的整体力量才得以生成，这种整体力量所体现出来的集中精神也是本校的集中特点。

在高校教育教学中，课程内容是教学的核心环节，课程改革是高校教学改革的深层次改革，要提高高校的教学质量使高校办得有特色，就要加大力度来开发有特色的高校课程。研究性学习课程的开发有多种途径。比如对学生所接触的教材的开发，教材作为重要的学习资源，是进行研究性学习的重要基础；比如对教学活动的开发和利用，平时的学术报告，实验教学，都是动态的教学过程，而在这个过程中学生获得生成性体验也是研究性学习的特点；对高校周围的自然环境或者社会资源的开发利用，校园周围的生态环境、人文环境、科技研究等都是研究性学习最好的课程资源，也是高校发展本校特色最有利的课程资源。当然，各个高校的办学目标、办学模式、办学条件等都不一样，不可"整齐划一"，所以各高校要根据自身的特点和优势，开发适合自己的特色课程。

3. 加大选修课比例，推行"3+1"学制

我国高校的选修制是在学分制的基础上发展起来并与学分制同步实行的。选修制是指学生可以根据自己的需要、兴趣和能力选择课程、任课教师和上课时间，选择适合自己的学习量和学习进程。选修课是相对于必修课提出的，必修课强调教学的基础性，强调每个专业的专业性，是学生必须学习和掌握的。选修课是基于社会、科技、学校的发展对高校人才的需求而设立的课程，它不要求每个学生必须学习，学生可根据自己的特点、能力进行有选择的学习。它打破了传统教学的单一模式，开放了学生的思想和眼界，激发了学生学习的兴趣和积极性，是高校主动适应社会发展的必然选择。从本质精神上说，它与研究性学习不谋而合。选修课的顺利开展可以为研究性学习打下良好的知识基础，使学生具有良好的精神准备状态。选修课也是研究性学习课程开发的有利资源，选修课一般都是建立在学生的需要和兴趣的基础上的，同时选修课有一定的课程规范和目标，激发学生学习兴趣的同时为其指引方向，避免了大学生自学时的迷茫，它是研究性学习开发的有利资源。但是，现下高校中的选修课远没有达到我们的要求，整体上讲选修课比例过小。高校中选修课学分一般只占 10%～20%，这样，学生在选择课程时自由度就不大，教师和学生对选修课也不会重视，不管是学习中还是学习评价都是简单的自学自检，造成选修课的优势消失。所以，高校要加大选修课的比例，提高选修课的质量，使学生真正享受到选修课的"效益"。

除个别院校（如医学类）之外，我国大部分本科院校都是四年制，本书中笔者把它称为"3+1"学制，主要是指前三年主要学习基础知识、基本技能、专业知识等偏理论性的知识技能，后一年则根据学生学习的专业有针对性地联系相应的实践基地或实习地点让学生所学有所用，在实践中真正锻炼各方面的能力。当今高校教育中，教学质量问题成为人们最为担心的问题。信息科学飞速发展，大众化教育汹涌来潮，但高校培养出来的人才越来越接不上社会需求的轨道，最直接的体现就是学生的实践能力和创新能力不强，适应能力和交际能力不强。"3+1"学制可以集中一年的时间，让学生进入实践领域，提前进入岗位准备状态。当然，由于每年毕业的学生人数多，经费和实习地点不足，学校可能无法为每个学生联系到实习的单位，但学校可以鼓励各院学生自主实习，如在本校的科研基地或者实验室实习，选择专门教师组成不同小组进行项目学习研究，还可以选择社会服务学习等。究其根本也就是进行研究性学习。研究性学习是基于整体的

学习也是亲身体验的学习，到大四阶段，学生在各个方面都具备了条件，学校可以提供平台，在教师的指导下，让学生以学位论文、毕业设计或服务性学习项目的形式开展研究性学习，既锻炼了学生的各种能力，又增加了其对工作的适应性和信心。

4. 把教学评价"嵌入"课堂

教学评价是教学过程的有机组成部分，是改进教学管理、提高教育教学质量、促进教育教学发展的重要手段。同其他教育教学概念一样，教学评价的定义也是一个颇有争议的问题，具有不同价值理念的人，从不同的角度出发，根据不同的标准提出不同的教学评价。总结起来大致归为以下几类：①形成性评价和总结性评价；②目标本位评价和目标游离评价；③自我评价和他人评价；④伪评价、准评价和真评价。这几种评价有自己的价值理念和理论基础，有各自的优缺点，有些也有不同程度的融合。

在当今的高校中，虽然"以生评教"的施行大大提高了学生的主动权，但"以生评教"更多的是评价授课教师，而非课堂本身，亦非学生学习本身。而且高校在评价教学时普遍使用的还是总结性评价和目标本位评价，这使教学评价对高校教学的导向和激励作用苍白无力。因此，要把教学评价"嵌入"课堂。课堂是教学的主阵地，课堂教学质量是整体教学质量的体现，把教学评价"嵌入"课堂是将课堂教学和评价融为一体，对在课堂教学实施过程中出现的主体对象进行评价，以使教学过程更为完善，是学生学习过程真实的评价。具体来说，它关注的是课堂教学中真实的学习过程，不仅是学生知识的获得，还有情感的体验、态度的改变、参与的程度；不仅有专家学者的评价，更多的是教师和学生对自己教与学的过程的评价反思，并将这种评价及时反馈到课堂中，以使课堂教学更加有效。从本质上说，这也是研究性学习中教学评价的理念。研究性学习的评价倡导评价的多元化，注重评价的真实性，关注教学过程中的自我评价。在研究性学习中，评价主体不仅有少数的专家和领导，还有教师、学生甚至家长；评价方法不是单一的量性评价或者质性评价，而是多种评价的综合。当然，研究性学习评价更加关注自我评价。自我评价是学生基于课堂教学过程的自我反思，反思是学生对自己学习活动的监控，是对自己学习过程中出现的问题的思考，是改进自己学习设计的指引等。这些反思会使学生获得更多的信心和勇气，学得自律，锻炼发现问题和解决问题的能力。教育学者汤姆·本莱特也曾说过："评价一个教育教学系统的成功或有效与否有两条标准：一是学生如何在超越日常教学情境的真实问题中应用所学的知识与技能解决问题；二是学生为终身学习所做的准备如何。"

因此，高校教学的改革要重视自我反思的教学评价，注重学生、教师对课堂效果的真实评价，要把评价重心从单一的总结性评价、量性评价转向多元的综合性评价。

5.加强引导型教学方法的运用

教学方法是实现教学目标、完成教学任务的重要保障，是在教学过程中，教师与学生为实现教学目的、完成教学任务而采用的教与学相互作用的活动方式的总称。引导型的教学方法并不是一个新的话题，早在我国春秋时期，大教育家孔子就提出"不愤不启，不悱不发"的启发式教学；在西方，古希腊的哲学家、教育家苏格拉底也确立了以引导对话为教学方法的"精神助产术"或者称"产婆术"。只不过当时的引导局限于对已有的知识或者早已存在于大脑中的自我认识的引导。尽管这种教学方法出现得很早，但长期以来，我国一直以传授学生知识的传统的讲授法为主要的教学方法，即便是在当今大力倡导教学方法改革之时，引导型的教学方法在教学实践中仍然没有得到广泛实施。而研究性学习的开展，可以为引导型的教学提供有利的窗口。

研究性学习要求打破传统教学的藩篱，教和学不再是传授与接收的单一教学方式，而是交往的对话，是教学过程中共同的学习。通过这种教学方法，学生在教师的指导下学会学习，教师在指导学生进行研究性学习的同时提高自身的教学能力。现在社会要求高校教学培养出学会学习的人、实践能力和创新能力较强的人，引导型的教学方法可以很好地激发学生的学习兴趣，发掘学生学习的能力。

人们常说，兴趣是最好的老师，在学生的学习过程中兴趣是基石，也是关键，兴趣是达到一个目标最本质的起点，如果学生对学习产生兴趣，自然而然就会自主地参与到学习过程中，进而展开深层次的思考和分析。如何让学生对学习产生兴趣是长久以来大家探讨的热门话题，如果学习能满足其探索未知和新知识的欲望，那么在学习的过程中，兴趣就是学习知识的内部动力，并对促进学生自主学习有着重要的作用。因此，教师在展开教学内容之前，应该主动探求学生有什么样具体的需求和期望，试着去寻找学生的兴趣所在，从而激发他们对学习的热情。所以，高校教育体系改革要格外注重兴趣对学生学习能力和未来发展方向的重要作用，在教学环节设定上要考虑学生的兴趣，才能真正满足时代和社会的要求。

主要的引导型教学方法有对话法、讨论法、案例分析法、探究法等，这些教学方法是研究性学习经常采用的方法。研究性学习离不开学生与教师的对话，离不开学生对自己所搜集资料的整理分析和讨论，这是培养学生学会学习、学会思考、锻炼实践能力的有效方法。所以，在高校教学改革中，教学方法的改革是重要的一环，这些引导型教学方法不仅适合研究性学习，也适合各科的学习，改变了传统的知识传授方法，引导学生自己去思考、去发现，在研究性学习中获得应该掌握的知识。这是社会对高校教学的要求，也是学生对自身发展的要求。

6. 注重学生主体性的发展和发挥

学习归根结底是学生的学习，社会是未来学生的社会。随着社会的不断发展和教育教学的不断改革，关注学生的主体性逐渐被提上日程，高校教学改革更是如此。正如有学者所言："高等教育是否把学生作为主体，在教育中如何体现学生的主体性，是当前高等教育内部体制管理改革和教学改革的核心问题。"从中可以看出促进学生主体性的发挥是高校教学改革的重要内容。

研究性学习以学生的主体性发展为根本目的，以学生自身特点、经验、需要、自己发掘选择研究主题为出发点，学习过程以学生积极主动地学习、搜集资料、分析问题、评价反思改进学习方案为主线，结果以学生的亲身体验的获得、实践能力和创新能力的提高为归宿。整个学习都是围绕学生主体性的发展而进行的，是学生主体性最为尽兴的发挥。主体性是指主客体之间相互作用，主体所表现的自主性、主动性和创造性。高校学生的主体性是指高校学生在教育教学实践活动中所表现出的自主性、自为性、主动性和创造性，它是教育教学及其管理活动正常开展、教育教学质量不断提高的必要动力。但长期以来，由于多种因素的制约，学生主体性在高校教育教学过程中并没有充分体现，综观现在轰轰烈烈的高校教学改革举措，真正把学生放在主位，考虑学生的差异，参考学生学习的经验和特点，让学生做学习的主人来参与教学改革的很少。石中英教授曾指出，从一定意义上说，教育改革比较起教育革命，更加依赖于内在的力量，而不是依赖于外在的力量。没有改革主体的积极性、主动性和创造性，就不会取得改革的丰硕成果。由此可见，高校教学改革的推进需要注重学生主体性的发挥，给予学生应有的权利，让他们充分参与到教学活动中，尊重他们在教学活动中提出的建议。

（三）加强基础教育，提高学习能力

由于研究性学习着重强调学生的动手操作能力和创新思维，很多人就对研究性学习产生了怀疑，认为研究性学习不重视理论知识的学习。这种认识是片面的。研究性学习展开的前提条件就是学生已经具备了丰富的基础和理论知识，特别是学科相关的以及新兴观点的基础知识，这是深入开展学习的基本技能，如果没有大量的基础知识，就不可能获得新突破。只不过在研究性学习中，学习知识的途径有别于传统教学：不是单纯依赖于教师的传输，而是强调学生自己去学，获得一种学习的能力。并且，宣扬研究性学习并不是摒弃和替代传统教学方式，其只是弥补传统教学方式的某些不足，是与传统教学方式共生互补的一种学习方法，况且大学生通过中小学多年来文化的积累与沉淀，随着年龄增长，心智也已经成熟，拥有了自主学习的本领。总的来说，研究性学习的前提是学生已经熟知自己所选主题的基础文化知识。基础文化是研究性学习的基石，也是高校教学中的基本内容。加强基础文化的学习，从而促进学生学习能力的提升，要实现这一目标可以采用以下几种手段。

1. 设置合理的课程挑战度，促进学生的专业发展

（1）设定合理的课程目标，促进学生高级思维技能的发展。美国教育家布鲁姆认为，分析、综合、判断、运用是学生高级思维能力由低到高发展的四个层次。对学生高级思维能力培养和重视的程度集中体现了学校对学生发展的期望程度和要求。如果设定较低的课程目标要求就不能满足学生的学习需求，也就无法实现对学生创新思维的训练，从而阻碍学生高级思维技能的发展和提升。

课程目标是对学生课程学习成果的期望和预先设定，直接体现了学校对学生学习效能的预期目标。要达到学生高级思维能力发展的四阶段期望和预设目标，第一，学校的管理人员要有培养和提高学生高级思维技能的课程设置理念；第二，要推进学校课程体系建设，为各年级、各发展阶段、不同类型的课程量身打造适宜的课程教学目标和要求，促进学生高级思维能力的递进式发展和提升。

（2）重视学生阅读和写作能力的培养，促进学生的专业学习。良好的阅读和写作能力是进行学术研究的前提，指定教材、参考书目和学术论文研究报告的广泛阅读有利于学生专业学习的深化，进而促进学生的专业学习和发

展。写作是对平时零散的、片段式的学习成果的阶段性总结、多维度思考、渐进式内化与个性化整合，学校对学生写作量的要求直接体现了学校对学生学术训练的重视程度。

维果茨基发展性教学主张强调，教学应适应学生的最近发展区，走在发展的前面，使其跨越最近发展区进而达到新的发展水平。教学只有走在学生发展的前面才能带动和加速学生的发展。教学过程中课程挑战难度的设定应着眼于学生的最近发展区，力求所设课程挑战难度既能激发学生专业学习的兴趣，又符合其心智发展规律。所以，需要从宏观课程管理的角度为各年级制定合理的课程难度目标，从微观课程实践的角度激励和引导学生进行专业学习。

（3）关注学生的认知发展水平，促进知识的迁移。大学是个体能力塑造的重要时期，个体独立思考能力、辩证逻辑思维能力、创造性思维逐渐确立和发展，情绪和情感日渐丰富，自我意识和自控能力逐渐增强，自我认知更为深刻，自我评价日趋完善。

学习是个持续的过程，是对已获得的知识经验、动作技能、认知结构、学习态度的归纳、分析、整合、反思与改进。要促进学生的知识迁移，就必须提升学生归纳、分析、整合、反思与改进知识经验、动作技能、认知结构、学习态度的能力。在实际操作过程中，一方面教师要通过课堂示范和引导，培养学生归纳、分析、整合、反思与改进的良好习惯；另一方面教师要为学生的归纳和分析提供辅导与帮助，为学生的整合、反思与改进学习过程创造空间。

2. 以问题为中心，提高学生主动合作的学习水平

（1）激发学生课堂参与兴趣，调动学生主动学习的积极性。兴趣、动机等非智力因素是学习得以有效进行的心理条件，具有指导、调节和强化认知的作用。当学生对学习内容及其呈现方式产生兴趣时，其主动学习意识才会被激发。学生是学习活动的主体，只有学生具有了主动学习意识，其学习效能才能提高。

高校要激发学生课堂参与兴趣，第一，要通过师资培训，提高教师教学情境创设水平，丰富教师的教学技能，使学生在教师的鼓励和引导下，以学习任务为中心激发主动学习意识。第二，要调整课程设置，为学生搭建主动学习的平台，鼓励学生参与课题研究，积极展示学习研究成果，促进学生主动学习。

（2）以问题为中心，促成学生合作学习。美国教育心理学家罗伯特·斯

莱文研究发现，通过小组成员合作学习，班级中原本成绩较差的学生社会地位发生了改变；美国社会学家詹姆斯·科尔曼研究发现，原本成绩较好的学生通过小组合作学习帮助其他同学进步而居于小组"领导者"地位，这一地位的转变增强了他们的自豪感和自信心，因而乐意付出更多的努力，自我进步并帮助同伴获得学业成功；与此同时，皮亚杰学派的学者认为，小组合作学习过程中，各小组成员能通过讨论学习内容、解决认知冲突、分析推理漏洞来提高所有成员的认知水平。

调查研究发现，我国高校学生在合作学习、合作完成课堂任务方面的能力较低。要改变高校大学生合作学习意识淡薄和合作学习能力不足的现状，就要根据学生的学习心理特征设置问题，并以问题为中心展开教学活动。教师在课堂教学活动中依据教学内容和教学目标抛出问题，引导学生分小组通力合作，找出问题的本质、原因、答案和解决办法。通过小组合作学习，每个小组成员都付出了努力也都有所收获，合作学习的意识得以加强，合作学习积极性得以激发，合作学习能力得以提升。

3. 创设和谐的师生关系，促进师生深入交流

师生之间的各种正式或非正式交流积极影响着学生的成长、成才。教育的本质即人与人的互动。教学过程是教师与学生共同参与、共同协作的过程，而我国传统的师道尊严观念塑造了教师高高在上的权威地位，加之功利的"科研优先于教学"的取向分散和占用了师生交流的时间和精力，导致国内教师与学生之间的互动水平总体较低。要改善学生与任课教师互动不足的现状，首先应将师生互动状况纳入教师考核范畴，从政策层面影响教师对科研和教学的权衡与决策，让教师在师生互动方面留存足够的时间和精力，使其既能保证日常教学，又能带动学生进行课题研究。其次，严格贯彻班主任负责制。班主任与学生的交流不仅限于专业学习上，还应扩展到人生观、世界观、职业规划探讨以及课外活动方面，及时了解学生需求，及时反馈和答复学生的疑问。最后，充分运用现代信息技术创设灵活多样的师生沟通渠道，使师生互动超越时空限制。

教学活动的过程是师生有效互动的过程，有效互动是围绕精心设计的教学目标与内容，在学生积极参与的状态下进行的，互动过程中既有教师的讲述和引导也有学生的倾听与思考。师生互动水平低，一方面说明教师在师生互动过程中积极性不够，另一方面说明学生主体意识不强，没有在教学过程中积极主动地与教师进行沟通交流。因此，要改变师生互动不良的现状，必

须强化学生的主体意识，鼓励学生积极参与到教学活动过程中。具体来说，就是要鼓励学生在教师教授过程中主动思考、积极提问，并把学生在日常活动中提问和主动回答问题的表现计入学期课程成绩，从意识和学校制度两个层面鼓励学生积极参与到教学活动中。与此同时，鼓励学生主动积极地参与教师的课题研究，在教师带领下做课题，使其既能学到深层的专业知识和技能，又能与教师频繁互动，还能在耳濡目染中感受教师的人格魅力，提升对专业学习和教师教学科研水平的认可度，进而以教师为榜样，为学好专业知识和提升自我修养不懈努力。

4.丰富教育实践活动，提高学生综合素质

以学生自主参与、自愿组合为表征的课外学习实践活动，旨在充分展现学生的个性和特长。通过积极参与课外活动，学生的独立性、责任心和交际能力得以训练和强化，个性得以彰显，才能得以施展，课外生活得以丰富。

要丰富教育经验活动，第一，必须搭建活动平台，包括实习实践平台、各类竞赛平台、国际学习交流平台和社会服务平台。实习实践平台的创设有助于学生提前了解职场，为就业做充分准备。竞赛平台为学生展示个性和特长提供平台，让学生的潜能得以充分发挥，并使学生的各项才能得到充分肯定。国际学习交流平台有助于开阔学生的视野，增长学生的见闻，通过交流所学知识，学生可以获得专业发展的最新资讯。社会服务平台有助于增强学生的社会责任感。社会的每个成员都肩负着服务社会的神圣职责，让学生多参与社会服务，有助于其社会服务意识的增强和社会服务职能的行使。第二，要加强师资培训，确保有足够的师资力量指导学生的学习实践活动。

三、基于现代教育理念的教学环境改革

（一）加强硬件及基础设施建设

改善教学环境的关键是加大对固有设施的投资。学校的硬件是随处可见的校园文化，以其持久的影响力熏陶着学生的灵魂并提高学生的审美意识。好的物质文化背景可以影响学生的发展，激发学生情感，使学生以校园为家，具有强烈的归属感。良好的校园环境对学生思想境界的影响甚至比文化知识更加生动而深刻。因此，校园物质文化建设要以培养学生精神思维为着手点，完善校园建筑。学校的建筑一方面要确保环境幽雅，另一方面要确保客观实用。

首先，学校应该注重基础设施的建设。其中确保学生学习场所完善是重要的一方面。自习室是学生独立学习的场所，所以学校要给学生提供窗明几净的自习室，营造良好的学习氛围。

其次，要完善实验室设施。实验室是学校重要的基础设施，也是增强学生动手操作能力、培养创新思维和提升学习质量的主要场所，所以学校要扩大投资，引入精良的、科学的、完备的实验设备、仪器及设施。通过实验室展开实践教学，指引学生主动学习和探索，强化学生研究和处理问题的意识，增强学生掌握知识和动手操作的能力，增强学生的创新思维和能力。

最后，完善图书馆设施和管理。图书馆是学校的心脏，是学校建筑设施完备的体现，更是学生摄取精神食粮的场所。学校应该根据学生的需要和学校的专业特色，多多收集高质量的书籍，并成立数字图书馆，完善电子资源数据，为教师和学生提供更加全面的知识体系。

（二）完善教学软环境

高校教学的软环境可以培养学生的优良品质，对学生精神世界的构架和心理健康发展意义重大。学校的软环境涉及面广，包括厚重淳朴的学风、校训，多姿多彩的文化生活和美丽优雅的学校风景，等等，这些对于培养学生的精神品质意义非凡，也是校园软环境构建的方向。

要完善大学校园的软环境建设，就要营造良好的学习氛围。一所大学应该有一种文化传承和精神目标，也就是一所大学发展过程中沉淀的精华，是一代代教师和学生不断创新、追逐和传承下来的，是大学的灵魂所在。学生身在拥有大学精神的学校，可以受到良好的熏陶，这种对精神的培养、对学生素质的提升比学习文化知识更具有意义。一所大学有适合学生发展的氛围，才能够引领学生全身心投入学习之中，让学生为追求美好的未来和成为优秀的自己而努力。

另外，完善软环境建设，学校还要重视组织文娱活动、社会活动、科技活动等。尽最大的能力营造一种科学至上、注重能力培养、提高学生素质的健康、科学的学习氛围。学校应该重视学生积极性的培养，发扬学生的聪明才干，组织水平高、品质精的学术讲座，创设浓郁的学术环境，促进学生探索新知，培养学生成为勇于创新、敢于挑战的人才，提升他们的思维能力和创新水平。

（三）建设高水平的师资队伍

教师是高校学生的授课者，是高等人才的直接缔造者，所以高校教师素质是一个学校教学质量和人才培养水平的直接体现。具备好的教师资源才能提高教学质量，因此一直以来教育学者关注的核心问题之一就是教师队伍的建设，《国家中长期教育改革和发展规划纲要（2010—2020年）》以单独条例的形式着重提出要建设高水平的教师队伍。在研究性学习中，教师队伍建设的重要性不言而喻，所以当代教育对研究性学习中教师队伍的建设提出了更高的要求。

首先，是教师角色的转变。在研究性学习中，教师不仅是传统的知识讲解者，更是学生自主学习能力的培养者和指引者。传统教学的重心主要放在对知识的传递上，只要学生掌握知识即可，对学生学习能力和创新思维的关注度很低。但研究性学习不仅要学生获取知识，更注重指导和培养学生的自主学习能力和创新能力，教师的角色也从威严的传道授业解惑者转变为"知识面前人人平等"的知识探索先行者和指引者。此外，教师角色的转变还表现在教学方式的改变上。在传统教学中，教师个体完成教学任务，而在研究性学习中，有所涉知识面广，涉及领域多，教会在客观上需要打破传统教学的桎梏，在不断扩充自己知识面的同时，更要以团队协作的形式形成合作教学小组。纵观我国当代高校教师队伍和教学现状，教师团队模式的应用势在必行。高水平教师团队的建设可以有效促进教学方式的革新、教学内容的更新，加速推进教学研讨和教学经验的沟通交流，尤其是教学团队年龄梯度建设，老、中、青组合可以有效发挥传、帮、带的作用。

其次，注重教师专业水平的发展。知识经济时代已经来临，学生学习知识的途径越来越多。因此，教师不能仅仅停留在自身专业范围内，而要迎合专业的进步和教师职责的扩充。这就对教师提出了更高的要求：要改变自己的意识，放弃一劳永逸的观念，除了本专业知识，还要涉猎其他领域的文化，切实做到融会贯通。另外，还要紧跟时代脚步，掌握现代信息。如今，网络渗透于各行各业，是文化知识传播的介质，教师也要熟练应用网络技术和多媒体进行授课。

最后，要提升教师的科研交流能力。提升教师教学水平的一种有效途径就是进行科学研究。只有具备创新能力的教师才能实施创新教育。具备创新能力的教师要拥有研究的思想、水平和习惯。实施创造性的教育需要教师在教学过程中不断自我反思和相互交流，在反思与交流中提升自己的专业能力，完善自己的教学方法。高校要成为教育界领军者，需要建成一支优秀的教师队伍，而青年教师的培养将会成为优秀教师队伍可持续发展的关键。

综上所述，研究性学习给教师指出了全新的学习方向，时代的进步也对学校和教师提出了新的挑战。教师不仅是传授者、研究者，还是协同者、学习者。学习型社会已经到来，高校要给教师更多交流成长的机会，促使教师摒除一劳永逸的思想，不断探索新的教学方法，不断提高业务水平，以提高专业素质。

（四）建设科学研究基地

高校教学与中小学教学的不同之处在于，高校教学不仅是基础知识的传授、基本技能的锻炼，也是科学研究。科学研究一直是高校教育教学的基本任务之一，只是普通高校中的科学研究一般以教师队伍为主，科学研究是教师、教授的研究项目，关注学生的科学意识比较少。随着社会的不断发展，知识的不断更新，信息资源的日益丰富，科学研究不再仅仅是提升教师素质的途径，更是培养高校学生创新精神和实践能力的平台。

自 1999 年中共中央、国务院颁布《关于深化教育改革全面推进素质教育的决定》以来，培养大学生的创新能力、实践能力就成为高校教育教学改革的重点内容。时至今日，这一重任仍没有被很好的完成，虽然各项教育教学改革措施的确使我国高校的教学质量有了大幅度的提高，但是高校规模的不断扩大、教育教学资源的相对匮乏、知识的不断更新变化，使得高校教学改革的步伐相对社会发展的变化步伐还是望尘莫及。

学生能力的培养不只是理论的学习，更是实践的锻炼，因此，针对学生建设科学研究基地，不仅是提高学生实践能力、思维能力、解决问题能力的有效途径，还是进行研究性学习的舞台。《教育部财政部关于实施高等学校本科教学质量与教学改革工程的意见》特别指出，要开展基于企业的大学生实践基地建设试点，拓宽学生的校外实践渠道；实施大学生创新性实验计划，支持 15 000 个由优秀学生进行的创新性实验，促进学生自主创新兴趣和能力的培养；择优选择 500 个左右的人才培养模式创新实验区，推进高等学校在教学内容、课程体系、实践环节等方面进行人才培养模式的综合改革；以倡导启发式教学和研究性学习为核心，探索教学理念、培养模式和管理机制的全方位创新。可见，建设各类科研基地在政策上已提上日程，高校要贯彻落实国家政策，根据自身的特点，除了依靠政府力量的支持，还要通过多种渠道来建设本校的科研基地。

第三节　高校教学改革与教育信息化

信息化是当今世界经济和社会发展的大趋势，其中信息技术的广泛应用给教育带来了前所未有的挑战。传统的学校教育教学管理模式暴露出越来越多的问题，不能满足社会对人才培养的需要。在教育信息化背景下，学校的课程设置、管理方式、教学模式等都需要发生改变，高效办事、协调运转、培养人才成了教育管理体制追求的目标。

一、教育信息化简述

教育信息化是信息技术与教育整合的过程，是教育思想观念的转变。作为教育系统中一个基本构成要素，教育信息化要求在实际教学中注重信息技术手段的运用，这有助于推动教育现代化的实现，也符合当前教育改革发展的趋势。[①] 加强教育信息化建设需要从以下两个层面着手：从技术层面，加强对计算机、网络等多种技术手段的运用；从教育层面，重点关注、培养和提高学生的信息获取、分析、处理和利用的能力，促进学生信息素养的培养。

教育信息化具有多个方面的基本特征，从技术层面上看，教育信息化是信息处理的数字化、信息传输的网络化、信息呈现的多媒体化、信息系统的智能化，这些都是在先进信息技术的支持下实现的，推动了教学改革的创新；从教育层面上看，教育信息化是教育资源日趋全球化，教育过程彰显个性化，教育环境逐渐虚拟化，学生学习更具自主性。教育管理借助计算机系统也可以实现自动化，这些扭转了传统落后的教育局面，必将获得更好的教学效果。

二、高校教育信息化建设的总体设计

当前，各个高校在教学改革的过程中要实现教育信息化的建设，需要综合考虑多种因素，优化总体设计规划，具体可以从以下几个方面入手。

（一）硬件建设

要加强计算机室、多媒体网络教室、校园网、电子备课室、电子阅览室、数字图书馆等硬件设施的建设。

---

① 才路.加快学校信息化建设促进学校教育教学改革 [J]. 中华辞赋 , 2018(7): 128.

（二）软件建设

要实现学校教育信息化，信息技术课程、教材的建设是核心。要加强网上课程、电子教材、教学信息资源库建设，加强教学支持系统以及各种教育信息系统的建设。

（三）潜件建设

要加强教育信息化建设理论基础的研究，加强信息化教学模式和方法的研究，加强计算机、多媒体、网络技术教育应用的研究。

高校教育信息化建设并不是依靠一两次改革就能实现的，而是一项需要长期坚持和探索的工作。所以，为了确保教学改革的可靠性、长远性，一定要对教育信息化进行整体规划，管理者也一定要具备超前意识和长远眼光，不能只着眼于眼前情况，还要确保整体方案的扩展性和长远性，避免出现重复投资和资源浪费的情况。具体要采取分步实施的模式，稳扎稳打，对学校信息系统中的各个组成部分进行分析，确保各部分的集成与协调发展，最终形成良性循环，达到整体设计的要求。

三、信息化背景下高校教学改革的策略

（一）提高教师的信息技术能力素养

高校在教学改革的过程中首先应该提高广大教师的信息素养。所谓信息素养，就是个体对信息活动的感受，以及信息检索、获取、分析、处理和利用的各种能力，具体包括信息情感意识、科学意识、处理能力和信息伦理道德等多个内容，因此具有一定的体系结构。在当前教育改革发展的背景下，教师只有具备信息素养和信息技术应用能力，才能为实现培养创新型人才提供支持。这也是当今社会发展对教师所提出的必然要求。具体到实际工作中，高校就要加强组织对广大教师的培训，从而使其掌握信息技术相关的基础知识，认识到信息技术在现代教育领域中的重要作用和意义，积极探索具体的实践应用策略，能够正确使用计算机操作系统，学会使用相关的教学软件，要具有编辑制作多媒体课件的能力，具有开发教学素材的能力，并且能够借助网络获取、处理信息，可以进行网络线上交流，从而真正促使信息技术服务于教学改革工作。只有不断增强教师的信息素养，才能满足教育现代

化发展的实际需要。[①]

（二）信息技术与课程整合，培养优秀人才

信息技术与课程整合是新时期教育改革的一个主要途径，是对传统学科教学的继承和发展，是实现教育信息化的一个重要方法。信息技术与课程整合，即信息技术、信息化资源、人力资源与课程内容进行充分的有机结合，从而促使教师更好地完成具体教学任务，推动传统课程模式实现根本转变。为了确保信息技术与课程整合取得良好的效果，高校还需要重点培养教师在这方面的能力，增强他们的思想意识，使其充分认识到这项工作的重要意义，从而对教学模式的组织进行思考和研究，使高校课程教学更加符合培养人才能力的要求。

（三）创新改进教学方法，构建信息化教学模式

教学模式的运用直接关系到最终的教学效果，对教育信息化的实现有很大的影响。在当前信息技术不断发展的背景下，教育教学朝着多元化方向发展。高校应该积极探索、构建新型的信息化教学模式，改变以往以教师为中心的教学模式，不能仅对学生灌输知识。如果学生成了外部刺激的被动接收者，就难以实现好的教学效果，最终只能成为单一知识型和模仿型的人，缺少创新思维和创新能力，这样的人无法满足当今社会发展的实际需要。但信息化教学模式基于建构主义理论形成，更加关注数字化教学资源的运用，关注学生的主体地位，在教师所创设的开放性、自由化的教学环境下，学生可以自主合作探索、自主建构知识、获取知识、分析解决实际问题，教学氛围更加活跃。新型信息化教学模式关注对学生信息素养的培养，提高了学生的自主学习能力，促进了学生实践能力和创新精神的培养，有助于促使他们成为具备信息处理和应用能力的终身学习者。

（四）改革教育管理方式，提高学校管理效率

信息技术的发展为高校的教育管理工作也提供了技术支持。有关部门人员可以借助计算机网络构建教育管理平台系统，充分发挥计算机处理速度快、存储量大的优势，形成更加科学准确的决策，对于办公、信息交流和通

---

① 温静.高职院校数学信息化教学改革探索与研究 [J]. 社会科学前沿, 2018(9), 1629-1633.

信等方面来说也会更加便捷。实现了网络协同工作，教育管理水平会得到显著的提高。人事、师资和学生学籍管理，同样可以借助计算机技术，从而推进高校努力实现全面信息化教育管理的目标。

（五）优化信息化环境下学校德育管理策略

当前，信息化的发展已经成为一种潮流，我们的学习生活、思维模式、工作方式都不可避免地会受到信息化的影响。因此，学校的德育工作也应该进一步适应信息化的新趋势，积极吸收信息化技术的精华，去除信息化技术的糟粕。让德育工作与信息技术有效结合，加强德育工作的信息化建设，依靠强大的信息化技术，让德育工作更全面、更专业地开展。

1. 联合家庭、社会的力量

在传统的德育教学中，学校是德育教学的主力军，它一直处于单打独斗的局面中，没有与家庭、社会形成联动力。以往的德育工作，只是简单地局限在课堂内和校园中，忽视了家庭、社会在道德教育中的重要作用，没有有效地整合资源，实现教育合力，致使德育教育没有达到预期效果。首先，学校要积极主动地适应信息化环境，在校园中加强文化建设，多组织社会道德实践，同时对学校内网的信息进行舆情监控，加强对学生的正面引导，提高学生的互联网保护意识，增强学生对互联网陷阱的识别能力，帮助学生建立起互联网信息防线；其次，学校可以充分利用新媒体平台，如 QQ 群、微信群等，加强与家长的实时互通，让家庭教育和学校教育形成合力；最后，社会上的团体组织、教育机构也应该肩负起应有的社会责任，对学生群体给予更多的帮助与关心，引导社会风气向积极的方面转变。

2. 对德育工作进行细化

新时代，德育教师应该积极利用信息技术，对德育工作进行细化，让德育工作更具针对性。德育教育在开展德育工作时应该要切实结合学生的年龄特点、心理特征，进行系统的有计划的个性化教学；同时德育教师可以组建专门的德育微信群，多在网上与学生谈心，及时了解学生的心理变化和情感需求，对学生进行一对一的指导。

3. 德育工作要落到实处

传统德育教学往往是形式大于内容，在信息化背景下，德育工作要进一步落到实处。在进行德育教育之前，教师一定要从实际出发，进行课程内容的前期调研，尽量吸收新知识，引用一些社会新近案例进行道德分析。例如，实现中华民族伟大复兴的中国梦是社会主义建设新时期的目标和展望，我国的主流媒体都积极主动地对其进行了宣传和传播，网络上有关其内容的视频和文章比比皆是。此外，"学习强国"App 中的学习资源非常丰富，学校此时的德育教学就可以把中国梦以及"学习强国"App 中的内容融合进来，帮助学生重塑民族自信心、增强民族自豪感。

第三章　高校课堂教学改革

第一节　高校课堂教学简述

一、高校课堂教学相关概念界定

（一）教学的含义

"教学"一词有三种释义：一是指教师传授给学生知识、技能的过程，二是指教育，三是指教书。各国教育学家对教育的解释也各有不同。苏联教育家斯卡特金认为，教学是一种传授社会经验的手段，通过教学传授的是社会活动中各种关系的模式、图式、总的原则和标准。美国教育心理学家布鲁纳认为，教学是通过引导学习者对问题或知识体系循序渐进地学习来提高学习者正在学习中的理解、转换和迁移能力。中国学者王策三认为，所谓教学，乃是教师教、学生学的统一活动，在这个活动中，学生掌握一定的知识和技能，同时身心获得一定的发展，形成一定的思想品德。中国学者李秉德认为，教学就是指教的人指导学的人进行学习的活动。进一步说，教育指的是教和学相结合、相统一的活动。

虽然大家对"教学"给出了不同的解释，但是在众多定义中，都包含了以下几点。一是都强调了"教"与"学"的统一性。教学不能单看成"教"或者"学"，只有教师"教"，没有学生"学"，是没有目标、没有意义的"教"；只有学生的"学"，没有教师的"教"，学生就不能准确快速地掌握知识和提高技能。二是都明确了教学中实施者和接收者之间的关系。"教"是一种外化过程，以教师的行为作为主导，"学"是一种内化过程，以学生的行为作为主体。教师不能代替学生成为学习的主体，不能剥夺学生的主体地位，只能在学习过程中起到主导作用，指导学生更好地学。而学生只有借助教师的指导，才能更好地学习。三是都强调了教学的全面性。教学不仅仅是教授学生知识、技能，更重要的是教会学生做人，在教学过程中让学生的情感得到升华，注重培养学生的思想品德，使其全方位发展。

教学具有两方面的功能。一方面是促进社会的进步和发展。教学将社会与个人有机地联系在一起。通过教学，人们可以在短时间内高效地掌握人类在历史长河中留下的宝贵知识财富，并在科技高度发展的今天学会学习的技巧，为未来从事的各种社会实践和创造新的知识打好基础。另一方面是培养学生的个性，使其全面发展。教学对个体的影响是直接而具体的，学生从无知懵懂成长为一个思想健全、拥有足够知识储备的个体，需要经过长时间的学习来增加认识，同时受到很多空间及个人经验的限制，但教学可以缩短学习的时间，提高学习的速度，扩大学习的范围。教学不仅包括知识的习得，还包括对学生世界观、价值观、道德观的培养，使其全方位发展。

（二）课堂教学的含义

课堂教学是一个复杂的系统，其基本组织形式是班级授课制，其结构要素包括很多，如教学目标、教学内容、教学主体等，这些要素大致可以分为构成性要素和过程性要素两大类。构成性要素分为学生、教师、教学内容、教学媒体四个要素。其中，学生是主体要素。在课堂教学中，学生是教学信息的接收者，在教学活动中起主体作用，其相关的子因素有学习情感意向、学习智能、基础知识、个性品质。在课堂教学中，教师是主导因素。教师在课堂教学中承担着组织教学内容、设计教学方法和指导学生学习的任务，其子因素有教学态度、教学技艺、智能结构、个性品质。教学内容是教学的信息要素，其子因素有内容选择、内容组织、内容展开与内容表达，以及内容编码。教学媒体是教学的物质要素，是教学信息传递的媒介，其子因素有媒体选择、媒体组合、媒体质量、媒体运用等（图3-1）。

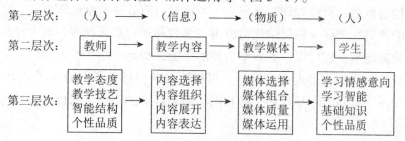

图 3-1　课堂教学系统的构成性要素及其层次

过程性要素由教学目标、教学内容、教学方法、教学形式、教学结果组成（图3-2）。教学目标中包括认知目标、情意目标、发现目标，是教学活动指导要素。教学内容包括知识技能、人生观、价值观以及思维方法的培养。教学方法是多种多样的，有体验式教学、发现式教学、探究式教学等，意在传授知识、陶冶情操。教学形式以班级授课制为主，辅以其他形式，如参观、实验研究、社会活动等。教学结果则通过教学评价得以体现。[①]

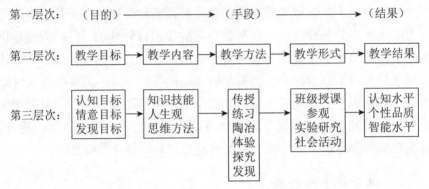

图3-2　课堂教学系统的过程性要素及其层次

（三）班级授课制的概念

班级授课制也被称为班级教学、课堂教学，是课堂教学的基本组织形式。班级授课制是指把年龄和学习程度大致相同的学生编成固定人数的班级，教师按照各学科的教学大纲规定的内容组织教材，并选择恰当的教学方法，按照课程表规定的时间，向全班学生进行授课的教学组织形式。班级授课制产生于近代资本主义兴起时期。17世纪捷克著名教育学家夸美纽斯在他的《大教学论》中最先对班级授课制进行了总结和论述，将其定义明确下来。19世纪教育学家赫尔巴特提出了教学形式阶段理论，进一步补充和完善了班级授课制的概念。直到以凯洛夫为代表的教育学家提出"课"的类型和结构的概念，班级授课制才成为一种完善、有效的教学组织形式。班级授课制的优势在于同一班级学生可以由一名教师进行集体授课，大大提高了教师的教育能量；以"课"为教学活动的单元，提高了学生学习知识的完整性和系统性；根据授课时间和计划，可以更好地安排教学，提高了教学效率，充分发挥了教师的主导作用，使相同年龄和程度的学生之间可以更好地相互

① 赵希文.大学课堂教学技巧[M].哈尔滨：哈尔滨工业大学出版社，2010.

交流、讨论，切磋。但它也有一定的局限性：以教师为主导的课堂，忽视了学生的主体性，将学生置于被动的地位，统一制订教学计划，课堂的多样化、开放性不够，教学内容单一，方法死板，集体化教学限制了学生的个性发展，等等。针对班级授课制的弊病，各国长期以来都在探索和研究更加符合现代化社会新形势的教学组织形式。世界各国相继掀起了缩小班级规模的运动，同时强调加强班级授课制与其他教学组织形式相结合，弥补其不足之处，变革课堂教学的环境，以使班级授课制变得更加具有弹性。时至今日，这种改革依旧随着社会需求的变化不断进行。

二、高校课堂教学改革的理论依据

高校课堂教学改革的进行必须以一定的教学理论作为依据。当今社会，电子信息工程技术、多媒体网络及计算机技术得到了广泛应用，立足于教育心理学和教育技术学等理论，建构主义观点被越来越多地应用到一些问题的研究中。它对传统的认识论进行了批判，并在已有理论基础上形成了新的认识论、学习论和教学论。高校课堂教学改革应结合现代教育理论的成果，参考建构主义各派的理论，吸取有益于改革的部分，从知识观、学习观、教学观等方面深入开展。

（一）建构主义的知识观

建构主义知识观认为，知识是主动建构的，而不是被动接收的。心理学家奥苏贝尔强调学习者已有经验的作用，认为新知识的建构是将新旧知识联系起来，将新知识纳入原有的知识体系。因此，学习者只有通过自身的建构，赋予知识自己的理解，才能吸收知识，而不能对别人建构的知识原封不动地记忆。建构主义知识观还认为，知识是个人经验的合理化。每个学习者对知识的建构都是在已有知识经验的基础上进行的，每个主体所建构出的知识不一定是真实世界的反映，因此知识并不能说明世界的真理性，而只是个体与他人经过协商达成一致的社会建构。建构主义认为虽然知识是个体经验的合理化，但是对知识的建构也不是随意进行的，需要与其他人所建构的知识达成共识。

（二）建构主义的学习观

第一，学习不只是把知识搬到学习者的脑中，不是学习者被动接收信息，而是以自身已有经验为基础，主动对所接收到的信息进行加工、整理、分析，从而将外界信息构建成自己的内部知识，因此学习是主动建构意义的过程，这个建构过程是别人无法代替的。

第二，构建新知识的过程就是外部信息与内部已有经验之间相互作用的过程。外部的知识没有什么具体的意义，只有将外部知识进行重新解读、编码使之成为内部的经验，才能获得新的意义。同时不能无视已有的知识经验，应将已有的背景经验作为新知识的"生长点"，通过建构新的知识经验不断调整已有的知识结构。

第三，建构的意义根据各自的理解各不相同。学习者过去储备的知识数量和程度有很大差别，甚至对某些问题的经验完全为零。面对这样的问题时，学习者会将对这些问题的理解加注在相关的经验之上，建构新的意义。不同的背景经验建构出的新知识是不同的，体现了学习者的个体差异。

第四，建构主义很注重学习过程中的讨论和交流。通过合作学习，学习者可以看到对相同问题的不同理解，从而充实自己已有的知识结构，加深对问题的理解。对于与自己认知相反的理解，可以通过比较判断正误，纠正自己错误的认识。通过相互讨论，学习者还可以得到更多的看法，开阔思维，学到新的知识，积累新的知识经验。

第五，建构主义学习观要求学习者积极、有目地进行积累性学习，同时要经常对学习过程进行诊断和反思。在建构主义学习中，学习者应当积极主动地学习，并且确定明确的学习目标，通过各种途径达到相同的目标。学习的积累不但是量的积累，而且是质的飞跃。

（三）建构主义的教学观

1.教学目的

从教学目的来看，学生是知识的主动建构者。在传统的教学观中，教学有着十分重要的地位，教师通过教学目标制定教学内容和教学计划，甚至以教学目标的完成度来评估教学质量和教学结果。传统的教学目标是帮助学生了解世界、认识世界，而不是鼓励学生自己分析解决遇到的问题。在建构主义学习环境中，教学的目标是学生对知识的建构，强调学生的主体地位，注重学生创造性思维的发展，教学的目的是要为学生创建一个主动构建知识的环境，培养学生学习的主动性和创新性。

2. 教学模式

从教学模式看，建构主义就是要为学生创设一个以学生为中心的教学环境。在这个教学环境中，教师作为指导者、引路人，引导学生建构知识体系，利用多种教学模式刺激学生主动积极地学习，最终使学生达到对知识进行有效构建的目的。

3. 教学方法

从教学方法看，建构主义理论为了使学生有效地建构知识意义，开发了多样化的教学方法，如支架式教学、随机通达教学、自上而下的教学、情境教学等。

（1）支架式教学。在支架式教学中，教师的作用类似于支架：帮助学生建构和内化所学知识和技能，以提高学生的认知水平。通过教师的支架作用，学习的任务慢慢地由教师转移到学生身上，教师引导学生逐渐将知识内化为自身的经验，并在建构过程中加以矫正，使其建立正确的知识结构。

（2）随机通达教学。学习者在对知识信息的建构中，根据以往经验的不同，对所建构的知识理解也各不相同。随机通达教学就是对同一问题建立不同的学习情境，在不同的背景下让学习者对同一知识建构不同的意义，从多个角度全方位地理解问题。教师要指导学生对不同意义进行比较和判断，进而搭建属于自己的知识结构体系。

（3）自上而下的教学。传统的教学是从基础知识出发，逐级向上探究问题，但是建构主义遵循完全相反的路线，即自上而下的教学：以问题为出发点，探索和研究解决问题的方法，最终在探究过程中建构知识意义。此外，建构主义更加注重合作学习，鼓励教师和学生之间相互交流，在交流中做到教学相长。

（4）情境教学。第一，情境教学法将教学放到具体的现实情境之中，以解决学生在现实生活中遇到的问题为目的。因此，情境教学的内容应选取现实生活中真实的问题，不能将其处理成简单的模型，使其失去现实意义。解决此类问题可能需要多学科的知识，情境教学主张弱化学科之间的界限。第二，情境教学所解决的问题不是教师事先准备好的，它的提出过程类似于现实中专家研究某类问题的探索过程，教师创设与之相适应的学习环境，引导学生发现问题的矛盾点，并通过积极探索寻求解决方案。从大学生的认知发展水平来看，基础知识的获得可以以自学为主，他们完全具有这样的能力。

因此，教师可以将教学的重点放在情境的创设上，更多地培养学生的思维能力。

第二节　大学生核心素养与高校课堂教学改革的关系分析

一、大学生核心素养对高校课堂教学改革的诉求

（一）充分彰显课堂教学的育人价值

美国教育家杜威曾经说过教育真正所要达到的最终目的是培养学生形成一定的人格。教书育人是教师的职责，课堂是教师与学生交往的主要场所，在课堂教学中应充分彰显育人的价值。

"素养"是能够沉淀在个体的身上，并且渗透于整个心灵，对人的发展、生活与学习具有一定价值和意义的东西。[①] 核心素养是面对未来社会学生所需要具备的，它主要指向学生能够在学习的过程中形成的能力以及素养，一个人无论在学校学习再多的知识，如果其只会记住特定的答案，而不是去思考如何解决问题，那对于未来社会来说其就是无用的庸才。

受传统的课堂教学理念的影响，在课堂教学中教师一直注重对知识的传授，主要讲授课程规定的知识内容，学生以掌握和积累教师所传授的重点知识为主。面对信息技术高速发展，人工智能的广泛应用，面对未来的大学生不应该只重视知识的堆砌，更应该关注知识运用能力，要将所学转化为自身的智慧，将智慧转化为素养，最终形成人格品质。

以培养大学生核心素养为基础的高校课堂教学，能够体现出鲜明的育人价值，促进学生在学习知识的基础上更好地理解当前社会与个人的议题，更能鼓励大学生在自身发展的基础上成为有文化有素养的社会公民[②]，不仅有知识有能力，还具有人格魅力，身心获得全面发展。以核心素养培养为基础的高校课堂教学是适应未来社会发展的课堂，是真正"成人"的场所，我们应高举"立德树人"的旗帜，真正彰显课堂教学的育人价值。

---

① 余文森. 核心素养导向的课堂教学 [M]. 上海：上海教育出版社，2017: 3.
② 安桂清. 基于核心素养的课程整合：特征、形态与维度 [J]. 课程·教材·教法，2018，38(9): 48−54.

（二）课堂教学中激活学生主体意识

学生的发展离不开自身意识的形成与发展，时代的进步带给学生巨大的思想方面的影响。学生开始认识到自己在课堂教学中的位置，不再是被动接受知识的对象也不是被动受管理的对象，而是通过课堂教学来成长进步，最终走向独立生活的个体。

主体性主要是指在学习和生活中学生将自身视为具有个性且独立的，能够自主支配的个体。① 在课堂教学中提倡学生的主体地位即要求学生主动参与到活动中，将别人的经验与教训转化为自己的经验与教训。外在的一味灌输无法真正促成人的自身发展，人的发展需要个体自身内在的努力进化。大学生核心素养在每个大学生身上都有所表现，虽然每个学生的核心素养不尽相同，核心素养必然是学生主动习得的，激发学生的主体意识能够使学生在学习的过程中做到自身的主动参与。

"以学生为本"要求时刻考虑与关注学生需要什么，而不是一味地给予，将学生的需求体现在教师的教学活动中，充分尊重个体需要。在课堂教学活动中，教师应积极地调动学生的积极性，鼓励主动参与者，做到引导大于灌输。学生在这个课堂教学活动中有足够的自由与自主性。课堂教学既要关注大学生整体而全面的发展，也要培养学生自主、自由的个性，充分展现大学生的主体地位。② 以核心素养的生成为中心的课堂教学不仅要关注学生自身知识和技能的学习，也要引导学生人格品质的发展与能力的养成。学生关键能力和人格品质的形成需要学生自身真正主动的内化发展，学生主动的发展需要自身主体意识的支撑。因此，教师在教学的过程中应该运用不同的方式或方法来激发学生对所讲授的内容产生兴趣，促进其主动融入集体，承担起作为教学主体应该承担的学习责任与促进社会发展的责任。③

在高校课堂教学中强调大学生的主体地位，教师不仅要重视学生在认知层面的发展，也要重视其在课堂教学中的体验以及教师如何有效的利用学生的知识体验来激发学生自主意识，使其养成自主学习素养。

① 张鹏君. 学生发展核心素养与课堂教学的时代诉求 [J]. 教学与管理 (小学版), 2018(9): 1-3.

② 刘文芳，张金运. 从核心知识到核心素养: 高效课堂的时代转向 [J]. 黑龙江高教研究，2018(9): 27-31.

③ 周彬. 指向核心素养的课堂转型研究 [J]. 教师教育研究，2018, 30(2): 94-99.

（三）课堂教学中促发学习能力生成

"学习"是指个体理解和认知知识的实践活动，也可以指个体自身调动已有的知识经验获得新知识经验的实践活动。[①]学习能力指个体在学习的过程中通过运用一定的方法与技巧所形成的能力。基于核心素养的课堂教学要求学生能够主动探究与学习即能动学习，而能动学习必须依赖于学生自身的学习能力。因此，促发学生自身的学习能力生成应成为课堂教学的主要目的。

美国学者布鲁巴克曾经说过最精湛的教学是让学生能够自己提出问题的教学，学生的思考建立在自身经验的基础上，教师能够引领、引导学生自我思考。为了更好地促进学生素养的发展，教师在课堂教学中要摒弃原来只教的观念，引导学生形成自身学习的意识，积极主动地参与到集体教学活动中，互动交流，主动思考，进而形成适应社会发展进步的学习能力。

随着科学技术的发展，计算机、互联网等信息技术被广泛应用，青年人需要的是运用知识解决问题的能力以及获得发展所必须的学习能力，成为一个终身学习者。新时代的学习者要具备共同探究以及灵活运用知识的能力，核心素养下的课堂教学不仅要使学习者具有一定的知识，还要使其具有与人交往的沟通能力以及面对问题不断思考探索的学习能力。

在知识全球化与信息化的今天，大学生的学习不仅在课堂上，也可以发生在生活的每个地方以及每个时间点。学习能力的生成可以有利促进学生发展，高校课堂教学要时刻秉承着以促进学生学习能力为中心的课堂教学观念，运用课堂教学活动加速学生学习能力的生成。

（四）推进课堂教学中情境创设

只依靠教师的讲授与教导，学生难以形成核心素养。核心素养需要学生自身在不同的情境中通过不断锻炼实践获得。随着全球经济与信息的迅猛发展，当代大学生既是全球经济化下的原住民，又是互联网的原住民。在这种环境下，大学生的所思、所想、所求已经大大不同，他们更加追求知识与社会生活的相互关联，与社会的时事政治、社会现实相互联系。大学生核心素养正是体现了当代大学生的时代特点，提倡真实性的问题情境创设，学生能够学会运用已有的知识与技能去解决现实社会中存在的问题。

---

① 安德烈·焦尔当. 学习的本质 [M]. 上海：华东师范大学出版社. 2015: 4.

在传统的高校课堂教学中，教师会对知识内容具体讲授，并在讲授的过程中将备课过程中预先设定的问题对学生进行问答，这并不是真正的情境创设。问题情境的创设自然离不开知识的融入，学习知识的目的是为了在真正的情境中能够解决问题，在高校课堂教学中可以通过信息技术对问题进行加工形成虚拟情境，使学生在虚拟情境中进行思考、解决问题。课堂教学情境的创设主要体现在教师的教学设计与方法上，教师通过问题引导将学生带入预先设计好的教学情境里，使学生在情境中进行积极倾听与自我反思，极大地吸引学生的注意力。在高校课堂教学中创设问题情境可以有效的激发大学生对课堂的兴趣，更好地促进大学生合作、创新精神的养成，发挥大学生的主观能动性。

大学生作为信息时代的原住民，在网络发达的今天可以通过网络查询许多知识。但是，他们也有很多困扰，因此课堂教学情境的创设需要关注大学生本身所遇到的问题，以问题为导向把知识活化，积极促成其素养的形成。[①] 以情境性为主的课堂教学环境重视在课堂教学过程中以问题为中心进行小组思考探索，教师及时点拨、引领到位，最终共同得出答案，在不知不觉中通过问题的解决促成了素养形成。

二、大学生核心素养对高校课堂教学改革的价值追求

（一）落实育人的目标

"立德树人"是我国教育的根本任务，明确了我国教育的价值、目的与方向。坚持立德树人的教育目标，把提升学生的创新精神、增强学生的社会责任感、促进学生实践能力的形成作为主要任务。培养大学生核心素养是为了更好的贯彻立德树人的教育目标，适应时代发展的需求，在高校课堂教学中将大学生核心素养培养与课堂教学改革相融合，能更好地落实党和国家对课堂教学的育人目标要求。

大学生核心素养是面对未来时代的要求为大学生所创造与勾勒出来的一幅理想画卷，高校课堂教学在实现这幅画卷的过程中发挥着最为重要的作用。大学生核心素养是大学生实现自身价值与社会实现和谐发展的基础，符

---

① 李民生，尉俊强，申俊光 . 基于核心素养的"3+1"高效课堂教学模式探究 [J]. 教育理论与实践 , 2019(17): 56-58.

合立德树人的教育任务，更是对中国传统文化人才观的继承。① 对学习者的培养最重要的是品格的培养，将核心素养与立德树人相互结合不仅融入了社会的需求更是体现了对学生发展的美好愿意。

核心素养是每一位大学生都应具有的素养，是每个大学生参与社会发展的必要条件，也是所有人终身发展的必备要素。高校课堂教学是大学生成长的主渠道，以大学生核心素养为指导开展课堂教学是最直接最有效的落实党和国家提出的育人目标的方法和途径。

（二）优化改革的过程

课堂教学在不断的改革中前行，在国家提出核心素养之前，教师在课堂的教学中主要依赖三维目标来达成教学任务，在国家提出核心素养之后，课堂教学的目标逐步转为提升学生能力与素养。课堂教学所要达到或完成的核心目标大致包括两个层面，一是不同的学科选择本学科所需要完成的核心素养作为本学科的课堂教学目标；二是将各年龄及学段的学生所需要发展的核心素养作为各学段课堂教学所要达成的目标。

随着国家的发展对教育改革的推进，高等教育得到了迅猛的发展，各项政策的落实使大学课堂教学发生了一定的变化，高校课堂教学开始将学生自主学习纳入课堂教学模式中。② 大学生核心素养是伴随着社会与人的发展需要应运而生的，它的产生符合时代的诉求，为一直处在不断改革中的高校课堂教学指明了方向。

大学生核心素养强调"以学生的学习为中心"，为高校课堂教学改革提供了理论支撑，强调知识的学习是在问题情境中进行的，为课堂教学方法与教学技术手段的应用提供了新的融合方向，大学生核心素养强调了大学生在高校课堂教学中的主体地位，明确了改革的方向，优化了改革的过程。

高校课堂教学最基本的形式是教学活动，课堂教学的质量直接影响着大学生的能力发展。因此，高校课堂教学改革应该遵循大学生自身的发展规律，将在不同的身心阶段所涉及人格品质与关键能力的提升作为目标，要求教师理解学生的心理需求，在鼓励与引导的基础上主动唤醒其参与活动的意识，促进学生自身的发展，提高课堂教学质量。在高校课堂教学中融通大学

---

① 林崇德.21 世纪学生发展核心素养研究 [M]. 北京：北京师范大学出版社 ,2016: 3.
② 雷霞 . 核心素养下我国课堂教学结构的弊端与优化 [J]. 教学与管理（理论版）,2019(7):50－52.

生核心素养可以更好引导高校课堂教学进行改革优化。

　　课堂教学改革不是通过变革一次完成的，需要不断结合社会变化持续进行。大学生核心素养立足于学生是知识建构者这一学习观，通过相应的教材与学习活动能引发学生素养与能力的可持续的教育，既符合高校课堂教学发展的需要，也符合大学生发展的需要。

（三）指引成长的方向

　　教育最终所要达到的目的是促进学生向着更加美好的方向成长，课堂教学的主要目标是培养适应时代发展的新人。随着社会对教育的关注，越来多的国家及个人认识到了教育的重要性，社会的前进与发展均离不开人，而人的成长必须靠教育不断滋养。教育的本质是促进"人"向着目标不断成长，人的成长是经验一点一点累积的过程，人只有凭借教育才能更好的成长，学校教育通常是以课堂教学的形式展开的，学生通过在其中的互动交流发展壮大自己。

　　大学生核心素养培养应顺应教育培养人的特性，为大学生成长不断输送营养，使其蓬勃生长，大学生核心素养就是大学生不断成长成才的标杆。大学生核心素养培养最主要的核心思想是对人格品质进行培养，良好的人格教育奠定了大学生成长与发展的基础，使其具有战胜未来社会变化与挑战的能力，使其朝着美好的未来茁壮成长。

　　高校课堂教学以大学生核心素养为培养目标是课堂教学的改革方向也是世界各国教育的发展趋势，无论哪个国家都会以发展个体的核心素养来应对时代与社会变化带来的挑战。互联网信息化媒体已覆盖的今天，我们更加需要把学生课堂教学内外、线上线下的知识与生活、理论、实践统一起来，将其转化为促进大学生核心素养成长的动力，使大学生在日常生活及课堂教学中自觉成长。

　　大学生核心素养是将大学生所应具备的能力和品格有机的结合起来，它不仅关注了大学生要掌握的知识和应具备的能力，也关注了大学生在学习过程中所形成的态度与价值观等关键素养，基于大学生核心素养的高校课堂教学是从学生全面整体发展角度出发，引导每位大学生个体通过自身不断的学习、锻炼向着完整、完美的方向发展。

第三节　基于核心素养的高校课堂教学改革

一、以促进学生能力生成作为课堂教学目标

大学生的核心素养是大学生步入社会或继续学习时所必需的能力与技能。高校课堂教学作为教师与学生沟通交流的主要场所，不仅应该在知识方面使学生达到一定的标准，也要在能力方面使学生有巨大的提升，让他们对知识理解透彻、活学活用。[①]

目标是一种想要达到的水平或者标准，对于大学生来说，高校必须为其设定适当的目标，才能使他们参照目标进行自我调整与修正。因此，只有为学生明确了目标要求，才能达到指引学生的目的。新时代大学生学习的目标并非知识本身，而是在获得知识与将知识内化的过程中所形成的能力，这些能力会通过自身的内化吸收转化成适应社会发展的素养。

传统的课堂教学大多以获得一定的知识为目的，强调知识的学习和获得，而忽视了在知识学习的过程中学生情感体验的变化，使学生通过死记硬背来获取知识，其学习能力并没有得到很好的培养。更新课堂教学目标即课堂教学将学生自身能力的生成作为培养目的，强调学生在学习知识的过程中真正的体验、感悟，从而实现自身知识内化和建构。通过知识的建构过程，提升大学生的学习能力，使其在学习的过程中发现问题、解决问题并反思自身，学会寻找答案，促进核心素养的生成。

基于大学生核心素养的高校课堂教学将学生个体的发展作为主要培养目的，重视大学生核心素养的提升与发展。为了更好地促进学生自身核心素养的形成，高校必须明确课堂教学的目标。大学生是个性鲜明的个体，是有待成熟的个体，只有重视其能力生成的过程，才能有效地促进其发展。

---

① 　邓海龙. 核心素养培育三策 [J]. 思想政治课教学 , 2018(1): 59-61.

二、关注学生学习过程的阶段目标

大学生与其他阶段的学生相比存在许多不同：大学生的性格基本形成，自我意识突出，具有较强的意志力，是基本成熟的个体。此外，大学生的学习也发生了改变，他们的学习不仅发生在课堂教学中，还发生在现实生活中，他们真正需要的不仅包括教师所呈现给他们的信息，还包括这些信息的过程以及思考方式。

高校课堂是学生学习知识的主要空间与场所，学生不仅在这里进行知识的学习，也在这里相互交往、相互学习。除了知识的传授，教师还担负着育人的任务，教师不论在知识方面还是在生活经验方面都有一定的积累，而这些是现阶段的学生所没有的，有可能成为他们成功的垫脚石，教师可以利用自身的经验积累来对学生进行引导式教育。① 大学生是有着鲜明的个性特征、有待成熟的生命体，而教学的目的是促进这些个体更好的发展。个体的成长与发展伴随着意识、态度、习惯等的变化，在这个过程中教师应给予学生正确的引导。

知识学习与获得的过程会带动情感、态度、价值观产生变化，因此高校教师不仅要传授高深的知识，也要通过教学和自身人格魅力来影响、调整学生阶段性的心态变化。在课堂教学中，教师应将教学目标从知识传授上转向对学生学习意识能力的培养上，通过正确的引导训练学生的思维，使其形成适合自己的学习方式，并在学习的过程中正确地认识和理解知识的价值。教师应引导他们在学习的过程中体味生命的意义及人生的价值，通过学习形成正确的价值观。

学习是为了适应社会的发展，而适应未来社会的发展不仅要掌握课堂教学中的知识内容，更要在不断学习与进步的过程中形成思维方式以及自身能力。不同的过程往往会对结果产生巨大的影响，关注学习过程的变化能够有效地调控学生意识与能力的发展方向，以适应变化，从而让学生体会到学习带来的乐趣，理解和认识学习的意义，掌握学习的方法与策略。

---

① 林伟庆 . "多元适宜教育"的理论与实践探究 [J]. 课程·教材·教法, 2018, 38(2): 25-33.

三、转变课堂教学观念，促进素养意识养成

（一）以学生为中心的教学观

大学生核心素养下的课堂教学既关注大学生整体而全面的发展，也培养学生自主、自由的个性，充分体现大学生在高校课堂教学中的主体地位。[①]核心素养理念主张课堂教学既要强调知识与技能的学习，也要培养个体具有能够适应社会发展变化的品格与能力。在以大学生为主的高校课堂教学观的指导下，高校课堂教学应更加注重学生的学习习惯、判断能力与人格的培养，以此来彰显高校课堂教学对学生成长的价值。

以学生为中心的课堂教学理念强调学生学习的目标不仅是知识本身，更是运用知识的能力以及在获取知识的过程中所产生的态度情感等。教师不仅需要重视学生在知识方面的发展，也要关注学生在课堂教学中的体验，以及如何有效利用学生的知识体验去激起学生主动学习的意识，进而促进学生创新素养的形成。学生的学习与素养的形成不能只靠教师单方面的灌输与传递，更需要学生主动内化及主动探索。在课堂教学中，学生只有充分参与其中，才能促进知识内化与知识建构。

高校课堂教学以学生为中心，并不是否定高校教师的作用，而是更加肯定了教师作为引导者的作用。高校课程具有较高难度的专业知识理论，全凭自学，学生是不能快速准确掌握的，因此为了确保达到良好的学习效果，教师需要结合多种不同的教学方法激发学生的好奇心与兴趣，促使其融入教学活动。在课堂教学中将学生定为中心位置，明确了其具有的不可代替性，彰显了其主体地位，能够使学生真正感受到教师对他们的重视，使他们充分融入课堂教学。

（二）以学生学习为中心的教学观

以学生的学习为中心是指教师关注与引导学生的学习过程，而不是一味地传授已有的经验。在课堂教学活动中，教师所讲授的知识内容是其本身对知识的理解与吸收，是教师自身的直接经验，学生如果直接获取就没有自身的理解过程，不利于举一反三。学生只有结合自身的理解才能够真正懂得知

---

① 刘文芳，张金运. 从核心知识到核心素养：高效课堂的时代转向 [J]. 黑龙江高教研究，2016(9): 49.

识的意义。

素养不是一蹴而就的，而是在不断的变化与成长中形成的，它与学生的学习成长相伴而行，在过程中不断优化，最终形成适应个体的核心素养。大学生群体还是一群年轻的、需要不断进步的群体，他们需要不断在学习中巩固和促进自身发展。在高校课堂教学中将学生的学习作为中心的教学观，关注的不仅是学生的学习过程，也关注学生在这个过程中的变化。

大学生核心素养要求大学生具有一定的适应社会发展的能力。学生为了更好地适应社会和自身的发展与进步，就必须具有自主学习力。"自主学习力"是指学生通过自身主动学习促进知识及能力水平的提升，并且逐渐唤醒意识，以形成自主能力，来促进自主学习能力素养的形成。[1] 高校课堂教学的真正目的是引导大学生在获得知识的基础上，通过自身逐步进行深度理解进而实现知识的内化。对学习内容简单的理解与记忆是表层学习，深层次的学习需要学生对知识的意义进行系统的内化，与自身原来的知识结合，并衍生出属于学生自己的新知识。[2]

在高校课堂教学中，主张将学生的学习作为重点是指将学生的学习过程作为主要关注点，并非是关注学生学习的成绩。核心素养是学生通过自身的学习与认识，并通过实践的积累形成的，需要他人以及社会的帮助，关注学生学习过程以及经验的积累是形成素养的关键条件。因此，在高校课堂教学中，重视学生的学习过程有助于促成学生能力养成。

（三）以育人为核心的教学观

人的发展与进步离不开能力和品格的发展，大学生的素养主要指的是学生要具备的能力和品格，事实上就是把学生自身的知识、学习方式、学习过程进化为自身的关键能力，把在学习的过程中所产生的价值观、情感等提炼为自身的品格素养。在教学的过程中应该对大学生个体进行引导，注重育人。核心素养的提出对高校课堂教学产生了一定的影响，使其更加注重学生能力、习惯的养成，更加注重学生的自主发展、合作共赢以及创新实践能力的形成，以此彰显高校课堂教学促进大学生发展的价值。充分彰显育人的教学观是指教师在教学的过程中不仅注重对学生品格影响，也关注学生在非智

---

① 张鹏君.学生发展核心素养与课堂教学的时代诉求 [J].教学与管理,2018(9): 1-3.
② 刘克平.新时代背景下基于核心素养的教学方式变革探究 [J].教学与管理,2018(33): 40-42.

力层面的发展，使学生在课堂教学中有效地发挥主体作用，融入课堂教学的每个环节，丰盈自我、促进成长。

教育的目的是促进个体成人、成才，大学生相对中小学生来说是相对成熟的个体，但其在情感、态度、价值观方面又是有待成熟的个体。高校课堂教学是大学生学习及交往的主要场所，他们在这里可以接触不同的学生、高深的学问、崇敬的教师等。教师的教学观念能够深度影响学生，教师对知识的理解、对学生的关注能够影响学生发展。大学生不仅要在知识与技能方面提升，更要在"自我发展"的层面上提升自己，发展适应社会快速变化的自我。高校课堂教学将育人作为课堂教学的教学观，既能充分彰显教师教书育人的职能，也能够把学生品德的引导作为教育的重点，更符合国家立德树人的目标。

四、结合多种课堂教学方法促进素养形成

(一)以问题讨论启发学生思考

高校课堂是教学的过程中展示问题，以及引导学生提出疑问并解决问题的场所。以问题为导向能把学生所学习的知识活化，激发学生参与课堂教学的热情，让学生在解决问题的过程中认识、感悟、启发自身思维，使知识内化并促进核心素养的形成。

课堂教学是通过教师的语言展开的，在课堂教学中教师使用形形色色的语言进行提示、讲解等来引导学生掌握知识。[①] 问题的提出不仅能够在课堂教学开始的阶段吸引学生的注意力，也能让学生有着尝试自己去解决问题的欲望，以此来启发学生思考。只有思考与提出问题才能培养出探索的能力，教师作为引导者在课堂教学活动过程中促成能够提出自身问题的学生与困惑的学生互相讨论，在互动中提升能力解决问题，使学生真正融入课堂。以问题为引导能够把知识活化，教师通过对学生进行及时的点拨，引导问题紧扣课堂教学的知识重点，使学生充分参与其中，带动每一位学生积极主动地表达自己的想法，更好地促进学生对知识的理解，在讨论的过程中不断激发学生的思维，让学生在交互过程中，否定、修正各自的观点与思考的不足之处，使学生在不知不觉中形成素养。

真正的学习是学习者对课题存有疑问，展开思考，探索解决问题的方

---

① 钟启泉.读懂课堂 [M].上海：华东师范大学出版社，2015.

法，进行考查与反思，通过问题解决来形成自身的知识。[①] 高校课堂教学是促进学生学习思考的主阵地，教师依据具体的内容以及需要达到的目标设置相应的问题，而教学就围绕这些问题展开。只有积极思考、大胆质疑，抱着怀疑和批判的心态去看待知识，才能从中发现具体的解决方法，不断地提升自己发现与解决问题的能力。

（二）以合作互动激发学生探索

学习提供给学生的不仅有知识，还有在个体之间交往互动的经验。以小组合作的形式进行探讨学习是一种教学组织形式，要求学生共同探索、提出意见，活用学到的知识，这种教学组织形式不仅可以增长学生知识还可以培育学生的沟通能力、综合学力，能更有效地促进学生终身学习意识的养成。[②] 在学生相互合作过程中，学生的交流能否促进问题解决并达到一定的效果取决于教师是否参与各个教学中并进行有序的指导，是否对每一个小组学生交流的情况都能够适时介入，是否对问题的完成情况做到心中有数，以及对不同小组的观点是否大致了解。

学生大多数时间都花费在课堂中，他们在这里相互交流、相互了解，不断融入各自的群体，完成师生共同体之间的社会化。[③] 在合作的过程中，只有学生之间相互依赖、相互期待，他们才能产生共同努力的意愿与自信，才能成为更好的自己。

高校课堂教学采取互相合作的方法，既能够促进师生之间的交往互动，也能够促进学生个体之间的相互了解。在合作互动时，每一位学生都肩负着一定的责任与任务，他们不但能够吸取专业知识，而且能够激发个体对群体产生荣誉感，提升表达能力以及问题解决能力，在相互扶持下互相激励，主动探索发现，并在探索的过程中进行吸收内化。

（三）以创设情境增进学生体验

作为"互联网原住民"的大学生，时刻能够通过网络浏览诸多知识内容。在这种环境下，大学生的所思、所想、所求已经大大不同，他们更加追求知识与社会生活的联系，情境的创设能够加强现实问题与书本之间的联

① 钟启泉.课堂研究[M].上海：华东师范大学出版社,2016: 33.
② 常虎温.对课堂教学改革理论与实践的认识[J].教育理论与实践,2015(35): 53-54.
③ 陈旭远.论交往文化及其教学论意义[J].东北师大学报,2006(5): 124-128.

系。以情境为主的课堂教学主要是在课堂教学中注重知识的情境性导入、知识的社会情境融合以及知识在现实社会中的应用。重视高校课堂教学情境化可以有效地激发课堂对大学生的吸引力，更好地促进大学生合作、创新精神的养成，更能增加大学生真实的体验。课堂教学情境的创设主要体现在教师的教学设计与方法上，教师将预先设计好的情境展示在学生面前，通过语言等表述将学生带入其中，使学生在情境之中进行积极倾听与自我反思，激发其兴趣。[1] 课堂教学唯有把学习内容与学生既有的知识联系起来，让他们发现并理解，才能够让他们的知识与技能得到提升。情境教学就是将学生原有的经验、知识与新知识进行联结，使学生在体验中进行反思创造。

学生在应对外界刺激时会将已有的知识与经验不断整合，并与新的知识相互作用，形成更加适合的知识或经验。这就提醒我们，在课堂教学的情境设计上，要充分了解大学生现有的知识水平，将现有的知识经验融入情境，进行潜移默化的引导。情境的设计不仅要符合学生现有的知识水平，还要具有一定的现实意义，这样才能吸引学生进入情境，并在情境中思考，从而促进学生的知识学习与建构。

情境教学与现实相结合，把真正的问题模拟到课堂中来，增强了真实感，让学生主动思考、激发自身潜力。知识学习主要是为了在现实生活中解决遇到的问题，而情境教学能够将社会真实的问题反映在情境之中，给学生带来真实的体验，使其理解问题的解决方法，更好地促进学生问题意识、独立思考能力以及运用科学的思维方法认识事物、解决问题的能力的发展。

五、推进信息技术与高校课堂教学的深度融合

（一）开放网络平台提供个性化学习资源

进入 21 世纪以来，随着信息技术的发展，互联网得到了更加广泛的使用。大学也有完善的网络系统，互联网平台是打通线上教育与线下教学的主要渠道。网上资源是丰富的，只有有效利用网络平台，才能更好地促进学生适应社会。当代大学生对网络是很熟悉的，他们更懂得如何在网络上寻找所需要的信息，这样的变化使学生获取知识的方式也发生了变化。学生学习方式的改变促使课堂教学与信息化技术手段有效结合，充分利用网络资源。网

---

[1] 王丹，郭娜，徐玲玲．探索基于课程教学改进的教师专业发展之路 [J]. 世界教育信息，2017(21): 37-44, 48.

络的发展使大学生可以通过网络平台在课后进行学习，完成知识的学习并实现接受知识的过程。① 借助网络技术，教师可以对上课的内容进行发布，学生可以在课后下载整理，并通过线下自主学习弥补课堂教学中的缺漏，也可以进行复习及预习，更好地促进知识的内化。

教师借助网络平台可以对学生的学习进展以及学生下载情况进行分析，可以根据这些数据了解学生个体的学习进展以及学生可能遇到的问题，并依据数据进行有针对性的个别辅导。这种以学生为中心的教学模式可以促进学生在自主行动和实践中获得多方面的提升，促进学生核心素养的形成。利用平台数据对学生进行个性化的资源分析，教师不仅能够节省与学生相互交流的时间，还能及时有效地针对学生遇到的问题给予解答。

在集体授课的课堂中，教师很难照顾到每一位学生的需求，而开放网络平台能提供不同种类的学习资料，有助于不同学习程度的学生自身的成长，同时弥补了集体授课无法照顾到每个个体的遗憾。

（二）运用网络平台促进师生交流互动

课堂教学的目标不仅是知识获得，更重要的是在学习知识的过程中所形成的情感变化、思维变化等。受客观条件影响，教师很难与每一位学生进行沟通并进行一一指导，而教师对学生的影响不只体现在知识的传授方面，更重要的是在人格行为方面的影响。网络平台是师生之间通过网络随时随地进行交流互动的渠道，师生可以运用碎片化的时间充分交流，增进情感。

网络在大学生的生活中被广泛使用，大大丰富了学生获得知识的途径。面对网络的开放与使用，教师要积极引导学生参与课下的线上自主学习、在线教学互动、网络测试等，加强线下和课外的学习指导。此外，通过网络进行交流也可以增进个体之间的互动。

课堂教学以问题的解决为导向，将教师确定为学习者学习知识过程中的指导者，使其参与到学生群体之中，答疑解惑、加强辅导，并在学生学习的过程中监督与考评。在课堂教学中师生之间互问、互动，解决课堂教学中教师依据内容所提出的问题，课下通过网络平台进行实时讨论、答疑解惑、辅导等，通过课上课下、线上线下的相互补充，使知识融会贯通，有效利用了时间，调动了个体的学习积极性，也更好地促进了情感的交流。

---

① 丁菊霞.“互联网＋”时代的高校课堂教学改革初探 [J]. 当代教育实践与教学研究，2019(4): 10, 70.

不论是古代还是现代，教师对学生的影响不仅体现在知识的积累上，还体现在教师自身的人格魅力上。师生之间的情感交流能够深度影响学生的观念，在网络发达的今天，人与人之间的交流不再仅限于面对面的方式。面对一师多生的交流限制，通过网络进行交流可以加强师生之间的理解。

（三）利用网络资源辅助课堂教学

社会的发展与进步使知识的呈现不限于书本中的文字与图片，还可以用网络的图片、影像或音频等呈现出来。在课堂教学中，仅仅依靠书本文字已经无法很好地吸引学生。

在信息化发展的进程中，课堂逐步与之接轨，促使高校课堂教学资源更丰富多样。在课堂教学中，运用网络查找影像、图片等资源来丰富课堂教学，不仅能够带给学生视觉上的刺激，也能够扩宽学生视野，使其在更高的层次上进行思考。教师通过多媒体教学方式引发学生的兴趣，再通过影响资料等引导性地给学生提出问题，学生可以根据自身对知识的理解回答教师所提出的问题。教师运用数字视听影像形象地将案例教学呈现出来，使学生融入情境，更加直观深入地理解知识，同时增添了趣味性，使学生不再以枯燥乏味的方式进行学习。网络资源的运用可以丰富课堂教学内容，弥补教材信息的不足，也能使学生的不同需求得到满足。

第四章　高校教学方法改革

第一节　高校教学方法改革的必要性

当前，我国正在进行创新型国家建设，而高校承担着培养创新型人才的重大历史使命。高校的教学不仅承担着传承知识的任务，还肩负着创新知识的使命。同时，高校教学更应培养学生的学习能力、解决问题的能力、交流能力、团队合作能力和创新能力，让他们更好地适应社会的发展。因此，要培养创新型人才，必须对传统的教学方法进行改革，构建与创新型人才培养体系相适应的教学方法。

一、传统课堂教学方法存在诸多弊端

传统的课堂教学是教师在台上讲，学生在下面听，教师一讲到底，没有一点讨论的气氛。学生摆脱不了上课记笔记、下课对笔记、考试背笔记、考后忘笔记的状态。教师只关心如何将教学大纲上规定的内容讲完，不关心学生是否理解，很少注意培养学生科学的思维方法和分析问题的能力。

许多教师仍习惯于传统的教学方式。现在虽然大部分学校都有电教设备和多媒体教室，但普遍使用率不高，原因是部分教师运用现代化教学手段的能力和水平不高，又不愿意花大力气去学习。有些教师虽然使用了多媒体等现代化教学设备，但没有使用合适的教学方法，仅把书本搬上屏幕，使学生感到内容多、听不懂。这并不等于教学的现代化。再者，教师面对不同智力水平、不同程度、不同要求的学生，按照同一进度进行教学。由于学生的水平参差不齐，师生间的信息交流又很有限，因此这种"灌注式"或"填鸭式"的封闭教学模式忽略了学生的主体性、能动性和创造性，扼杀了学生的

个性，不利于学生的全面发展，使师生双方的积极性都难以得到充分发挥。

具体表现为如下课堂教学仍以讲授法为主，方法比较单一；课堂教学仍以教师为中心，学生主体性未得到充分尊重；重教法轻学法，教的方法和学的方法不能相互促进；教学方法与研究方法脱节，缺乏探索性；教学方法缺乏创新和发展。

二、教学方法改革是应对知识经济挑战的必然选择

知识经济时代的到来对我国高等教育的发展提出了前所未有的新要求。我国高等教育能否跟上 21 世纪知识经济的发展步伐，高校培养的新一代建设者和接班人能否适应知识经济时代的要求，是摆在我们面前不容回避的重要课题。适应知识经济时代的要求、变革与创新教学方法，是培养创新人才的关键。因此，探寻高校教师教学方法的新途径是非常必要的。

21 世纪是知识经济的时代，所谓知识经济是以知识与创造力为基础的经济，是建立在知识和信息的生产、分配、使用和消费基础上的经济，其显著特征是科技发展速度进一步加快，知识创新的速度也进一步加快，从而使技术革命到产业革命的周期缩短。因此，加快创新型人才的培养是迎接知识经济挑战，在激烈的国际竞争中求得生存和发展的唯一出路。高等教育是知识创新、科技创新和高层次专业人才培养的主阵地。大学生是科教兴国、振兴中华的强大生力军，如果他们缺乏勇于开拓进取的创新精神和能力，就很难承担起建设社会主义现代化强国的重任。

培养社会主义现代化建设所需要的创新型人才，只重视知识传授是不够的，还要注重培养学生独立思考的能力、获取新知识和新信息的能力以及运用知识解决新问题的能力。我国传统的"灌输式"教学方法培养出的大学生知识结构狭窄，运用知识死板、机械，知识的再生能力严重缺乏，很难满足知识经济时代的要求。因此，只有进行教学方法改革，才能更好地培养创新型人才。

三、教学方法改革是提高高校教育教学质量的切入点

教学是高校的中心工作，教学方法是实现教学目标、保证教学质量的重要手段。同一门课程、同一堂课的内容，不同教师来教，获得的教学效果是不同的；同一个教师采用不同方法讲授同样的内容，同样会获得不同的教学效果。这就说明教学方法对教学质量具有深刻影响。提高高校教育教学质量的根本是提高课程教学质量，学生之所以能够毕业，是因为修够了一定的学

分，而几乎所有的学分都是通过课程的学习获得的。学生在高校读书期间印象最深刻的通常是教学效果最好以及教学效果最差的教师，这从一定侧面说明了课程学习对学生的深远影响。由此可见，课程教学质量的优劣直接影响人才培养质量。高校要想提高教育教学质量就必须重视课程教学的质量，而提高课程教学的质量关键在于教师，尤其在于教师的教学方法。采用学生乐于接受的方法教学，必然达到事半功倍的效果。近些年各高校非常重视教学方法的改革，这也正说明了教学方法的选择对教学效果的必然影响。

四、教学方法改革是高等教育大众化和信息化的必然要求

高等教育大众化是国际高等教育发展的趋势。所谓高等教育大众化，通常指一个国家大学适龄青年中接受高等教育者所占的比例达到 15%。近年来，随着高校逐年扩招，我国高等教育逐步迈进大众化阶段，在校大学生的人数剧增，导致原有的教育教学资源严重不足，高校生源的素质差距明显扩大。大众化教育阶段对人才的培养更多的是面向社会多样化的需要和市场需要，这无疑给高校传统的教学方法带来了强烈冲击。传统"大一统"的单一教学方法忽视了学生的个性差异，已不能满足培养目标多样化的现实需要，因此必须进行改革。

20 世纪 90 年代以来，以国际互联网的出现为标志的第二次信息革命对高等教育的发展产生了革命性的影响，使高等教育在思想观念、体制、结构、内容、形式、方法和技术等方面面临着一场革命。高等教育信息化的特征主要表现为教育思想观念的现代化、教育时间终身化、教育空间网络化、教学交互化、教育内容数字化、教育资源共享化、教育技术智能化、教育个性化、教育对象全民化、教育系统开放化、教育国际化。高等教育的信息化打破了传统教育中"教师中心、教材中心、课堂中心"的思想束缚，使教学由原来的单向灌输改为双向交流，强调师生之间的民主平等地位及相互的交流和协作，鼓励学生独立思考和创造性学习，使学生真正成为学习的主人。这与传统的以教师为中心的知识灌输型的教学方法是相悖的，因此高校课堂教学方法的改革是高等教育信息化的必然要求。

第二节　互联网时代高校教学方法改革的方向与方法

一、网络时代高校教学方法创新的方向

国家应基于网络时代对高校教学方法的创新，以及对高校教学方法现状的分析，为教学方法的创新提供明确的方向指导。

（一）更新教育观念，树立创新思维

教学观念对教学方法的选择和运用具有导向作用，不同教学中采用的教学方法都在自觉或不自觉地渗透着一定的教学观念，教学方法的创新需要以教学观念的创新为指导。在不同的教学观念指导下，教学方法所发挥的功能和产生的效益不同，产生的教学效果也不同。在传统教学观念中，教师受传道授业解惑观念的支配，采用的教学方法往往是以教为主，忽视了学生的学。当今处于现代化的网络时代，科技的发展促使社会生产方式发生变革，也促使教育领域思维革新。生产方式的变革决定了社会对人才需求的变化，决定了教育应该培养什么样的人，怎样培养。高校必须意识到社会所需的是高素质的专业人才和一流的创新型人才，所以教师必须及时更新传统的教育观念，与时俱进，要随着时代和技术的发展创造现代化的教学方法。学生必须积极主动地构建知识，全身心地投入学习和进行主动学习，而不是只单向接收教师传授的知识。因此，突破传统教学观念的阻碍、树立创新观念是目前高校教学方法创新的关键和突破口。教师应突破传统观念，树立培养符合时代需求，既具备知识又具备能力的综合发展的人的观念，采用启发式、发现式、自主探究式、合作式的教学方法进行教学。

（二）利用前沿的技术，汇聚创新要素

教学方法与时俱进离不开现代化技术的支持。网络时代，互联网的普及、科技的迅猛发展，不仅为人们的生活带来了诸多便利，也为教学方法的创新带来了新的突破，"一块黑板、一支粉笔"的教学时代已离我们远去。重视现代科学技术在高校教学中的强大作用，以及利用现代化教学技术促进教学方法的创新，也是各高校教学方法改革与创新趋势之一。技术不断更新换代，多媒体技术、信息技术的发展，为教学方法的创新提供了新的契机，

而各高校普遍运用的传统多媒体设施日渐落后，已经不足以满足网络时代教学方法创新的需要。高校目前的硬件设施，如电脑、多媒体以及型号落后的实验仪器等已不能满足网络时代下学生个性化学习的需求和新型教学方式所需要的条件。高校教学方法的创新，需要教师引进前沿的技术，将支持教学方法创新的要素结合在一起，并使其与传统教学方法相融合，进而实现优势互补，为高校教学方法的创新提供保障。例如，为支持自主探究、合作学习等教学方法，应充分利用以网络为依托的人工智能技术、移动智能终端技术、学习分析技术、自适应技术等先进技术。

（三）运用先进的教学手段，整合创新资源

教学手段的创新是高校教学方法创新的动力之一。远程学习和多媒体教学等现代教学方法和手段使教学更加生动直观，高校教师应善于运用现代有效的教学方法，创造性地运用先进的教学手段，以达到教学目的。传统高校教学主要使用粉笔、黑板、教材和一些简单的视觉教具，虽然既简单易用又经济实用，具有传授教学信息的能力，但是在网络技术高速发展的新时代，高校为了自身的发展需要与时代的步伐相适应，学生也要为适应新时代的社会而提高自身的能力，这种单纯传递教学信息的教学方法相对简单、机械，导致教学效果差，无法提高学生的能力。充分利用先进的教学手段，整合创新资源，能为实现教学方法的创新提供支持，如利用计算机和网络提供的教学环境，自适应学习系统、演示环境、辅助学习研究工具等手段表达教学内容，在一定程度上可弥补传统教学方法的不足。因此，高校教学方法的创新，需要用先进的教学手段整合与之相适应的教学资源，实现 Wi-Fi 覆盖全部教学区域，建设以网络为基础的网络教室、智能分析系统、VR 虚拟现实技术教学设备、电子白板、多媒体一体机、录播系统等，确保教育设备和资源分配的先进性，以保证教师以传统教学手段为基础融入现代化教学手段，实现优质资源的互补，共同推进教学方法的创新，利用创新性资源进行符合时代的与时俱进的教学。

（四）提升教师的信息素养，具备创新素质

互联网时代发展迅速，无处不在的网络渗透到当今社会中，知识和信息的爆炸式增长，学习型社会的到来，高校学生就业的不确定性等一系列问题充斥在教育领域。高校作为知识和人才的"生产者""批发商"和"零售商"，作为新思想的倡导者和推动者，有必要培养社会人才为高科技社会服务。"

高校教学质量不能用知识传授的数量来衡量，它不仅要教会学生学会知识，更要教会学生如何运用网络和先进技术学习，提升信息素养，以适应时代和社会发展的需要。网络时代，知识更新速度加快，信息技术迅速发展。能否获取各种知识很多时候仅仅取决于人们是否拥有计算机设备，能否操作计算机。高校教师作为教育一线的工作者，其思想、专业素养以及教学和研究活动的表现和价值直接影响着教学效果。不学习就不会使用这些先进设备来提高技能，教师将面临被淘汰的命运。在信息瞬息万变的网络时代，教师只有树立网络化教学意识，积极利用丰富的教学资源进行教学改革，提升信息素养，才能适应社会的变化，才能引导和帮助学生学会学习、适应社会。

二、网络时代高校教学方法创新的方法

探寻网络时代高校教学方法创新的理论基础与前提，要厘清高校教学方法的现状，在此基础上挖掘高校教学方法创新的策略，以应对网络时代的环境变化，避免教学方法在外力的作用下被动改变。抓住网络时代的发展机遇，不仅要从战略的角度促进网络时代产生的教学方法的创新，而且要以积极开放的态度，融合互联网思维、信息技术手段。

（一）创建基于微课的混合式教学

"网络时代，随着无线网络、视频压缩和传输技术的发展以及移动终端的日益普及，时间呈现碎片化，传统课堂的教学模式已经难以契合新时代背景下学生的学习需求，'微课'一词应运而生。""微课作为微时代的教学产物，是多媒体家族的新成员，主要是指教师围绕知识点和难点进行讲解的，声、色、貌并重，形象生动的简精短的授课视频，时常为 5～15 分钟。"[1] "微课的设计、开发与应用，对移动学习时代的学校教育具有极其重要价值。"[2] 身处快节奏的网络时代，时间碎片化，信息传播进入微时代。在当今的大学校园里我们经常会听到学生"忙""没时间"等逃避学习的借口，课堂上普遍存在低头族、逃课族。高校教师应采用何种教学方法，利用分散、碎片化的时间以及学生玩手机的习惯来引导学生通过互联网学习呢？将微课引入课堂不失为一个好的办法。但如果仅仅将微课直接用于课堂教学，

---

① 王宜艳，孙虎山. 基于移动互联网环境的高校教学手段和教学方法改革 [J]. 内蒙古师范大学学报 (教育科学版), 2017, 30(5): 88-91.

② 袁金超. 基础教育微课资源设计开发的现状分析与策略研究 [D]. 西安：陕西师范大学，2013.

单一的短小视频无法满足师生间的互动，同时课堂时间难以协调和分配。因此，微课只能是课堂教学的补充。教师要恰当引入微课作为课后辅导，而不是主流，形成一种线上＋线下混合式教学的模式，即将微课与传统课堂有机地整合在一起创设基于微课的混合式教学模式，使其发挥更大的作用，以取得更好的教学效果。

课前，教师可以根据教学目标将教学内容录制成微视频，视频内容适当配备精心设计的讨论、查询或研究的主题，图像生动、界面友好、制作精美、讲解清晰，在视频中恰当的时间设置小问题，以便学生自测学习效果。通过网络平台将视频发送给学生，供学生课前通过智能终端或手机等移动平台随时学习，将知识的传授碎片化，使学生独立完成新知识的预习。课堂上，教师不必再做知识点的导入和预习，可以直接讲授教学内容，并且有充足的时间与学生互动交流，不需要为完成教学任务、教学内容而进行"满堂灌"，也可以适当倾听学生的看法，与学生进行轻松的讨论，寓学于乐的教学理念也将展现出来。

基于微课的混合式教学模式的创新之处表现在以下几个方面。其一，契合学生个性化的学习需求。"微课短小易懂，很适合现代大学生关注力时间短的特点，更有助于引导学生的自主学习。"[①] 微课是符合高校学生课前自主学习需求的理想的在线学习材料，也是大学课堂教学的最佳应用方式。由于其短而精，微视频更适合作为当前学生在互联网移动环境中个性化学习的知识载体。它很容易通过网络平台发布，也契合新时代学生的学习习惯和需求，无论是知识习惯还是认知策略都特别接近互联网时代大学生的心理。其二，弥补传统课堂的诸多不足。微课不是常规课堂的再现，其时间精短、生动形象等特点，可将传统课堂中干扰学生注意力的因素排除掉，有助于学生巩固学过的知识，也有助于预习新知识，在学生感到厌倦之前就已经完成了对知识点的解释。将传统课堂中使用粉笔呈现的教学内容转化为生动形象的视频，更有利于吸引学生的注意力。

（二）搭建基于智慧课堂的自主探究式教学模式

"所谓智慧课堂是依据知识建构理论，基于动态学习、数据分析和云＋端等应用技术，构建以'交互、融合、共享'为特征的网络化、信息化、智

---

① 张一川，钱扬义.国内外"微课"资源建设与应用进展 [J].远程教育杂志，2013，31(6)：26-33.

能化的课堂教学模式。"[1] 该模式将智能终端、智能录播、大数据分析等技术与教学有机融合，基于网络环境实现了集智能集控管理、数字化交互教学等诸多功能。创建基于智慧课堂的自主探究式教学模式，首先，在理念上，要以知识建构教学理论为指导，依据知识建构螺旋上升的特点，围绕课前、课中、课后的教学循环模式，实现包括协作、场景、沟通和意义建构在内的理想学习环境，达到智慧课堂的目标。其次，在技术上，要依托大数据挖掘技术和学习分析技术实时分析反馈结果，并有针对性地采取策略。再次，在途径上，采取全动态分析和智能推送，通过课前全动态深入分析学生的认知情况和掌握知识的水平，使教师更有针对性地设计教学策略和教学过程。课堂上可以随时进行测试，对测试所得到的学生数据进行分析，及时了解学生掌握教学内容的情况，进行方法调整。根据学生课后作业的数据分析进行资源推荐，实施有针对性的咨询，并支持个性化学习。最后，在应用程序中，实现云＋端的教学应用。"采用云端服务模式，通过课堂中各种终端设备的无缝连接和智能化应用，部署信息技术平台智能教室，打破平台和时空观念。"[2] 智能教室具有动态学习数据采集功能，实时分析功能实现了教与学之间的三维沟通，从而打破传统课堂结构模式。

课前包括四个环节。首先是分析学生情况环节。教师通过智慧教学平台解析学生的作业，精确地掌握学生的学习情况，根据学生的学习情况确定教学进度和教学目标。其次是教师发布学习内容环节。教师依据学生的学习情况与教学目标向学生发送教学内容，如课件、微课、视频等，学生预习教师发布的内容并找出自主学习过程中遇到的疑问。再次是课前讨论环节。学生可以针对自己预习过程中遇到的疑问，在智慧平台上与同学或教师进行交流、讨论。最后是教师教学设计环节。教师根据学情分析结果、教学任务、教学内容、学生预习检测结果等设计教学方案。

课中包括四个环节。首先是教师组织引导环节。教师通过学生课前预习反馈情况解答学生预习中存在的问题，并引入新的学习内容，教学结束前发布新任务，并通过智能设备进行课堂测评。其次是合作探究环节。学生以合作学习的形式进行小组讨论，教师组织学生展示和分享最后的讨论结果。再次是预测反馈环节。智慧课堂可以实时跟踪学生的学习情况并进行预测，课

① 刘邦奇."互联网＋"时代智慧课堂教学设计与实施策略研究 [J]. 中国电化教育，2016(10): 51-56.

② 孙曙辉. 在线教学 4.0："互联网＋"课堂教学 [J]. 中国教育信息化，2016(14): 17-20.

上完成课程导入和新任务后，对学生进行预测，完成随堂测验练习并及时提交，得到实时反馈。最后是分析点评环节。教师带领学生基于数据进行分析与点评，并根据测评反馈结果对模糊的概念和疑问补充讲解，帮助学生解决遇到的问题。

课后包括两个环节。首先是个性化辅导环节。"教师根据学生课堂学习的情况，利用智慧化的教学平台，针对每位学生发布个性化的课后作业并推送学习资源，学生完成个性化的作业后及时交给教师，得到即时反馈，教师根据学生作业中一些疑难问题以及主要内容录制微课，推送给学生。"[①] 其次是课后讨论环节。学生通过观看教师录制的微课，带着疑问总结学习内容，通过智能平台发布感想，与教师、同学在线讨论、交流。

基于智慧课堂的自主探究式教学模式较之传统课堂的创新之处体现在以下几个方面。其一，教学科学化。传统课堂主要依靠教师的个人经验来判断学生的学习行为，而智能课堂则根据大数据挖掘分析学生的学习行为，了解学生掌握知识的程度，及时调整教学策略。其二，学生的中心地位得以体现。通过课堂测评情况分析，教师可以准确掌握学生的学习状况，单独评估每个学生，制定教学计划和咨询策略，推送个性化学习材料，实现以学生为中心，一对一的教学。其三，关注学生能力的培养。在智慧课堂的教学过程中，学生在大多数时间里是通过自主学习的方式进行学习的，它改变了传统课堂传授知识的方式，对学生能力的培养贯穿整个教学活动过程。智慧课堂打破了以往课堂知识的封闭传递和接受，以交互、融合、共享为特征的智能化教学环境，为发展学生智慧提供条件。

（三）构建基于翻转课堂的协同合作式教学模式

网络时代背景下，各种技术应用于教育领域，作为教学活动"第一现场"的传统课堂面临着严峻考验，迫切需要革新以迎接挑战。

"翻转课堂"起源于美国，也被称为颠倒课堂，是在现代信息技术基础上，以互联网为依托营造信息化环境，颠倒传统课堂知识的传递和内化的一种教学模式，知识的传授通过课下学生自主学习完成。它被称为影响课堂教学的重大技术变革，近年来在教育界掀起了热潮。构建基于翻转课堂的协同合作式教学模式，探索一种与多种因素相契合的教学模式。在此种教学模式下，知识传授在课后借助网络完成，知识的内化在课上合作讨论完成，因此

① 赵培培 . 智慧课堂：优化与创新传统课堂 [J]. 教育现代化，2017, 4(14): 171-174.

学习过程中的各个步骤也将发生变化。它在网络以及技术手段的帮助下，重新规划教学程序，调整课堂内外时间，是一种先学后教的模式，是一种自主、交互、合作为一体的混合式教学模式。

课上是学生进行知识内化的过程。根据教学内容和课前预习情况，师生共同讨论和交流，提出一些问题，并以小组的形式进行讨论，最后教师总结结果并进行分析。整个过程在交互的模式下解决学生课下学习所遇到的疑问，使其完成知识的内化。整个过程中不仅改变了教学时空，而且改变了师生角色，以学生为主体，教师则发挥教学组织者的作用，从而真正实现了对传统课堂教学模式的革新，是契合网络时代背景，以互联网为依托，以计算信息技术为平台的变革传统课堂的重要途径。

课中，课堂讨论锻炼了学生表达和团结合作的能力，学生成为教学活动的中心，教师不再进行单纯的知识教学，而是组织学生进行合作交流学习，并发挥组织、指导、帮助等作用。教师点评和分析结果是整个教学过程的综合总结阶段，此过程中教师要根据学生对课程内容完成的讨论结果进行总结和点评，以便学生更好地消化知识和教学内容。

课后是学生自主获取知识的过程。教师根据学生已有的学习基础和教学内容，通过移动网络教学平台发送文本，使学生通过移动平台随时观看、学习，完成教师布置的练习或作业。学生根据教学任务预先研究和收集材料，如果遇到疑问或困惑，可以通过移动社交媒体与教师或同学交流。

基于翻转课堂的协同合作式教学模式较传统课堂的创新之处体现在以下几个方面。其一，师生互动增强。学校、教室成为学生和教师之间互动的场所，教师不再进行传统意义上的教学，而是在学生自学的基础上设计教学活动，促进师生间互动、学生间交流，答疑解惑，成为学生的帮助者和辅导者，课下学生积极自主地查找资源进行学习，主动探索和理解知识，提高了参与度，成了知识的主动建构者。其二，协同合作式教学模式有利于培养学生的合作能力和探究能力。在翻转课堂教学过程中，小组讨论环节以及师生、生生间的讨论和交流环节，凸显了学生的合作能力和探究能力。其三，为学生创造了个性化的学习环境。学生可以自由安排自己的学习进度，如果观看视频过程中遇到不明白的地方，可以随时快进或后退，也可随时循环和回放，或者暂停做笔记。其四，有利于教学活动中实现师生的平等对话。通过在线诊断，教师及时提供帮助，巩固学生的知识基础，有效促进师生的良性互动。

第三节　基于创新创业能力培养的高校教学方法改革

一、大学生创新创业教学模式主要体现

通常情况下，大学生创新创业教学模式主要体现在以下两个方面：创新创业理念、创新教育体制。为了加深对大学生创新创业教学模式的认识和理解，本节针对大学生创新创业教学模式进行全面而详细的探析。

（一）创新创业理念

大学生创新创业第一个常见的教学模式是创新创业理念。创新创业理念即通过借鉴国外先进的大学生创新创业教学经验，对创新创业成功的优秀人才进行实地考察，总结创新创业优秀人才身上所具备的素质，然后利用考察的结果引导高校创新创业教学方法的改革工作，从而最大限度地提升大学生的整体综合素质和创业能力。除此之外，高校还要加强大学生创新创业的教育力度，从根本上提升大学生的创新创业能力。创新创业理念对提升高校大学生创新创业整体的教学质量和学习效率起着不可估量的作用，因此高校对创业理念的创新一定要高度重视。

（二）创新教育体制

大学生创新创业第二个常见的教学模式是创新教育体制。为了最大限度地实现教育体制的创新，第一，要积极完善和优化创新创业的教育体制，成立专门的创新创业培训基地，为培养大学生的创新创业能力提供主持。第二，将企业与政府部门对高校教师的创新创业教育提出的人才需求落实到高校大学生创新创业教学方法的改革工作之中，以实现大学生创新创业能力的有效提升。

二、有效提升大学生创新创业能力的教学方法

（一）优化创新创业教育课程

有效提升大学生创新创业能力的第一个常见的教学方法是优化创新创业教育课程。通常情况下，优化创新创业教育课程需要做到以下几点。

首先，为大学生提供良好的交流平台和良好的培训环境。其次，在开设大学生创新创业教育课程的基础上，为大学生创建创新创业精英班，为对创新创业课程感兴趣的学生提供一个相互学习的交流平台，通过对创新创业精英班进行科学合理的指导，有针对性地培养大学生的创新创业能力。教师将思维训练、创新创业的优秀方案和大学生的实训情况渗透到创新创业的教育课程中，为大学生创新创业能力的培养提供实战锻炼的平台。最后，要充分利用企业和政府部门提供的创业资源，大力提升大学生创新创业能力。优化创新创业教育课程对有效解决高校创新创业教育面临的问题以及促进提升大学生创新创业能力的教学方法改革工作的顺利开展，起着至关重要的作用。

（二）打造专业师资队伍

有效提升大学生创新创业能力的第二个常见的教学方法是打造专业师资队伍。通常情况下，在打造专业师资队伍的过程中，高校首先要加强对打造专业师资队伍重要性的认识；其次要充分利用校企合作的优势，通过聘用校外相应专业的创业成功人士作为大学生的创业导师，对大学生进行理论与实践相结合的实战培训，提高大学生创新创业理论与创新创业实践相结合的能力，从而最大限度地提高高校创新创业教育的整体水平。打造专业师资队伍，可以使我国高校的创新创业课程教学效率和教学质量都得到有效提高，并为大学生日后的发展就业打下更坚实的基础。

（三）建设教育实训基地

有效提升大学生创新创业能力的第三个常见的教学方法是建设教育实训基地。通常情况下，在建设教育实训基地的过程中，首先，高校要重视对教育培训基地的建设，通过汲取创新创业的成功案例的经验，为大学生建设教育实训基地，从而实现对大学生创新创业能力的全面培养。其次，高校要根据创新创业教育的实际需求，为大学生创建大型培训实验室，为大学生提供创新创业实验场所，从而培养大学生的创新创业能力。通过建设教育实训基地，高校可以完成更具针对性的创新创业教育工作，使学生的创新创业能力得到极大增强。

（四）制定全面教育评价体系

有效提升大学生创新创业能力的第四个常见的教学方法是制定全面教育评价体系。通常情况下，在制定全面教育评价体系的过程中，首先，高校要通过制定全面的教育评价体系，激发大学生的创新创业热情。其次，高校要充分利用创新创业的知识大赛，对大学生创新创业能力进行考核。教师根据大学生实际的考核结果，全面了解大学生创新创业能力的相关情况，并且有针对性地加强大学生创新创业能力的培训。

第五章 高校教学课程改革

第一节 高校课程改革的原则、需要处理好的关系及内容

一、高校课程改革应遵循的原则

目前，我国高校课程无论在课程价值取向方面、课程设置方面，还是在课程体系方面、课程内容方面，都存在许许多多的问题，影响学生创造能力的培养，影响教育教学质量，所以课程改革势在必行，但改革必须遵循以下几项原则。

（一）专业性与综合性相结合的原则

高等教育培养专门人才，课程自然应具有一定的专业性。高等教育又与社会、科学技术紧密联系，因此课程应具有非常强的综合性。专业性与综合性是对立统一的矛盾体，我们应在对立中把握统一。在人才培养过程中，专业性强调专业知识本身的系统性和规范性，综合性则强调知识能力与素质的综合性及其与现实的联系。综合性必须以专业性为基础，培养国家和社会需要的专业人才。但是，如果只重视专业性而轻视综合性，学生没有与专业之外的领域进行沟通与融合的能力，只局限于单一的专业领域，那么学生将来不可能融会贯通地解决社会生活中重大而复杂的问题。为此，必须加强知识之间的联系，增强学生对知识整体的理解和掌握，在专业性的基础上体现综合性。所以，在知识经济时代，高校要为国家培养复合型的专业人才，必须在课程改革过程中坚持专业性与综合性相结合的原则，把专业教育与实现学生全面发展结合起来，在抓好专业教育的基础上，努力扩大学生的知识面，拓展学生解决专业问题的领域，使课程成为专业性与综合性相统一的整体。

（二）统一性与多样性相结合的原则

在进行专业教育、培养专门人才的基础上，张扬学生的个性，实现学生的全面发展和个性发展，这是统一性与多样性相结合原则的要求。高校人才的培养需要一定的标准，有了标准，衡量专业教育下的人才质量才有依据。为保证人才培养的基本规格和基本质量，高校要设置与专业相对应的必修课程，使学生掌握必要的知识和技能，体现育人目标的统一性。学生的特点与个性有差异，学生的需要也是多种多样的，社会对人才的要求也不相同，学生的需要又往往与社会需求相一致。因此，高校应承认学生的个体差异，为满足学生个性发展的需要，发展学生个人兴趣、爱好和特长，设置选修课程，给学生提供更多的选择机会，体现高校课程的多样性。在课程改革过程中，坚持统一性与多样性相结合的原则，要注意以统一性为主、多样性为辅，以多样性促进统一性，这样既培养了专门人才，又满足了社会与个人发展的综合需求。

（三）理论性与实践性相结合的原则

理论性与实践性之间的矛盾是高校和高等教育的一个基本矛盾[①]，高校应在人才培养过程中，坚持理论性与实践性相结合的原则，实现两者的统一。高校正在改变重理论轻实践的状况，加大了实践课程设置的比例。杜威强调实践的作用，"除非是作为行动的产物，否则不可能有真正的知识和富有成效的理解。对事实的分析和重新安排是增长知识、获得解释力和正确分类所必需的，不可能纯粹在思想上（在头脑中）获得。人们希望去发现什么时必须对事物做些什么，他必须改变环境。"[②] 所以，高校要在加强学生专业基础理论教学的同时加强实践教学，培养学生运用所学理论知识解决具体问题的能力。理论性与实践性不可对立，不可偏废。理论性反映学校课程水平的高低，体现了学校课程的生命力。实践性则反映学校与社会经济发展联系的程度，展示着学校课程的活力。

---

① 谢维和.教育活动的社会学分析——一种教育社会学的研究(修订版)[M].北京：教育科学出版社,2007:382.

② 约翰·S.布鲁贝克.高等教育哲学[M].王承绪,郑继伟,张维平,等译.杭州：浙江教育出版社,2002:113.

（四）尊重传统与改革创新、重视现实与关注未来相统一的原则

改革创新是力求尊重人才培养规律，不断适应社会发展需要的过程。课程改革在尊重本国传统的基础上，力求在变革中形成本国特色；充分肯定传统课程建设中的积极因素，吸取其精华，为现阶段的课程改革与创新服务，建立起一种更具适应性的课程模式和现代化的课程体系。这其实体现了传承过去的特点。而未来教育在传授、普及知识与现代科学技术的同时，自觉地分析、研究当前的教育形势，使教育面向未来。

教育是为未来培养人才的活动。为使课程充满生机与活力，必须因时制宜地进行课程改革。课程改革很大程度上是因为传统课程不能满足现代社会发展的需要，但课程改革又要关注课程未来的发展趋势，缩短课程内涵与未来课程发展之间的差距。"关注未来"这一问题值得人们去研究、去探讨。正如美国比较教育家坎德尔所预测的那样："世界上几乎所有国家将在教育目的与课题上愈来愈趋于接近和类似，只是各国用于解决教育课题的方法和手段，依存于该国的传统和文化罢了。"

总之，只有遵循这些原则，课程改革才有可能取得良好的效果。我们应清醒地认识到我国课程理论的研究还相当薄弱，与发达国家相比还存有很大的差距。因此，我们要加强课程理论研究，用理论指导课程改革实践，避免改革的盲目性。

二、高校课程改革需处理好的关系

为了培养社会需要的高素质人才，应深化教育教学改革，特别是课程改革，更新课程内容，增加课程人文内涵，推进课程综合化，并处理好以下几种关系。[①]

（一）处理好外来化与本土化、国际化与地域化之间的关系

当今社会，经济发展日新月异，科学技术突飞猛进。高校课程设置、课程种类与课程知识体系也应跟上时代发展的步伐，使培养出的学生具有国际竞争力，否则会影响国家科技竞争实力。在课程设置方面，一是应注意引进国外具有先进性和前瞻性的课程。二是要充分挖掘和发扬本土课程优势。本

---

① 王玉秋. 大学课程改革应处理好的几对关系 [J]. 临沂师范学院学报, 2010, 32(2): 10-13.

土课程大多是比较成熟的、优质的课程，甚至是精品课程。它经过较长时间的建设，无论是师资队伍还是课程内容，都有明显的优势和显著的特点，我们要将它们充分挖掘、发扬光大，并赋予课程内容以新的时代特征，使之与地方社会经济的发展紧密相连。

随着国际联系与交流日益密切、频繁，国际形势对高校毕业生就业的影响越来越明显、越来越大，对于课程设置，高校必须具有全球化视野，以适应国际化市场的需要。高校具有服务社会的职责，特别是要为地方社会经济发展服务。所以，在设置课程时，要设置一些具有地方特色的课程。学生通过这些课程的学习，也有可能获得更多的就业机会。因此，对于课程设置，高校除了要具有全球化的视野外，还应充分考虑课程的地方特色。

（二）处理好传统课程与新课程之间的关系

随着社会和经济的发展，一些新的学科、新的专业不断出现，高校相应地开设了一些新课程，同时对其传统课程进行改造。对于传统课程，要充分挖掘其精华，剔除其糟粕，更新其内容，进行深入研究，使其特色更突出、优势更明显，以形成优质课程或精品课程。对于新课程，我们要选择具有强大生命力又具有实用价值的课程加以建设、培植，形成优质课程。

（三）处理好工具价值与人文价值之间的关系

高校的首要任务是培养具有良好社会适应能力的人。高校授予学生学习知识的"工具"，然后学生运用所学的知识，发挥自己的才能，进行有创造性的劳动，服务社会、改造社会，实现个人价值与社会价值的统一。高校要发挥科学研究的职能，不断创造新技术，发明新成果，满足社会的需要，促进人类的可持续发展。总之，要使工具性和价值性两者相互渗透、相得益彰。高校在设置课程、确定人才培养规格时一定要充分了解和科学把握社会结构与生产结构、科学技术发展与应用的总体进程。只有这样，才能更有效地发挥工具的价值，从而更好地满足社会的需要，推动社会发展。

（四）处理好现代化教学手段与传统教学方法之间的关系

现代多媒体网络技术在教学中的运用，使教学方法发生了很大的改变。运用这种现代教学手段，课堂信息量大大增加了，学生能够学到更多的知识；教师的劳动强度大大减轻，提高了课堂教学效率；教学资源得到了共享，教学过程得到了优化，学生利用网络进行自主学习，教师利用网络进行答疑辅导，这是传统教学方法难以做到的。但传统教学对教师基本功的训练，以及课堂上师生交流互动的气氛、情境、真实感等又是现代化教学手段难以实现的。因此，既不能完全抛弃传统的教学方法，也不能过多地依赖多媒体技术，要充分发挥两者各自的优势和长处，共同为育人服务。

三、高校课程改革的内容

高校课程服务于高等教育的目的和高校的人才培养目标，是高校教学工作的基本依据，是高校教学计划的核心内容。高校课程是为了实现人才培养目标而设计的教学内容和活动体系。课程在高校人才培养的过程中有着特别重要的地位和作用。

课程中最为重要的三个范畴的选择问题是课程内容的选择、课程类型的选择、课程设计模式的选择。

各种设计模式的课程在教学计划中究竟按照何种纵向顺序及横向联系组合成一个有机的整体，这是进行课程设置时应考虑的又一个重要问题。课程设计的模式从外在的形式上讲主要表现为课程设计的一种技术性流程图式。这种图式在外形上展示了课程设计的基本框架，而在内在的实质性内容上，主要是关于课程设计构成要素之间的组合、关联及其运作的关系处理，即表现为课程结构。

（一）高校课程结构改革

1. 高校课程结构改革概述

高校课程结构是指高校为实现人才培养目标所构建的课程体系，是课程内部各要素、各成分的内在联系和相互结合的组织形式。课程结构是课程各部分的配合和组织，是课程体系的骨架，主要规定了组成课程体系的学科门类，各学科内容的比例关系，必修课与选修课、分科课程与综合课程的搭配等，体现特定的课程理念和课程设置的价值取向。各高校因教育理念的不同，人才培养目标和课程观的不同，在课程设置上各有取舍，课程结构也各不相同。

一般认为，课程结构包括宏观、中观和微观三个层次。[①] 宏观课程结构即学校课程的类别结构，其基本构成成分是各种类型的课程，典型的课程类型可分为学科课程与活动课程、分科课程与综合课程、必修课程与选修课

---

① 廖哲勋，田慧生.课程新论 [M].北京：教育科学出版社，2003：231.

程、显性课程与隐性课程。中观课程结构即课程的科类结构。微观结构即科目（或活动项目）内的结构以及潜在课程各构成要素内的结构。

从功能来看，高校课程包括通识课程和专业课程。通识课程突出对人类文化的传承功能，包括知识课程和部分显性的情意课程；专业课程突出成长、进步和超越人类已有的文化，包括发展学生的情意课程和活动课程等。这两类课程体现了高等教育传承与创新的价值取向和基本特征。

从修习的要求来看，高校课程可按其与专业的相关程度分为必修课、选修课（包括限定选修和自由选修课）两种修习类型。

目前，我国高校课程结构一般包括以下五个方面。

（1）通识课程和专业课程。通识课程是为大学生在校学习和未来发展奠定基础的课程；专业课程是在通识课程的基础上为大学生进一步发展而设置的课程。这两大类课程在高校育人系统中统摄了各类课程，发挥着各自不同的功能，并结合在一起，有机地构成了高校的课程体系。[①]

（2）必修课程和选修课程。必修课程是指该专业的每个学生必修的基础理论、专业理论和专业知识方面的课程，它保证了培养人才的基本规格和质量。必修课程一般包括三个方面的内容。①公共基础课程。这是所有大学生都必须学习的，如大学的政治理论课程、外语课程、体育课程等。②专业基础课程。此类课程是某一科类的学生必须修习的基础理论、基本知识和基本技能课程，如工科学生都必须学习高等数学、大学物理和机械制图等课程。③专业课程。这是根据专业人才在业务上的特殊要求所设置的专业知识与专业技能课程。这类课程最能体现专业特点，具有职业特性。

选修课程是高校根据专业需要和人才培养要求而设计的可供学生自己选择修习的课程。选修课主要用以加强学生的科学理论基础和拓宽应用知识的范围。选修课程一般又分为限制性选修课和任意/自由选修课两种。前者指定在一类和一组课程中必须选修若干门；后者指学生可以根据自己的兴趣、需要选修的课程，可以是与专业相关的课程，也可以是其他专业或跨学科的课程。选修课的内容一般有如下四类：①专业理论的提高或加深内容，培养学生某一方面的专长；②介绍本专业最新科学成果或科研前沿的动态；③介绍跨学科或边缘学科知识；④扩大知识面或提高文化修养的内容。

（3）学时配比。高校教学的总课时是固定的，具体分配到某一门课的课时应根据学科的性质、需要程度、信息量等综合确定。

---

① 　胡弼成. 高等学校课程体系现代化研究 [D]. 厦门：厦门大学, 2004: 38.

（4）课程进行的时序。课程进行的时序即各门课程开设的时间顺序。一般应是后开设的课程以先开设的课程为基础。

（5）各类课程之间的关系。各类课程之间的关系，就横向而言，各门课程之间应该相辅相成，不能过度交叉重复；就整体而言，应以重点学科为核心，其他学科为辅助。

以上结构层次的分类只有相对的意义。同一门课程，在不同的学科、专业，可能属于不同的类型。例如，政治经济学一般是公共课程，对于财经类专业来说就具有专业基础课程的意义。又如，综合高校文理专业的专业课程也可能是社会科学、工程科学、医学等专业的基础理论课程。因此，综合高校课程中的专业课程和通识课程、必修课程和选修课程并不能严格划分。

2. 高校专业课程结构改革

目前，我国高校正在进行"宽口径、厚基础的专业教育"改革，也就是说，专业课程在我国高校目前的课程中仍需得到足够的重视。在课程设置方面，首先是加强基础，淡化专业，注重能力培养，增强适应性。具体的做法是改变过去以狭窄的专业课为轴心来组织基础课程的局面，拓宽基础课程的范围，增加基础课程的门类，适当降低专业课程的难度，减少专业课程的门类。基础课程方面实行文、理、工等相互渗透，拓宽学生的知识面。

专业课程内部结构的优化涉及课程门类的改变、比例关系的调整和组织结构的变化三个主要方面。针对我国高校的现状，这一优化过程主要包括以下几部分。

（1）分科课程综合化。分科课程是我国高校专业教育的主要实施形式。随着时代的进步和科学技术的发展，这种课程形式愈发显出其不足。

（2）主修课程基础化。主修课程在此特指根据某一职业需要或专长发展而开设的有关该领域专门知识和精深内容的课程。主修课程基础化的实质是解决专业基础课程与专业课程之间的关系问题，旨在拓宽专业口径，增强学生对未来社会的适应能力。目前，发达国家许多高校的本科教育通常具有通识教育或基础教育性质，众多单位的"用人基点"也有提升到研究生毕业的趋势；未来最具竞争力的知识结构是倒"T"形的多元化知识结构，即在广博基础上的专精。这足以表明主修课程基础化应成为我国高校课程体系结构改革的努力方向。主修课程基础化绝非一个看似十分简单的"加强基础，拓宽知识面"的问题，它涉及对人的知识、能力结构广度与深度的关系的研究。

（3）选修课程模块化。"课程模块化"是指按照系统的构想和编制原则，把同一性质或类型的前后联系的若干门课程串在一起，以形成一个相对完整的知识块的课程结构。选修课程可分为限制性选修课程和任意 / 自由选修课程两大类。随着选修课程尤其是其中的任意 / 自由选修课程在整个专业培养方案中比重的增大，学生面对门类众多的选修课程，可能会过分重视眼前的需要而忽视长远的利益以及有价值的东西；同时，学生在高深学问领域才刚刚入门，不能期望他们做出有效决策。为此，选修课程模块化可使学生在某一专业领域形成较为完整的知识结构，进而有利于学生今后朝该领域的专深方向发展。另外，模块课程学习阶段也是处理好高校人才培养与社会人才使用"接口"的关键所在，这一阶段的学习可为学生毕业时选择职业及日后的发展打下扎实的基础。选修课程模块化较好地实现了社会需求和个性发展的有机统一，任意 / 自由选修课程的模块化有利于学生个性的发展。根据学生毕业后的不同意向（是从事本学科专业工作、继续攻读本学科或相关领域研究生，还是攻读其他学科领域的研究生），可将任意 / 自由选修课程划分为相对应的几个模块，并根据各个模块所要达到的不同目标来组织相应课程。学生通过学习适合各自未来发展的模块课程来培养自己的个性，进而实现人生理想。

（4）理论、实践课程一体化。理论课程与实践课程一体化不仅指课程组织结构上两者的并行推进、有机结合，还包含了实践课程与理论课程处于同等地位，以及建立与理论课程要求相适应的形式多样的实践课程门类等内容。我国高校当前实践课程的状况如下：在整个课程体系中所占比重不足，在地位上从属于理论课程；形式单一，综合程度不高；在组织上与理论课程存在明显分离。加强实践课程，增加实践课程的教学时数，不但可以使理论知识更好地被理解，有利于各学科领域知识的整合，而且便于形成鼓励创新的氛围，进而培养学生的创新能力，因为能力是在掌握知识的过程中形成，并在运用知识的过程中表现和成熟的。同时，个体在实践课程中与他人合作，有利于协作意识的培养和团队精神的形成。理论、实践课程一体化对大学课程结构改革的要求如下。

一是培养方案以工程设计或社会实践为主线。对于工科专业，设置"实验与工程训练"实践性教学模块，打破传统课程体系"基础课—工程技术科学基础课—工程技术专业课"的三层楼结构，使学生一入校就接触和熟悉工程环境。以工程设计为主线组织课程体系，并将其贯穿到本科四年的学习之中，使之成为基础理论、工程实践和创造性设计的结合点，为知识的衔接与应用提供综合和整合的载体。对于文科专业，将理论学习与社会调查、教学实践等有机结合，借以促进理论知识与实践能力的有效转化。

二是建立"统合—分化—统合"的实践课程体系。这是理论课程与实践课程有机结合的必然要求。其特点如下：学生入校进行"认识性"实践，对整个专业形成初步感知；学习中途根据所学课程的不同要求，进行"专门性"实践；毕业前期进行"综合性"实践。毕业前期的"综合性"实践集开放性、设计性、综合性于一体，对于提高学生的实践能力、培养综合分析和解决问题的能力可起到其他课程形式无可比拟的作用。

三是实验、实践形式多样化、综合化、科研化，建立与理论课程要求相适应的实践课程门类。在实验改革上，变单一实验为组合实验，增加实验的综合性；变验证性实验为学生独立选做实验，增大实验的设计性。同时，增大实践的科研性质，即以教师指导下的学生科技与人文实践活动为主，加强学生创新意识和创新能力的培养。通过参与这些富有科研性质的实践活动，学生在加深对理论知识理解的同时，大大提高了自身的科研能力。

3. 高校通识课程结构改革

（1）加强跨学科之间的交融。通识课程在改革的过程中注重两方面的改变：第一，培养学生自主学习的意识，清楚地使学生了解每一类学科的教学目的和重要性以及对于自身能力培养的作用与意义，让学生拥有主体性的意识，意识到学习各类课程是为了提升自身不同方面的能力，而不是被动地为了凑学分而选择课程，这样，学生的自主性和学习的主动性会被激发，学生就将根据自身实际情况作为选课原则，以更理性正确的态度选择课程，而不是仅仅为了轻松过关；第二，通识课程的教学过程中也要倾注跨学科交融的原则。如今的科学发展步伐日益加快，每一类知识的构成都不是单一的，为了紧跟社会发展的步伐，高校的课程也应该增加不同学科的交融性。当然这会对教师提出更高的要求，首先教师需要清楚地了解跨学科教学的思路是什么，以及这一科与其他学科的交融点在哪里，等等。

跨学科文理交融的课程设置，旨在让文科的学生不再抗拒数学与逻辑，让理科的学生也对人文关怀的培养引起足够重视，让所有的同学都能在自己相对熟悉的知识领域基础上接受一些平时接触较少的知识，实现人文素养与逻辑素养并重。

（2）增进传统课堂与慕课互动。传统的教学课堂对人们产生了很大的影响，而且被广大师生所接受。不过近些年慕课出现了，这种在线开放的教学模式逐渐受到很多师生的欢迎，这在很大程度上给传统教学带来了巨大的冲击。慕课已经在世界范围内开始普及，在国内已被很多高校应用。相比传统的教学模式，慕课的授课方式相当丰富，无论是在教学形式还是学习方式上都具有很强的灵活性，教与学不会受到时间和地点的限制，同时学生学习的主观能动性得到增强，并且在学习中体验到更多的快乐。不过需要指出的是，慕课的出现并不意味着传统课堂会被完全取代，相反，两者之间会进行一种优势互补的结合。鉴于此，教师应该对网络进行充分利用，将网络技术和课堂教学充分地结合在一起，提前和学生在线上进行交流，并且在课堂上将线上留下的问题进行深入探讨。事实上，这种互动包括了两种形式，一方面是学习者之间的交流，另一方面是师生之间的交流。

（3）优化必修课程与选修课程比例。在通识课程的设置上，必修课的比例可以相对降低，适当增加选修课程的比例，并且把每一门课程的课程介绍、教学目标、授课方式、考核形式进行一定程度的公开，使学生能够清楚地了解每一门课程的内容、目标、对自己的帮助，从而找到自己的兴趣所在，并结合自身的情况，决定哪一门课程更适合自己。这样的调整会让学生多一些主动权，在心理上，会对通识课程的态度有所改变，从往常被动式的接受安排学习，到自己选择决定的主动式学习，增加主动性。这也更加符合通识教育的教育理念，有利于通识教育目标的实现。

（4）重视理论性课程与实践性课程结合。当前我国通识教育课程仍以理论性课程为主，授课方式也比较单一，大多为教师讲课，学生被动式听课。学生吸取到的知识主要为纯理论性的知识。然而，通识教育的教育理念是培养与锻炼学生全方面的能力，提高学生的综合素质，这种全方面的能力与综合素质绝不仅仅局限于理论性的知识与思维模式，还包括实践技能和动手能力。让学生在实践性的课程中亲身体验和尝试，有利于学习对知识的理解和能力的提高，也能促进学生参与课程学习的积极性和主动性。

（二）高校教材及教学内容改革

1.高校教材及教学内容概述

教材是教学材料的简称，指学校教学所依据的学术资料，包括教科书、讲义、参考资料及教学辅助材料等。教材是教师施教之依据，也是学生学习之所托，在教学活动中有着重要的作用。

由于高等教育的特殊性，高等学校教材内容更丰富、种类更繁多、形式更多样。各高校之间的课程教材都是不同的，即便课程名称相同，所选的教材也可能完全不一样。比如，不少高校都出版了种类多样的教材，还有不少教师根据自己教学的需要和情况，自编讲义和参考文献资料作为教学的依据。

教材是体现课程教学理念、教学内容、教学要求，甚至教学模式的知识载体，在教学过程中起着引导教学方向、保证教学质量的作用。教学内容是高校实现其培养目标的重要依据，是高校教学活动的直接知识对象。

高校常用的教材主要有两类：一是书本教材，又被称为文字教材、印刷教材，包括教科书、讲义、教学指导书、学习指导书、习题集、实验实习指南等；另一类是非书教材，又被称为视听教材、电子音像教材，包括幻灯片、电影、录音、录像、唱盘、视盘、计算机课件、网上教材等。

自 20 世纪 80 年代末以来，我国高校教材建设出现了向着现代教材体系方向发展的趋势。现代教材体系包含书本与非书教材两类教材，两类教材都以课程纲要（教学大纲）为依据，为实现同一教学目标服务。

教材在人才培养中起着基础性作用，教材建设历来是教育主管部门和各高校极为关注的问题。合格的教材至少应有四个基本特点，即目的性、针对性、体系性和可自解性。其中，目的性是指教材的编写应有明确的目的，配合一定的专业和课程设置。针对性是指教材应有明确的学习者层次定位和要求。体系性是指教材的知识体系要反映本学科专业主要的知识点和方法论。可自解性是指教材要适应学习者自主学习的要求，符合学习者的认知规律，便于学习者自学。在知识社会更应如此。[1]

教学内容的选择必须满足人才知识结构的建构需要，同时满足人才能力结构与素质结构的建构需要。具体操作中一般要涉及的问题有主干课程与非主干课程、基础知识与专业知识、自然科学知识与人文社会科学知识、宏观知识与微观知识、传统知识与当代知识，以及课程内部知识基础化、知识前沿化与知识综合化的关系等。

2. 高校教材和教学内容存在的问题

（1）重视学科课程，轻视综合课程。中华人民共和国成立后，我国高等教育受苏联影响，知识观也受到凯洛夫教育学的影响，以知识为本位，把传

---

[1] 段远源，冯婉玲. 研究型大学教材建设相关问题思考 [J]. 中国大学教学，2008(12): 82-85.

授知识作为教学的主要任务。高校课程在内容上以专业化为立场。学问是一个专门化和结构化的知识领域，每门学问都具有不同的结构，每一门课程的内容都依据相应独立的学问逻辑和结构来安排。因此，在课程内容上就表现出重视学科课程，轻视综合课程，从而导致各学科之间彼此独立，不重视知识之间的联系和渗透，只顾盲目追求自身体系和结构的完整等问题。同时，课程内容还表现为重"概念原理的知识"，即一门学科经由探究过程而获得的基本理论知识；轻"过程、方法的知识"，即一门学科的探究过程与探究方法的知识。[①]

（2）重知识传授，轻能力培养。课程过分强调传授科学知识，而忽视对学生能力、素质的培养，如忽视对学生科学态度、科学精神、科学道德的培养，以及忽视对学生人文精神的培养。

（3）课程内容重复，缺乏自主探索。课程内容重复现象严重。在现有的课程体系中，各学科课程是根据职业和岗位的要求设置的，各门学科都追求内容的系统性和完整性，导致有些课程的内容大量重复，课程内容过于求同。课程为学生提供的大多是定论性的知识，学生只需记住即可，学生通过各种各样的自主性探索活动才能获得的知识很少。

（4）课程内容落后于科学技术的发展，更新速度慢。许多教材还是20世纪七八十年代的产物，有的甚至更早，特别是20世纪90年代以来知识更新周期明显缩短，许多新理论、新观点未能及时编入教材。教材很少涉及科技发展前沿的东西，加之一些教师仍死扣教科书，导致教学信息量少且不"新鲜"，因而降低了学生对学科前沿知识吸收消化的时效，也影响了学生学习的积极性。

以上问题既是教学内容的问题，也是目前我国高校教材建设的问题。

3. 高校教材建设与教学内容的改革

高校的课程教学应该根据高校的人才培养目标来安排。教材建设与教学内容均是时代的产物，是生产力水平和科技发展水平的反映，教材和教学的内容都应该适应社会、政治、经济、文化发展的需要，并随着社会的发展而不断更新。理论上，课程设置和教材内容选择应遵循以下原则：符合培养目标的原则、有最大迁移价值的原则、适应知识分类与发展的原则、课程

[①]　范树成. 21世纪初叶我国高等学校课程体系改革与建构 [J]. 大连理工大学学报：社会科学版, 2003(1): 6.

设置要适应产业结构的变化与发展的原则、与师资及其他教学条件相适应的原则、按照学科系统结构来完善课程的原则、遵循交叉学科发展规律的原则。[①] 当前，我国高校的教材建设和教学内容要适应21世纪科学技术、经济和社会发展的趋势，依照培养目标和人才培养模式的要求，进行优化课程体系，更新教学内容的改革。

（1）教材内容、教学目标与科学技术、社会发展相适应。教材目标和教学内容除了要适时更新，还应重视对学生能力、创新精神、综合素质的培养。在知识安排上，除了将概念、原理等现成的内容呈现给学生外，更要将一门学科的探究过程与探究方法呈现给学生；在教材内容的安排上，要明示教材的重点、难点、思路、方法，并设置思考题等，要发挥学生的主体作用，激发学生的参与意识、问题意识，以引导学生的思维和创新能力发展。现代科技信息高度发达，纷繁浩瀚的知识呈指数递增，学生在高等教育阶段只能掌握反映这个时期普通水准的知识与技能，需要其在职后独立自主地摄取、更新并创造知识，以适应瞬息万变的社会环境，高校不能再培养纯"知识型"人才。高等教育要把发展独立思考和独立判断的一般能力始终放在首位，而不应当把获得专业知识放在首位。

例如，清华大学有关教师在编写的《大学代数与几何》教材中明确提出要"通过本书的教学，培养学生的抽象思维能力、逻辑推理能力，为今后学习现代数学打下扎实的基础"。《数学实验》教材提出"培养利用数学知识和计算机技术分析、解决实际问题的能力"。《混凝土结构》教材强调"建立工程基本概念和基本理论，理论分析与工程概念相结合，掌握混凝土结构的基本原理和设计计算方法"。《陶艺基础》教材强调"综合传统与现代、文化与技术于一体"。[②]

（2）教材和教学内容要有时代性。教材和教学内容应具有先进性，充分反映时代气息。这不仅体现在内容上要吸收、引进本学科发展的前沿成果，而且要在新的观点、新的材料基础上，站在新的高度阐述经典的理论，并使之落实到现实的应用中。

（3）教材编写多样化，教材内容个性化。在教材编写和教学内容的安排上，要注意多样化、个性化，以满足不同学生的不同需要，使学生的兴趣爱

---

① 范印哲. 教材设计导论 [M]. 北京：高等教育出版社，2003: 220-221.
② 段远源，冯婉玲. 研究型大学教材建设相关问题思考 [J]. 中国大学教学，2008(12):80-83.

好、专业特长得到充分发挥。因为学生的基础、素质、爱好、要求等不尽相同，也因为不同学校的人才培养类型和规格多样化，所以高校的教材和内容应该要有层次，即相同学科不同层次的教材及内容应该是不同的，要具有较强的针对性和适用性。即便在同一学校内，对某学科开设的同一门课程的教学内容，也可以有不同的层次，如在其基本内容相同的前提下，深度不同、容量不同、特点不同，以供不同专业、不同学生选择。

（4）教材和教学内容要有科学性。高校的教材和教学内容要有科学性，即根据学科知识体系，按照学生认知规律编排，使学生通过听课、自学基本掌握课程相关知识，同时培养学生的自学能力。此外，在课程教材的建设上应该是多种形式相结合。随着高新技术，特别是数字化和网络化技术的发展，教材建设要充分考虑文字教材与音像、网上教材的结合，发挥综合媒体在教学中的优势，即通过教材形式的创新，引导学生阅读教材、进行自学。教材中既要有能反映课程体系、内容改革的自编教材（或讲义），也要有其他各类配套教材（文字、音像等），还应该有自编或选用涉及范围较窄、水平较高的相关学科的参考书（或资料）。

教材建设和教学内容改革是一项紧迫而意义深远的工作。教材是学生学习知识、增长技能、创造智慧的载体，是教师教学实践的结晶和教学活动的工具。高校的教材和教学内容必须根据培养目标和人才培养模式的要求，具备科学性、先进性、适用性、灵活性，只有这样才能在教学中发挥稳定教学秩序、提高教学质量的重要作用。

第二节　高校课程改革的应对方法

一、更新课程观念，重构课程目标

从社会、知识、个体多个维度综合考虑，我们应当摒弃传统的唯知识课程目标，以"知识与技能""过程与方法""情感态度""价值观"的多维目标体系取而代之，即向学生传授知识、培养技能，提高学生分析问题与解决问题的能力，培养学生价值判断的能力，提高学生交流、交往和互动的能力，使学生善于自律、为他人着想、与他人协调、感情丰富、充满人性，提高学生对个人与环境的理解能力，改善学生对当今世界的了解能力，增长学生艺术和人文科学的知识，提高人文素养。总之，以提高学生的能力和素质为根本，充分促进学生身心构成因素的整体和谐，最终实现人、自然、社会全面和谐发展的理想境界。为此，高校课程目标应着眼于以下三个方面。

（一）传授知识，培养创造力，注重人生关怀

人生需要知识的导引，传统课程单一认知目标让位于多维目标体系，并不意味着在今天的课程中知识技能的获得与掌握就不重要了。知识是能力的起点，掌握必备的知识始终是高等教育的奠基工程。

"知识"即学识、学问，"技能"即特殊的能力或本领。在新课程背景下，"知识技能"一词具有以下四个不同的内涵。

首先，学会判断知识。知识可以除却人生的蒙昧，然而不当的知识也会遮蔽人生。在新课程里，我们不但要教给学生浸透着丰富意义的知识，而且应引导学生学会区分和鉴别知识，判断知识的好坏美丑。

其次，学会学习和思考。教会学生学习，是把方法教给学生，重视教育教学方法和示范作用。如果一味使学生成为知识的消极接收者和知识储存者，而不教会他们获取知识与信息的方法，那是毫无用处的。明日的文盲不是不能阅读的人，而是没有学会学习的人。学会思考与学会学习同样重要，思考是学生的灵魂与知识相融相生的过程，没有思考，知识只能是"死"的知识，教育也只能是"死"的教育。

再次，在知识技能之上形成独特的个性创造力。在现代社会，仅仅具有知识技能是不够的，它只说明了一个人具备了职业资格，有了谋生的本领，而现代社会更要求人在职业资格基础上具有个人独特魅力，这主要表现在个性和创造力上。培养学生个性和创造力是当代学校教育最主要的目标，具体在课程设计上，就是提供给学生与学生、教师与学生更多的交往机会，提供给学生更多的动手制作的机会，锻炼学生策划和组织活动的能力、交流思想和信息的能力、解决矛盾和问题的能力，培养学生自信乐观的生活态度。

最后，学会把知识引向人生关怀。作为文化意义符号的知识具有教化性，能引导人从蒙昧转向文明。然而，实际课堂教学中的知识，在空间、时间、心理、情感等方面，或多或少地与学生存在阻隔，从而使知识向人生关怀转化时有一定困难，使知识的意义在学生的眼里变得干涸。因此，课程应给学生提供一个"可能"的空间，选择与学生生活贴近的富有意义的知识，让"知识"真正融入学生的精神世界。

（二）注重教学的过程与方法

综合取向、多维目标的课程价值观要求每一堂课做到"过程与方法"上的引导和培养，即培养能力，形成智慧、认知策略。"能力"是一个含义十分广泛的概念，从知识与能力的关系来说，知识先于能力，能力又高于知识，因此获得知识并不意味着就拥有了能力，而这一点正是新课程目标着力要解决的问题。

课堂教学是课程实施的具体形式，在课堂上，师生之间的交流是对话而不是独白，对话是思想观念不断生成的过程。教师的声音是飘忽的、流动的，学生的理解也是有偏差的，因此教学过程从本质上来说具有流动性。正是这个流动的过程给学生与教师更大的创造空间，教师不能对每个学生有统一要求，学生的发展不是整齐划一的，学生的个性和创造性可以淋漓尽致地涌现和发挥。在流动的过程里，学生的能力置于平等、民主、合作、互动交往的教学情境之下，是一种创造性的生成。

（三）树立科学的价值观，培养丰富而高尚的情感与正确的处世态度

价值观是世界观、人生观的一部分，指引着人们前进的方向。价值观植根于人们心灵的深处，当一个人专注于所所定的目标时，不论是赞扬还是责难，都不会让他偏离方向。当一个人从事自己喜爱的事业，并显示出自己的所作所为时，他将体验到实现自己价值的快乐。科学的课程目标应注重培养学生科学的价值观。

多维目标把学生情感态度、价值观的养成提到了一个前所未有的高度。多少年来，在传统课程的"壁垒"下，情感、态度、价值观从无存身之地。但事实上，情感、态度对人具有非常重要的作用，情感、态度无疑是我们必须重视和面对的问题。

二、更新课程内容，调整课程结构

（一）以动态的观念处理课程内容与结构的关系

随着知识的发展，新的知识不断产生，旧的知识不断被淘汰。知识的陈旧主要表现在两个方面：一是具体知识的陈旧，二是知识的范式陈旧。后者指对知识进行整理、研究和发展所遵循的一整套思路、方法和规范等。范式陈旧对于知识的有效获取显然是非常不利的。《课程愿景》中指出："对于我

们来说至关重要的一点，就是要注意到新近出现的动态愿景提出了一个不一样的世界及其用以理解它的不一样的工具。从动态学的角度来看，世界是由一个极其庞大的繁复的关系网络构成的。我们所看到的世间万物自身也是由许多网络构成的——这些网络不断地转换变化，被循环性的水平交叉关系所驱动，这些水平交叉关系能够随着时间流逝而放大微小差异。一个不一样的世界需要不一样的工具来理解它。那些把稳定的、单一的且无情境关联的思想原子储存起来等待有一天被提取的思想，在对于世界的复杂理解中是没有一席之地的。"[①] 书中列出了对世界及其包含的事物（表5-1）和所表征的特性（表5-2）的两种观点。

表5-1　世界及其包含的事物

经典观点	动态观点
线性	相互间由关系连接的网络
连续的因果关系	循环递推、水平交叉的关系
由固态的相互分离的客体组成	由不断转换的关系网络构成
瞬间即逝的（细小的差异依然细小）	随着时间的推移而不断发展（细小的差异可能会变大）
几何学	动态建模
如时钟般运行、机械呆板	生态学的、进化论的

表5-2　表征的特性

经典观点	动态观点
数据的检索	模式的完成
稳定	随着经验而不断转换
单一的、原子论的	由网络构成、动态的
无情境关联	依赖情境
客观性的	独特的、建构的
相互间分离	契合在一起
理性关联与结构化	在经验中建立关联
几何论据	诗意的创造

由上表可以看出，经典观点与动态观点不同，两者主要区别为前者是单维静态的，后者是多维动态的；前者强调区别，后者强调关联；前者是纯客

---

① 小威廉姆·多尔，诺·高夫.课程愿景 [M].张文军，张华，余洁，等译.北京：教育科学出版社,2004: 309.

观的，后者是主客观的统一，追求诗意审美的境界。

　　知识的不断更新，决定了课程内容与结构的流动不定。固定不变的课程内容与结构是不现实的，课程内容的确定与课程结构的设置，应从实现课程的综合取向、多维目标出发，而不应过分强调课程的独立完整性和稳定性。

（二）从学生能力的多面性与核心性的辩证关系的角度处理课程的丰富性与简练性之间的矛盾

　　学生的个性发展应该体现为能力的多面性与核心性的辩证统一。在社会各学科分工愈细密且彼此交叉、渗透的现代社会，在高校本科阶段培养出通才是不现实的，但专门人才的培养，却也需要以通识教育作为基础。高校教育主要为学生个性发展提供具有潜在的多向度的宽阔平台，大学毕业生是社会与高校之间实现交换的最直接的物质形式，因此对于一所大学而言，它应该向大学生提供尽可能多的课程。从理论上说，理想的大学是社会需要什么，它便能提供什么，但从实际来看，这是不现实的。的确，高校不能解决社会所要解决的所有问题，但它应该具有解决这些问题的潜在可能性，这是高校课程强调基础教学的一个重要原因。一个"以不变应万变"的东西是不存在的，但是具有相对稳定性的原则仍是应该坚持的。作为一所研究型大学和世界一流的大学，哈佛大学的学生一半是从事工程和自然科学的，而另一半是学习人文科学的，如历史、文学、经济、法律、宗教、艺术等。它的第二十六任校长陆登庭认为，"大学并不是专门为学生的就业做准备，而应该为学生的一生和进一步学习做准备。一个在未来社会具有发展潜力和竞争力的学生，必须具有宽广的知识面，专业知识和交叉学科的知识"。北京大学所提出的通识教育，或者说"十六字方针"，即"加强基础、淡化专业、因材施教、分流培养"，具体明晰，符合"在低年级实行通识教育，在高年级实行宽口径专业教育，同时实行选课学分制和弹性学分制"的教改理念。西安交通大学构建了"基础宽厚，专业支柱坚实，专业方向灵活"，集知识、能力、素质协调发展为一体"的人才培养模式。上述例子都说明了这个问题。而其中一些研究型大学尤其重视学生基础与能力的培养。比如，包括哈佛大学在内的美国研究型大学本科课程以重视基础为特点，就课程计划而言，重心较低，专门化教育比重不大。课程教育强调双基，重视基础知识、基本技能与能力。美国研究型大学仍然坚持本科课程重在基础的特点，同时根据现实问题和发展需要调整本科课程和结构。麻省理工学院的研究报告指出，本科课程仍需坚持重在基础、"越少反而越多"的原则。课程改革需要系统设计，动态评估与调整，使课程有增有减、有分有合，加强探究性学习，避免课程过度膨胀导致学生负担过重，同时结合教学方式方法的改革完善课程的整体性。

（三）坚持以知识的有效迁移作为课程设计原则

1. 知识有效迁移的现实性与意义

在多维目标、综合取向的课程观念中，知识虽然是重要的，但不是至上的，知识是否具有价值体现为其是否能进行有效迁移，或者具有有效迁移的潜在性。下面这个观点是可以成为共识的："在与知识的相遇中，人不能控制知识，知识就将控制人，人就成为知识的奴隶。"然而在当今的教育中，知识、考试、文凭起着统治作用，知识是目的，是中心，这就是知识专制。后现代主义者米歇尔·福科认为，知识与权力是一体的，纠结并存的。西塞罗也说"教者的权威常常阻碍要学的人"。事实上，传统教学一直在有意无意地维护着知识的至上权威，信奉"知识就是力量"一类的信条，维护着"认知压倒一切"的"真理"，因而也就有了课程单一认知目标的"合理性"。课程目标的唯知识论使高校课堂教学出现"权力化"和"设计化"倾向。高校课堂教学中的"权力化"又为课堂教学的"设计化"提供了温床。由于知识的客观化、外在化、强制化等方面的原因，这种"设计化"教学往往使受教育者丧失了主动认识知识的警觉性、灵活性和创造性，这样就容易沦落为迷信书本和权威，缺乏反思批判精神和创新变革意识的"知识收纳器"，严重地影响了高校学生创新能力的培养和提高。

随着信息时代的迅猛发展，后工业社会悄然来临，人们已经开始怀疑"知识是权力、能力的象征"。在当今社会，能在竞争中立于不败之地的往往是那些敢于创新、敢于挑战自己，敢冒风险、执着追求事业而百折不挠的人。后工业社会信息浪潮带给未来教育强烈的震荡，社会需要有血有肉、有情有义、胸怀大志、敢担责任、勇挑重担、迎接时代挑战时代的先锋，需要积极进取、开拓创新、孜孜以求、快乐学习、执着追求的大学生，需要具有竞争意识、效率意识、法律意识和国际意识的时代英雄，"高分低能儿"和"情感冷漠儿"将被时代所淘汰。传统单一的认知性课程目标在新时代已明显表现出滞后性、局限性和不适应性。

课程具有传递文化、传递人类文明、传递人类劳动和智慧的一切成果和结晶的功能。随着科学技术的飞速发展，知识的总量每年都以几何级数增加，人们形象地称之为"知识膨胀"。知识是教育活动的一种核心要素，知识膨胀现象迫使高校课程对知识进行有效的选择，同时再一次印证了早在19世纪英国哲学家斯宾塞提出的"什么知识最有价值"的命题的有效性。然而，关于什么是知识、什么才是好的知识的假设对于教学及教学材料的设计都有深刻的影响。诸如客观测试、说教模式和相互隔离的教室中的整齐的桌椅排列等在学校中的存续，都面临着激烈而又持久的批评，其中最尖锐的批评来自教育共同体内部。

今天的教育是为明天做准备，因此课程的知识结构在一定程度上必须超越时空的局限，引导学生适应未来的发展和面临的挑战，这就要求课程知识结构具有超前性。另外，知识的发展也是一个新陈代谢的过程，新知识是在对旧知识进行"扬弃"的基础上产生的，陈旧知识之间必然存在着联系，因此知识之间必须保持连续性的特征。除此之外，作为课程的知识，还应该具有局限性特征，因为如果知识容量过大，就会加重学生负担，造成师生片面追求知识，难以兼顾能力价值、品格价值与方法价值的实现。正如"吾生也有涯，而知也无涯。以有涯随无涯，殆已"，因此打破学科之间的壁垒，整合课程内容，调整课程结构是课程改革首要的任务。

2. 建立合理有效的课程知识结构

对于任何一个人来说，知识是有层次的，而且是各不相同的。如何判定知识的有效性，这是首先要考虑的问题。一般来说，那些迁移价值最大的知识是最有价值或最具有效用的，包括知识的基本规律、基本原理、基本技能。美国学者布鲁纳提出，应通过让学生学习知识中的"结构"来达到获得知识最大迁移的目的。在这里，所谓"知识结构"就是知识中最具有效用的内容。从某种意义上说，课程的基本问题就是对知识的效用问题做出回答，对"教什么"和"学什么"做出选择。因此，在选择高等教育课程内容时，应该多选择具有较高迁移价值的知识，尽量减少课程中那些迁移价值小的内容，增强课程内容与学生生活、社会进步和科技发展的联系，使知识教育贴近现实、走近生活，改变过于注重传授现成知识的现象，注重加强学生对其他知识的掌握，使知识真正成为学生的知识，而非学科的知识。在构建课程的知识结构时，还必须把握知识结构的目的性、广泛性、纵向性、综合性、动态性、超前性、连续性、局限性等特征。

目的性始终是人们建立知识结构的基本尺度。不同类型的学校，不同学科和专业需要建立不同层次的课程知识结构，课程知识结构不仅要有利于学生形成合理的知识结构，而且要有利于学生形成合理的能力结构、品格结构和方法结构。知识价值、能力价值、品格价值和方法价值应成为课程设置、教材编写的价值追求。

课程知识结构的广泛性是指学科设置广泛及学科内容的丰富性。丰富的知识能有效地扩展学生的"信息圈"。人的知识范围制约着人的思想及其所能涉足的领域，课程内容丰富或贫乏直接影响学生的发展，具有广泛性的课程知识结构能为学生向各个领域的发展奠定一定的基础。

课程知识的纵向性是指沿着特定专业深化其知识结构。纵向深化是在重视学科的基础性的前提下向学科前沿深化。

综合性课程即课程的知识结构内部相互渗透、彼此贯通，使知识摆脱孤立状态。19 世纪之后的各学科在高度分化的过程中，又走向高度综合，横断学科、边缘学科、综合学科的发展所产生的新学科日益增多，使传统的学科失去了原有的界限，科学发展的趋势要求人们具有综合性的知识结构。据有关方面预测，21 世纪的美国大学，其专业将走向综合化。

世界发展的无限性决定了知识结构的动态性。正如黑格尔指出的那样，在知识领域里，我们看见许多在从前为精神成熟的人们所追求的知识，现在已经降低为儿童的知识、儿童的练习，甚至成了儿童的游戏，因此我们必须以动态的观点看待课程。课程动态性的指向不仅在于现实，而且在于未来。正如"当面对课程时，我们不再只是把它当作一种结论性的、已在的等学生占有的'知识'，而是把它看作一个属于人的世界：它有过去，还有未来；是'结论'，也是'理由'；是智慧，也是精神；是已经存在的，也是'暗示'；可能只是某一个方面的道理，又昭示着一个完整的世界；是'做事'的道理，也是'做人'的道理；是明白的，又是等待理解的……"

总之，社会、个体、知识三者综合的课程价值观要求课程知识的经典性与丰富性的统一、课程结构的相对稳定性与恒在动态性的统一、课程与社会之间相对独立性与恒在调适性的统一，让个体充分发展，在"主体间性"实现的前提下，促进社会的和谐发展。

三、改革课程实施方法，提高学生综合素质

课程实施是将课程计划付诸实践的过程，它是实现预期目标的一条基本途径，是教育教学目标得以实现的重要保证。课程实施是课程管理的内容之一，下文还将论及，这里先谈课程实施过程中的态度与方法。

英国著名物理学家 J.D. 贝尔纳在 1938 年写的《科学的社会功能》中对

教学提出了一些改革措施，比如改革教学方法，该方法指出讲课制度必须削减并加以改革，应扩大辅导和学术讨论小组；要在极早阶段就采用科研方法；恢复比较原始的师傅带徒弟的教学制度；重视科学与文化的联系等。这些六七十年前的强调学生的学习主体性与实践性特点的看法，对当今改革课程实施仍有启迪意义。

在课程实施中，除了制订合理的课程计划之外，最重要的便是如何实施计划。作为课程实施基本途径的课程教学，它的重要性是毋庸置疑的。高校教师已经认识到师生之间互动与对话的重要性，但真正施行起来，却未免走样。问题的主要症结在于没有认真思考教师与学生在对话中的地位如何，预期的目标是什么，通过何种互动才能有效地达到这种预期目标。由于这些问题未能解决，因此师生间的互动多处于低级简单的层次。

（一）重视学生作为主体参与的意义

首先，要重视学生作为主体参与的重要意义。不同于传统课程论的静态视角，现代课程论将课程视为实现学生发展的动态场，课程一旦发生，就是一个动态的过程。理解、沟通、主体参与、互动等因素构成课程形态。学生的主体参与居于核心地位，是理解的内在动力，是沟通与互动的基础。

其次，师生关系应建立在平等、民主与自由的基础上。这就要求教师放弃外在性权威，努力形成以知识素养与人格魅力为内容，以与人为善、和蔼可亲为外部特征的内在性权威，与学生平等相待，这样才能形成有利于学生主体参与的人际关系氛围。自由意味着权力与责任，学生是具有独立人格的课程主体，他们应该有自主性参与课程的权利。学生的责任感往往是在他们自主性活动中培养起来的，同时学生在课程运行中要主体参与就必须有一定的自主权，也必须承担一定的责任。

最后，正因为教学中要体现师生之间的平等，充分尊重学生的自由，所以有学者强调"交往"或"对话"在教学中的作用，甚至将"交往"视为教学的本质。交往是对传统的"教师中心论"和"学生中心论"，以及当下的"学生特殊客体论"和"主导主体论"的超越。交往所强调的是师生双方的主体性，从哲学上看，它是对双方人格独立性的尊重。从实践上看，双方互为前提、互相提高，通过交往，重建人道的、和谐的、民主的、平等的师生关系，形成"学习共同体"。当然，强调师生交往并不意味着可以削弱乃至放弃教师在价值引导上的神圣职责，而是通过教师的引导让学生建立和完善其自主性建构。

（二）教师在教学中的角色定位

教师在课程与学生之间处于这样一个位置：是课程知识的传播者，但不是其奴隶；是学生的导师，但非主宰者。倡导主体参与，可以保证教师的第二个位置，但它只是实现了课程既定的目标而已。让教师以极大的热忱投入课程实践，还必须保证教师的第一个位置，这对教师这个教的主体的解放意义重大。从某种意义上说，只有实现教师的解放，才能实现学生的解放。

在传统的教学论概念系统中，"课程"被理解为规范性的教学内容，而这种规范性的教学内容是按学科编制的，故"课程"又被界定为学科或各门学科的总和。这就意味着，"课程"只是政府和学科专家关注的事，教师无权更改课程，也无须思考课程问题，教师的任务是教学，课程和教学成为两个彼此分离的领域，两者机械地、单向地、线性地发生关系。这样，课程不断走向孤立、走向封闭、走向萎缩，走向繁、难、偏、旧，而教学也不断变得死板、机械、沉闷，师生的生命力、主体性不可能得到充分发挥。

当课程由"专制"走向民主，由封闭走向开放，由专家走向教师，由学科走向学生的时候，其就不只体现为教学计划、教学大纲、教科书，而是能够让教师与学生实实在在地体验到的课程，即课程不再只是特定知识的载体，而是教师和学生共同探求新知的过程。教师和学生是课程的有机构成部分并成为相互作用的主体，教师不是孤立于课程之外的，是课程的创造者，和主体学生一样，是课程的有机构成部分，是课程的创造者和主体。

学生与教师共同参与课程开发的过程，这样教学就不只是忠实地实施课程计划方案的过程，更是课程创生与开发的过程，教学过程成为课程内容持续生成与转化的过程，成为课程意义不断建构与提升的过程。这样，教学与课程相互转化、相互促进，彼此有机地融为一体，课程也由此变成一种动态的、生长性的"生态系统"和完整的文化，这意味着课程观的重大变革。在这种背景下，教学改革才能真正进入教育的内核，成为课程改革与发展的能动力量，成为教师与学生追寻主体性、获得解放与自由的过程。这正是新一轮课程改革所呼唤的教学改革。

相对于基础教育，高校课程内容及实施有两个不同点：第一，不少教师，同时是学科专家，对课程把握和处理能做到高屋建瓴、举重若轻，对课程具有较突出的能动作用，在一定程度上拥有课程修订的发言权；第二，高校的课程更偏向于学科，课程知识更为密集。

上述高校课程的特点对于课程实施其实是利弊兼容的。从第一点出发，由于教师兼有学术专长，在课程调整上比较灵活，而且能做到科学合理，但他们可能并不考虑全局，不顾整体安排，对课程内容的取舍仅凭个人喜好，非常随意，不能很好地实现课程目标。近年来，专业课程学时数大量缩减，学生不满的声音很高，即与此有关。从第二点出发，高校课程知识更新快，然而高校教师最易将自己定位为知识的权威，课程成为灌输知识的过程，这也导致教学手段、教学方法得不到根本改进。或者尽管有人试图有所改进，然而只是向中学教学看齐，使高校课堂成为中学课堂的翻版，缺乏高校课程应有的学理。

要改变这种现状，当然要从根本之处做起，如在多元化、多维度、和谐的课程体系下，优化课程知识结构，改"多多益善"为以"少少许胜多多许"。从课程实施的角度来说，高校教师尤其需要对自己进行合理的定位。高校教师无疑应该成为或努力成为学科专家或权威，但这只是教师身份后面的隐性背景。在课程实施中，教师是"师生共同学习体"中处于引导地位的一方，应该判断或者知道如何判断知识的正误，并引导学生去判断，在对话与交往中，让学生完成其主体性建构。其实在知识更新、信息传播迅猛的时代，教师未必尽为权威。教师对知识权威角色的自认阻碍了师生之间的平等交往，有时不只如此，为了维护权威，有的教师甚至把明明是错误的东西当作真理。要淡化"学高为师"这一类角色话语，更多一些"我们一起来研究"，"我想听听你们的意见"这一类话语。

总之，课程的实施从创新意识的角度看实际包括两层意思，即教师教的创新与学生学的创新。唯其如此，课程教学才有朝气，才能生动活泼。

四、完善课程决策，改进课程管理

课程决策有两个含义：从决策层面看，课程决策是在一定社会秩序和教育范围内，为了调整课程权力的不同需要，调控课程运行的目标和方式而制定的纲领和准则，其本质是解决"由谁来决定我们的课程"或课程权力的分配问题，其载体是课程计划、课程标准和教科书。这种决策既可以来自国家政府部门，也可以来自学校或其他单位，因此有人将其类型分成"国家课程决策""分散课程决策"和"民主化课程决策"三种模式。这种决策一旦形成便具有一定的强制性，因而也被称为"课程政策"。从决策的实施来看，课程决策是指人们为实现一定的课程目标，在掌握一定的信息和经验的基础上，根据客观条件与实施的可能性，用科学的理论和方法，系统地分析主客观条件，提出各种预选方案，并从中选出作为人们行动纲领的最佳方案付诸实施。课程决策主要包括确定课程的目标，确定课程内容、教材、学习活动的执行模式、学习方式，确定评价学习结果的标准、方式和程序，以及确定组织形式、时间和空间等。

我国课程政策经历了不断摸索、逐步改善的过程。20世纪50年代学习苏联，国家有高度集中的统一课程标准，课程的改革、编订和实施，均由中央政府发布一系列指令性文件。改革开放以来，特别是近些年来，我国的课程政策有了很大发展和变化：以前指令性的国家课程文件，今天已变成指导性文件；以前中央独揽课程决策权的局面，今天基本被打破，地方和学校、教师和家长参与课程决策的形势已见端倪并深入发展，课程管理体制开始发生本质性改变。

由于课程政策牵涉到社会的进步及每一个人的发展，因此做好课程决策是一个非常重要的问题。

纵观当前高校课程决策，决策主要出自政府与高校，身处高校的教师在一定程度上拥有决策权，而学生与家长及社会则通常处于失语状态，因此从根本上说，决策各方并没有进行平等的对话。课程设置在遵从政府指令的前提下，如何综合学校、师生、社会各方的意见，使课程决策机制进一步完善，仍有很大的思考空间。

（一）充分调动广大教师参与课程决策的积极性

教师是课程的直接实施者，对课程决策具有充分的发言权，因此管理部门应该保证教师能够作为主导成员参与学校的课程决策，让他们充分认识到教师所应关注的不只是"怎么教必须教的"，更应关注"怎么教应当教的"。但目前的情况并非全然如此，主要表现在以下几个方面：第一，教师通常缺乏课程决策的意识，上面怎样说，自己怎样做；第二，教师参与课程决策的程度非常有限；第三，教师缺乏参与课程决策所需要的知识储备，常以自己所教课程为本位，缺乏全面通观的眼光。

要改变这种局面，除了对教师宣传参与课程决策的重要性之外，还必须就新课程观对教师进行培训。高校非师范类、非教育类专业课教师很少自主探讨"新课程理念与创新"方面的理论，教学管理部门也很少组织这方面的培训。其实，高校教师同样有一个终身教育的问题，这种终身教育应包括教育理论的学习与实践能力的提高。在高校教师评价体系失衡的现实下，如重科研、轻教学，这方面的教育显然不为教师自己所重视，管理部门也未能从根本上解决问题，这是一个很严重的问题。学校与学生对教师教学的评价，似乎唯一的就是针对课堂教学的评价。诚然，在课程实施过程中的课堂教学涉及教师教学理念有无创新等问题，但这种评价在既定的课程范围内展开，见首不见尾，看不出教师对整个课程的总体把握，更看不出教师对课程建设有何积极的作为。因此，管理部门更应该让教师树立全新的课程理念，激发其参与课程决策的热情，提高其参与课程决策的能力。

在新的课程设置中，专业课程的学时大量缩减，教师抵触情绪较大，对教学内容任意取舍的现象非常普遍。如果教师真正认识到了课程改革的必要性，克服预定角色的自我本位思想，认真参与课程建设，上述弊病是可以得到解决的。

教师参与课程决策，可采用群体审议的方式，坚持民主与集中相统一的原则。

（二）让学生与社会在课程决策中具有发言权

为社会培养合格人才是高等教育的一个重要目标，课程决策要体现更多的民主，就应该让社会与学生拥有足够的发言权。

我们知道，绝大多数大学生在进入高校之前，并不了解自己所要学习的专业课程，更不了解课程知识，常出现学非所愿的情况。虽然进入高校试读之后，还有重新选择专业的机会，但这样的机会并不是每一个想要改选专业的学生都能拥有的。探究其中的根源，乃在于处于高墙内的高校与社会的隔膜太大。高校应该打开大门，让社会对高校的办学理念、政策措施、专业及课程设置等拥有更多的知情权和参与权，并主动地与学生、社会之间建立良好的互动，了解与研究社会、学生之所需，多方听取意见，避免课程决策中的失误。

此外，民主化的课程决策应在课程实施过程中让其保持足够的弹性空间。比如，除必修课外，学生应该有更多的自由选择课程的权利，即使是必修课，也应该在一定制度的保障下，允许学生有选择地采用自行修习、接受考核的方式。

（三）实行多层级、协调统一的课程管理

课程政策或课程决策与课程管理是两个既有联系又有区别的概念。两者都涉及课程设置权利如何分享的问题，因此有人将两者混为一谈，但课程政策表现为较为宏观的指导或指令，课程管理主要体现为既定课程的管理。就整个课程领域来说，课程管理的主要环节有三个方面：课程编制、课程实施

和课程评价。美国学者斯塔克制作了一个课程管理功能矩阵（表5-3），可供参考。

表5-3　美国学者斯塔克的课程管理功能矩阵

管理者	课程编制	课程实施	课程评价
	目的、内容、结构	学习者、资源、过程	评价、调整
	A	B	C
系主任	使该领域跟上发展趋势；设计培养方案和单门课程；负责描述并向校内外传递这些信息	为教学配备教职员；激励教职工的工作；了解学生；提供经费和各种支持；选择教学材料；确定教学原则和方法	监控学生的学业进步；监控课程计划的实施进度；测定学分值；测定投入产出比；改进课程；向院长汇报
	D	E	F
学院院长	使各个培养方案的目标相互联系起来，将培养方案目标与学院发展战略联系起来；协调各个培养方案的结构；描述各个培养方案	为培养方案配备教职员，搜集学生方面的数据；分配经费，提供各种材料、服务、教学资源等	在下述方面搜集可比较的资料和数据：教职员、学生、培养方案、经费、编制过程；支持对课程进行的改进；向分管校长汇报
	G	H	I
分管教学的副校长	制订并检查学校的发展规划；将各培养方案与学校发展规划联系起来；制订以学校为单位的课程计划；向学校内外传递学校发展战略的信息；进行市场调查	为学校和系配备教职员；分配经费；监督公共关系和招生事宜；提供各种中农信的服务；筹集并不断增加资金	搜集有关各系和各学院方面的可比较的资料和数据；支持新的培养方案的编制；改进现有培养方案；向校长和主办者汇报

表5-3明确了高校各层次的管理者在课程管理上的职责，可以说责任分明，操作性极强。上述功能主要突出了课程管理过程中如何实施的问题，其中也提到学校发展战略，具有宏观的眼光。当然学校发展战略与课程价值观念是息息相关的，宏观的战略目标具体体现在课程价值的把握与理解上。科学的课程管理仍在于突出课程的价值，课程的价值是课程管理的灵魂。

第三节　基于产教融合的应用型高校课程改革

一、产教融合理念对应用型高校课程改革的影响

产教融合对高校课程改革和建设有着深远的影响。高校的课程改革必须抓住这千载难逢的机遇，顺势而为、超前谋划，主动适应经济形势和市场需

要。应用型高校课程建设必须改变现有课程教学模式，无论是教学内容还是教学方式都需要进行一次重大的变革。

产教融合推动课程改革，产教融合倒逼课程建设。应用型高校人才培养的核心内容是人才培养方案、理念和专业课程设计，教学内容必须从"理论课堂"走进"实践课堂"。激发学生的学习兴趣是教学方法改革的起始点，通过调动学生学习兴趣进而提高学生的认知兴趣、探究兴趣和职业兴趣。产教融合是应用型高校持续发展的合理选择，当前应用型高校课程建设与改革必须着力解决教育与产业融合关系的问题，找到各自的需求点。应用型高校培养高素质高技能人才，要面向企业一线，面向经济社会发展，把高等职业教育和行业需求紧密结合起来，从而推动应用型高校专业设置、培养方案、课程标准、教学方式与生产实践对接。课程改革关系着应用型高校转型发展，关系着高等职业教育特色的彰显度。

二、应用型高校课程改革的创新思路

（一）从"学术为先"到"实践为要"

尽管"学术为先"现象的存在有其历史因素，但从现实层面上看，培养计划不切实际，教学过程因循守旧，教育理念落后等是这一现象不断蔓延的推手。传统的教学质量观与考评机制过度关注课程教学的形式和学术成就，与学生和社会的实际需求缺乏关联。所以由"学术为先"带来的产教融合氛围中的"不和谐因素"应在实践创新中予以解决。

"一朝受教育，终身受用"的时代已经过去，职业化、专业化教育是由传统教育向创新教育迈进的体现，通过"实践创新"，合理配置理论教学与实践教学的比例，在课程教育中引入新型教研思想和教研内容，将产教融合、系统育人的教育思想寓于课程建设之中。

良好的创新创业环境是课程建设的基石。具体而言，产教融合视域下，应用型高校在课程建设中要抓好实践和创新这两大课程改革的引擎。实践性是课程改革的出发点，是课程改革中的关键点，创新是课程改革的目标，是最核心的因素。课程建设的重点是基于实践、为了实践、在实践中学习，课程目标应为掌握实践技能，课程内容应来源于实践，课程实施应在实践中，课程评价要以实践操作为标准。在课程教学中要做到因材施教，传授的知识要更加切合实际，能将创新创业、企业文化、工匠精神等融合到教学体系中，使其更加符合时代发展的要求。

（二）从"囿于课堂"到"开放办学"

"教书育人"自始至终是教师的基本职责。"教书育人"不应该"囿于课堂"，不能走教条主义、经验主义的路，新修订的《中华人民共和国高等教育法》增加了高等教育必须贯彻"为人民服务"的教学理念，强调"为谁培养人"和"社会责任感"，是对新时期职业教育思想和职业教育课程建设提出的新要求。应用型高校需要"开放办学"，课程建设必须"服务社会"。一是高校课程要瞄准市场、找好定位。课程的教学内容、教学过程要与时代接轨，课程标准和课程目标要渗透产教融合新理念，让产教融合成为职业教育的主流教育形态。[①] 同时，借鉴欧美等发达国家职业教育成功的经验，如美国的社区学院、德国的"双元制"、日本的"企业教育"等。二是做好企业的后盾，发挥企业作为职业教育主体的作用，实现真正意义上的产教融合。校企合作，企业的参与是关键，只有发挥企业的主体作用才能做好职业教育的一切工作。"开放办学"是应用型高校办学的思路，课程改革建设需要策应这一目标，一流的产业需要的是一流的技术技能人才，一流的人才更需要一流的职业院校，一流的职业院校离不开一流的课程。教育之本在于育人，育人的目的是服务社会经济的发展，应用型高校应该加快专业调整和课程改革，健全和完善产教融合体系，切实提升其服务经济社会发展的能力。

（三）从"预警清单"到"多元评价"

课程目标需要明确的是课程教学内容与社会经济和产业布局之间的协同关系，这一关系最终体现为高校开设专业与服务市场的吻合度。近年来，教育部每年根据高校专业就业情况发出"预警清单"，对高校开设专业发出"绿牌""黄牌"和"红牌"提示。"预警清单"机制对于盲目招生带来的潜在后果给予警示，发挥着一定的市场调节作用。但是"预警清单"来源于就业统计部门单方面的提示，对高校招生专业和社会大众并未起到很好的制约作用，招生专业和就业需求之间并不存在完全正向的关系，有时甚至是负向关系。要解决这一问题可以从课程建设入手，以调整课程设置促进专业与市场的有效对接，更好地适应和满足行业的需求。

针对课程内容与产业需求配置不合理的实际情况，高校应建立多元化的评教评课机制，采用多元化评价方法检验课程教学的效果，力求评价理念、

① 李政. 职业教育的产教融合：障碍及其消解 [J]. 中国高教研究，2018(9): 87-92.

评价方法和技术手段多元化。通过课程教学前的诊断性评价、课程教学中的形成性评价和课程教学后的总结性评价，评价课程的设置是否符合产业的需求，评价课程的内容是否跟得上时代发展的节奏，评价课程教学的成果是否得到产业的认证。通过多元化的评价手段，一是让课程建设达到"授人以鱼，不如授人以渔"的宗旨，二是促进不同的学习对象、不同性质的生源通过学习达到预期的人才培养效果，为社会所用。

（四）从"校企合作"到"产教融合"

校企合作架起了高校和企业之间的桥梁，开创了职业教育的新纪元，这一做法已经进行多年，对推动职业教育的发展起到了一定的作用，但在具体的实施过程中存在着合作单一、内容不实、经费投入不足等许多问题。合作双方往往是高校一头热，高校为了实现高技能人才培养目标，积极向企业靠拢，主动寻求与企业的联合，合作的主体是高校，是一种单主体的单向过程。因此，校企双方对合作的路径和内涵认识不准确，缺乏沟通，更没有建立政府主导的项目配套措施，未形成管理的长效机制和约束机制，企业出于对自身利益的考虑对合作缺乏动力和热情，参与度不高，没有制订出科学合理的校企合作方案。尤其是在课程建设上，无论是课程内容、课程设置还是课程实践，校企之间没能实现真正意义上的有效对接。

产教融合的教育理念在校企合作的基础上把职业教育教学改革思想推向了一个新的制高点，强调发挥行业对教育教学工作的指导作用，突出企业办学的主体作用，强调对接行业企业推进课程建设。这种先进的教学理念贯穿新时期职业教育教学工作的各个层面，实现了真正意义上的课程、教学、生产的一体化。在生产实践中教学，在教学过程中生产，课程置于生产过程中，在生产中改进课程教学方法，生产和课程教学密不可分。产教融合把行业企业和高等院校有机地连接在一起，相互合作、相互依存、共同发展，这是一种相向而行、取长补短、双向发力、双向整合的过程，各自发挥着主体的作用，通过课程体系建设把产业和教育组成一个利益共同体，实现真正意义上的产教融合。

三、基于产教融合的应用型高校课程改革的具体策略

（一）加快课程改革步伐

课程内容直接关系到学生的成长与成才，关系到学生今后的发展方向和

人生目标。在课程改革过程中，应用型高校必须打破旧的"围墙"，课程设置必须从"围城"中走出来，走向大市场，聚焦国家战略和地方经济社会发展需求。一是抓好优势学科、特色专业和精品课程建设。精品就是质量，特色就是竞争力，课程建设是高校提高质量的基础，要进一步做好课程改革工作，打造一批在全国有影响力的应用型精品课程。二是推动课程与产业深度融合，增强校企协同意识、包容意识，树立前瞻性理念、变革性思维，整合教学资源，打造高水平、高质量的课程结构平台。三是高校内部加快破除课程应用中的制度性障碍，深化高校课程管理机制改革，下大力气解决好课程建设中实践性环节的问题，认真做好调查研究，彻底打通课程转化通道，激发教师投身于课程改革的积极性、主动性和创造性。与此同时，高校一定要强化职业技能教育和职业素养教育，教学中应坚持摒弃和淘汰"水课"，努力打造适应时代经济发展的"金牌"课程，激励学生走"想学""爱学"到"努力学"的道路。

在全面推进课程改革的过程中，高校应全面摒弃注入式教学，全面推进启发式、探究式、案例式等教学方法，以提高课程质量为中心，减少课程数量，整合教学内容，力争做到教学过程与生产进程相衔接，打造精品优质课程，建立专业核心课程群，同时要借助互联网和融媒体平台，着力打造门类齐全、线上线下和社会实践等多门类的精品课程和卓越课程，更好地服务课堂、服务学生、服务社会。

（二）严把课程教学标准

加快发展职业教育不仅体现在学生数量的增加上，更体现在学生质量的提高上，而学生质量提高的关键是严把职业教育的课程教学标准关口，课程教学的质量和标准体现在强化应用型高校的校企合作层面上。在认真调研的基础上，由行业、企业、学校等多方面共同研究制定课程标准，同时进行科学的市场论证，不得带有主观性、随意性，课程标准要体现实用性、实践性、先进性和职业性。

当前，应用型高校需要通过校企合作，将企业的先进技术融入课程教学标准，课程标准要坚持滚动修改的动态原则，保证科学、合理、规范。课程教学标准必须跟上区域经济发展和产业结构调整的步伐，为此，应从几个方面着手解决：首先，加快产教融合的步伐，校企合作向纵深方向推进，课程标准对接行业、企业标准；其次，支持鼓励高校教师到生产一线去培训、去学习，尤其对于专业核心课程的中青年教师，必须明确每年下企业培训的时间和任务，课程教学可以由理论教学能力较强的教师和一部分具有实践经验的企业师傅共同完成，一课双师、分工协作，在实践中共同制定或修订符合实际的课程标准，完成课程教学任务；最后，加强校企深度合作，建立多主体职业教育共同体人才培养模式，打造一批校企共建的教师培养培训基地，学校和企业之间通过双向交流机制共同制定相关核心课程的教学标准。

（三）优化课程教学内容

课程教学内容要坚持需求导向、超前布局的理念，坚持问题导向，主动适应国家经济结构战略调整。教学内容应结合不同专业要求、不同培养对象确定，并在教学中不断完善、不断发展。2019 年教育部等四部门发布的《关于在院校实施"学历证书＋若干职业技能等级证书"制度试点方案》是对应用型高校课程教学改革的一次革命，1+X 证书制度为应用型人才培养指引了方向。高校应动员现有教师主动对接行业前沿，同时利用自己的特长广泛开设各类选修课。学生可以根据自己的学习需要和技能证书的要求自主选课。学校支持学生根据取得的各类证书等级和类别免修部分课程或折合相应的学分，让证书等级在课程中实现合理认定和转换。

在课程教学内容改革上，高校要主动对接国家宏观政策，开展 1+X 证书试点工作，一方面，应用型高校课程标准与技能证书考核大纲对应，重视学生的职业技能培训工作；另一方面，鼓励学生在获得学历证书的同时，积极取得职业技能等级证书。为此，应用型高校要在教学内容和课程设置上进行优化调整。高校应出台相应的管理办法做好技能证书学分的认定工作，教学工作方案要主动与行业、企业对接，培养既有学历证书又有技能证书的复合型高技能应用型人才。

（四）创新课程管理机制

应用型高校课程改革的首要任务是解决当前课程教学中存在的诸多问题，着力破除体制机制障碍。关于课程管理机制应从以下几方面寻求改革突破，创新发展。一是在思想观念上寻求融合。课程建设要集中广大教师的智慧，主动适应市场，借鉴国内外的先进做法，强化顶层设计，出台实施方案、扶持政策，提高课程建设的品质。二是在创新机制中寻求融合。课程改革要坚持创新发展，打破各种壁垒，扬长避短，发挥各自的优势，按照改革创新发展的要求，充分调动高校和企业的积极性，打造一专多能的师资队伍；三是在课程要素中寻求融合。高校要坚持硬件软件两手抓、两手硬，以长远发展的观点把产教融合纳入应用型高校的课程建设，以一流的标准规划课程建设，同时要以产教融合和课程改革为契机，在机构编制、设备装置、师资建设、资金扶持等方面给予帮助，拓宽引才渠道、加大激励机制，鼓励优秀人才加入课程建设。

（五）构建课程评价体系

课程建设要打破过去传统的评价体系，构建科学合理的新体系，进一步发挥课程评价新体系对传统教学行为不端的遏制作用。为此，高校应重点做好以下四个方面的工作：一是设立重大攻关课程建设课题，深入研究并建构课程内容新评价体系；二是应用型高校要加大课程改革的力度，学习兄弟院校在课程改革中好的做法，对照国家职业教育评价的综合指标，创办国家级"优质校"；三是加强教师综合素质培养，只有高素质的教师队伍才有高超的教育能力，才会孕育产生新的教学内容、教学方法，并达到预期效果；四是注重产教融合，高校作为产教融合的大课堂，把产教融合建设过程纳入职业教育评价体系。此外，高校和科研院所要建立一支专门队伍，定期采集课程教学数据，并认真分析评判，在综合评价的基础上对课程教学标准和内容进行适时调整，同时对不合格的课程建立退出机制。

产教融合视域下，应用型高校课程改革与建设是一个巨大的系统工程，任重而道远，应用型高校要以错位发展和特色发展实现高水平办学。[1] 在课程改革过程中，坚持职业教育为人民服务的宗旨，培养具有社会责任感的技能型人才，思路要开阔，思想要解放，研究要透彻，工作要细致。政府、企业和高校必须在政策、资金、人才等多方面加大对课程改革的支持力度。

---

[1]　陈锋. 深化产教融合：重构高教与职教融合发展新业态——产教融合：深化与演化的路径 [J]. 中国高等教育 , 2018(13): 13-16.

第六章　高校教学管理改革

第一节　高校教学管理及其改革的相关理论

一、高校教学管理相关理论

高校培养人才的任务主要是通过教学过程完成的。教学过程是一种有计划、有目的的组织活动，教学管理是使教学过程顺利实施的基本保障，教学管理的好坏直接关系教学质量的好坏。在创新教育的背景下，教学管理对人才培养质量的影响是前所未有的。

（一）高校教学管理的概念

高校的教学管理是指高校根据一定的目标、原则对整个教学工作进行的调节和控制，从而保证教学工作有序、有效进行，以顺利实现培养德、智、体全面发展的人才的预定目标。

教学管理职能可归纳为 20 个字：决策、规划，组织、指导，控制、协调，评估、激励，研究、创新。它们之间相互交叉、相互联系，是一个有机的整体。教学管理部门既是行政管理部门，又是学术研究部门，因此教学管理的改革必须以教学管理研究和教育研究为基础。开展教学管理和教育研究是教学管理人员的重要任务之一，研究工作要结合中国国情，遵循教育规律。

教学管理的基本任务是研究教学及其管理规律，改进教学管理工作，提高教学管理水平；建立稳定的教学秩序，保证教学工作正常运行；研究并组织实施教学改革；努力调动教师和学生教与学的积极性。教学管理的基本内容包含以下几个方面。

1. 教学计划管理

教学计划是学校保证教学质量和人才培养规格、组织教学过程、安排教学任务、确定教学编制的基本依据。教学计划是在教育部宏观指导下，由各校组织专家自主制订的，既要符合教学规律，保持一定的稳定性，又要不断根据社会、经济和科学技术的新发展，适时地进行调整和修订。教学计划一经确定，必须认真组织实施。

确定专业培养目标是制订教学计划的前提条件，必须遵循国家教育方针和"教育要面向现代化，面向世界，面向未来"的指导思想，依据国家制定的人才培养目标，结合学校实际，体现对学生德、智、体等方面的全面要求，体现不同层次、不同学校的培养特色。教学计划的内容一般包括专业培养目标、基本要求与专业方向，修业年限，课程设置（含课程性质、类型、学时或学分分配、教学方式、开课时间、实践环节安排等）。

2. 教学运行管理

在教学管理中，教学运行管理是按教学计划实施的对教学活动的管理，包括对以教师为主导、以学生为主体、师生相互配合的教学过程的组织管理和以校、院教学管理部门为主体进行的教学行政管理。教学运行管理的基本特点是全校协同、上下协调，严格执行教学规范和各项制度，保持教学工作稳定进行，保证教学质量，包括课程教学大纲的制定、课程教学环节的组织管理。课程讲授是教学的基本形式。教学管理人员的日常教学管理，包括制定并严格执行教学计划，制定年度或学期的运行表、课表、考试运行表，保证全校教学秩序稳定，对这三项重要表格文件的执行情况要有管理制度和检查办法，执行结果要记录在案。在实施过程中，教学管理人员要经常了解教学信息，严格控制对教学进度和课表变更的审批，及时处理执行过程中出现的问题或事故。教学管理还涉及学籍管理，其基本内容包括对学生的入学资格、在校学习情况及毕业资格的检查、考核与管理，学校应制定本校的学籍管理办法，并建立学籍档案，在日常学籍管理中应重点管好成绩卡和学籍卡，做到完整、准确、规范、及时。

3. 教学质量管理与评价

教学管理的最终目的是保证和提高教学质量。高校要不断改善影响学校教学质量的内部因素（教师、学生、条件、管理等）和外部因素（方针、政策、体制等），并通过科学地评价分析教学质量，建立通畅的信息反馈网络，从而营造并维护良好的育人环境，达到最佳教学效果。教学工作评价是宏观调控教学工作的重要手段。学校教学工作评价一般包括校、院教学工作评价，专业、课程和各项教学基本建设评价，教师教学质量和学生学习质量评价等。高校要重视教学基本信息的收集，教学信息主要包括新生入学基本情况、学生学习和考试情况、毕业生质量调查结果等，高校应定期采集主要教学信息并进行统计分析，同时要发挥教学信息管理系统和学生教学信息员在教学评价中的作用。

4. 教学基本建设管理

教学基本建设包括学科建设、专业建设、课程建设、教材建设、实践教学基地建设、学风建设、教学队伍建设、管理制度建设等。它们是保证教学质量最重要的基础性建设，应以学校发展目标和总体规划为依据，统筹安排，精心组织，扎扎实实地坚持下去。在每项基本建设中要不断提出改革措施，以创造稳定、良好的教学环境。在学科和专业建设方面，要科学规划学校的学科和专业结构体系；要拓宽本科专业口径、扩大专业基础，主干学科或主要学科基础相同的专业应尽可能合并，增强学生适应性；要稳定并提高基础学科水平，形成基础与应用学科的互补；要重视发展应用学科和专业，培养复合型人才，更新传统学科及专业。

了解教学管理的基本内容和作用，搞好教学管理，开展教学管理及教育研究，是所有教学管理人员、教育研究人员及教师的共同任务。在学习与研究过程中，要从中国国情、教育科学的规律与特性出发，紧密结合教育及教学管理的实际，不断改进研究方法。

（二）高校教学管理的主要特点

教学管理在高校管理中具有举足轻重的地位和不可替代的作用。教学管理是高校工作的重要组成部分，是有效连接教与学过程中各个环节的纽带和桥梁，高效、有序、科学的教学管理是发展学生学习积极性的前提和保障。高校的教学管理特点具体表现在以下几个方面。

1. 整体性

按照教育部的规定，高校教学管理分为教学计划管理、教学运行管理、教学质量管理与评价、教学基本建设管理、教学管理组织系统、教学管理与教育研究六个方面，共 41 个要点。每一个方面和每一个要点都不是孤立的，而是相互关联、相互影响的，每一个要点的变化发展都会对其他的要点产生或大或小的影响。教学管理效益不是从单个要点中体现出来的，而是各个方面协调综合作用的结果，归根结底体现在人才培养的质量上。高校教学管理既不是哪一位领导的事情，也不是哪一个部门的事情，需要高校方方面面的协调配合才能做好。

2. 动态性

教学管理过程是管理者、教师和学生三方面相互交流的过程，人的因素在这个过程中起着至关重要的作用。管理是多种功能的交织，在管理中，人、物、信息、时间、空间等都是在不断变化的，它们的相互关系也是不断变化的。因此，高校要根据管理对象和情况的变化及时做出相应的调整，以保证教学管理目标的顺利实现。

3. 学术性

教学管理不仅仅是一般的行政管理，而是兼有学术管理和行政管理双重职能的一门科学，是一门需要长期的学习和实践才能掌握的学问。教学管理主要是对智力活动的管理，管理的目的是培养人才，管理起来必须以专业知识为中介，按客观规律科学地运作，不能仅凭经验照章办事。教学管理要求管理者具备一定的专业知识和达到一定的专业水准，懂得教育规律，具有先进的教育管理思想和较强的管理专业意识，具备对教育本身不断了解和感悟的能力，有改革创新精神，能够准确全面地和教师、学生沟通。教学管理既是管理，也是一种学术，需要不断研究，在管理中研究，研究是为了提高管理水平。

4. 导向性

教学管理是一种有目的的管理与教育活动，从某种意义上说，教学管理就是高校办学思想和育人思想的体现。教学管理的思想、内容、规章制度、行为等都对教师的教和学生的学起直接的导向作用。管理出效益，科学规范的教学管理能促进教学水平和人才培养质量的提高，反之，如果管理没抓好，教学和人才培养就必然出现混乱，甚至严重影响办学效益和办学信誉。

5. 民主性

在高校的教学管理中，教师和学生既是管理对象，又是管理主体。他们都从事学术性很强的教学、研究和学习，而这些是精神生产，主要靠自己独立钻研和思考，高校的教学目标不仅要靠教师去实施，也要靠学生自觉自主地学习。所以，充分调动教师和学生的积极性，充分尊重他们，让他们参与教学决策、参与教学管理，随时注意听取他们的意见，有利于集思广益，避免失误，提高教学管理的效益。

6. 服务性

教学工作始终是高校的中心工作，高校的教学管理既是管理也是服务，即服务于教学和人才培养工作。教师和学生既是管理对象，也是服务对象，教学管理工作者所做的一切工作说到底就是为了教师教好和学生学好。从这个意义上说，教学管理更多的含义是服务，而且是主动服务。只讲管理，不讲服务，很容易挫伤教师教学和学生学习的积极性和主动性。

二、高校教学管理改革近况

近年来，高校积极探索教学管理改革措施，探索内容涉及教学管理内容、教学管理改革模式、跨世纪人才培养现代化新模式，以及提高学生的素质教育等方面。下面仅就部分内容略做综述。

（一）面向 21 世纪的高等教育教学改革

步入 21 世纪，和平与发展成为当今世界的两大主题。无论是发达国家还是发展中国家都把发展经济、提高综合国力作为当务之急，国际竞争日趋激烈。国际经济竞争、科技竞争，乃至综合国力的竞争，实质上是科技和人才的竞争，归根结底是教育的竞争。在这场激烈的竞争中，教育，尤其是高等教育扮演着特殊的角色。今天的高校已经完全走出昔日的"象牙之塔"，走向社会生活的中心舞台，正成为经济腾飞的"发动机"。社会经济发展对高等教育的影响，高等教育对社会经济发展的参与和作用比以往任何时候都更为强烈和直接。高等教育在社会经济发展中的特殊地位和作用使高等教育面临新的机遇和挑战，这也正是世界各国政府普遍关注高等教育及其改革的根本原因所在。

教育环境的变化、教育观点的调整必然推动高校教育教学的重大变革。

回顾我国高等教育发展的历程，不难看出，我国原有的高等教育体系是在高度集中的计划经济体制下形成和发展起来的，基本上满足了当时社会发展与建设的需要，为我国社会主义建设事业做出了重大贡献。中国共产党第十一届中央委员会第三次全体会议以后，我国高等教育有了很大的发展，改革不断深入。然而，随着我国改革开放事业的不断推进和经济体制改革的日益深入，我国原有的高等教育体系与市场经济体制的建立和社会经济发展的需要不相适应，这主要表现在以下几个方面：高等教育体制改革相对滞后于经济体制改革的步伐，教育思想与教育观念与时代要求不相适应，教学内容、教学方法、教学手段与 21 世纪人才培养的要求不相适应，师资队伍建设跟不上改革开放和跨世纪人才培养的要求，经费的投入与高等教育事业的发展和要求存在着较大的差距，等等。特别是进入 21 世纪以来，国家经济体制和经济增长方式的转变更是要求高等教育从办学模式、管理体制、投资体制、招生和毕业生就业制度到人才培养模式、专业设置、教学内容和方法以及高校的教学管理等都做出相应的、更为深刻的变革。

21 世纪的到来也给高等教育教学质量提出了更高的要求。近年来，我国高等教育界进行了两项非常重大的改革：一是管理体制改革，二是高校扩招。目前，管理体制改革已经取得重大成果，高校的合并组建等工作已经基本结束，内部管理尤其是教学管理问题将成为今后一段时间高校工作的核心内容。改革教学管理，实现教学管理的科学化、民主化、法治化是提高教学质量的重要环节。原来的教学管理多是过程管理，在运作上多是单一的行政式的管理模式，不利于调动学校、院系以及教师的积极性，难以办出自己的特色。自 20 世纪 80 年代中期以来，许多学校借鉴和吸收国外的先进经验，从各校的实际出发，进行各种教学评估试验，收到了比较好的效果，并取得了有益的经验。随后开展的高校合格评估、办学水平评估和选优评估等各项教育教学评估工作在高校引起了强烈反响，促使各类高校开始重新审视自己的教学工作，在更高层次上认识并加强教学管理，提高教育质量。

（二）高校教学管理改革的切入点

当前高校教学管理改革的切入点主要有以下几个方面。

（1）找准学校定位，明确办学思想。21 世纪初中国高校发展的一个重要特点是学校重新分化、整合和定位，学校个性和特色逐步形成，品牌竞争意识增强。学校领导者在实施学校管理中必须找准学校的发展定位，只有准确定位才能发挥高校的传统优势，办出学校的特色和水平；也只有明确定位才能使教育教学管理的要求切合实际，符合人才培养规律。

（2）以专业教学计划修订为主线调整专业结构和人才培养模式，不断完善教育过程的总体设计。我国高校专业教学计划大多经历了从学年制教学计划向学分制教学计划的过渡，还经历了从强调课程体系的整体优化，到重视整个教学过程，包括整个教学环节的优化，再到整个教育过程的系统设计和优化，从而实施全面素质教育的人才培养计划。

（3）进一步完善学分制，逐步过渡到实行完全的学分制。推行学分制对深化教学改革、拓展教育国际化空间具有十分积极的作用。

（4）以构建基础教学平台为重点，加强课程建设、教材建设、网络课件建设等。

（5）以考试方法改革和实践教学环节建设为切入点，推动教师教学方法和教育观念的改革，培养学生创新能力，提高其综合素质。

（6）发挥教师和学生在教学管理中的作用，建立健全教学质量监督、评估制度，健全质量保障体系，全面提高教学质量。

（7）实施"新世纪教育质量工程"，加强师资队伍建设，形成"名师资、名课程、名专业、名管理"的特色。

（8）加强文化素质教育，建设人文化校园环境，重视人文化校园对学生道德熏陶的潜移默化的作用。

第二节 以学分制为中心的高校教学管理改革策略

是否实行学分制与一个国家的国情和高校的类型、性质有很大的关系。教学制度要依据不同类型学校的办学目标、性质、任务和实际条件而定，如医科专业的对应性强，专业转移的跨度小，故学生选课通常没有多少选择余地。就实践来看，实行学分制或学年制并非决定教育成效的主要因素。例如，哈佛大学采用学分制后，教育质量并未因此而下降。从我国高校的性质看，有的属于多科性的综合性高校或研究性高校，有的是单科性的学院或专科学校。前者学科门类多，有组织跨学科教学的条件，可以培养宽厚型、复合型的人才；后者学科相对比较单一，适合培养专业技术或动手能力强的实用性人才。有的高校科研力量雄厚，形成了教学、科研"两个中心"；有的学校则以教学为主，科研全无或比较少。从办学条件看，各校之间存在着师资力量、生源质量、设施条件、教学经费充裕程度以及管理水平等方面的差异。

实践表明，那些学科比较齐全、师资力量比较雄厚、生源质量好、学生潜力较大、设施条件（图书资料、实验仪器设备、教室校园场地等）较好、教学经费比较充裕、管理水平较高的高校更适合采用学分制管理教学。有专家认为，学分制虽比学年制在教育管理上和人才培养过程中有更多的优越性，但这并不意味着所有高校都要"齐步走"。一般来讲，两类学校不宜实行学分制：一类是军事院校；另一类是以培养实践动手能力为主，行业针对性强的高校。

针对我国高校存在的问题，我们提出下列改革对策。

首先，汲取国外经验，构建新模式指导思想，如图6-1所示。

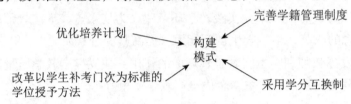

图6-1　构建模式指导思想

其次，进行权责重构如图6-2所示。

再次，整体规划、计划、协调、检查、监督、评估。

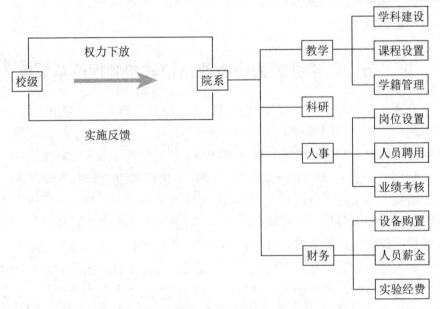

图6-2　校—院二级模式示意图

最后，改进模式，如图 6-3 所示。

单向灌输式课堂教学　⟶　现代网络化、多媒体教学

封闭式校园教育　⟶　开放式网络化教育

单一的全日制教育　⟶　多层次、多形式、多规格的教育

学年制、学分学年制　⟶　完全的学分制和弹性学制

手工的定性单项管理　⟶　网络化的定量综合科学管理

图 6-3　网络环境下的完全学分制的新模式

一、提高思想认识，全面了解学分制

转变教育观念是教育改革的先导。有学者认为："中国学分制的建成，根本问题不在于学分的计算，不在于作为教学管理操作实施程序的设计，而在于对教育指导思想和教育哲学中深层问题的重新审视。创设中国学分制，首先是教育思想和观念的理性变革。"

（一）加大宣传力度

推行学分制的高校应使广大教师、学生、教学管理人员以及职工明确推行学分制的目的、意义和学分制的操作方式与要求等，了解高校推行学分制是一个循序渐进的过程，不能急于求成，为学分制的顺利推行做好充分的思想准备。只有全校师生、员工上下一条心，尽量克服学分制的不足之处，使其优点得以充分发挥，才能使学分制得以顺利推行。除此之外，如果条件允许，学校应该向每一位学生发放详细的选课指南，指南中除了明确该专业的必修课程和总学分外，还应该对任课教师的基本情况、各课程的选修资格、教学内容、对学生要求、考核方法、参考书籍等都做简单明了的介绍。有些课程由多名教师同时开设，则指南应对每个教师所授课程的侧重点与研究内容加以简单陈述，以方便学生选择。

（二）转变教育观念

推行学分制，从学校领导到教师都必须转变教育观念，确立统一的指

导思想和工作目标，展开教育思想大讨论等，为学分制的推行奠定思想基础，提高全校师生的积极性。部分师生由于对为什么要推行学分制和怎样推行学分制缺乏正确而全面的了解，因而缺乏正确的思想观念基础，特别是有的教师因为自身知识及能力有限，担心开不出受学生欢迎的课程，不愿意推行学分制，并对此产生抵触情绪；有的领导怕推行学分制扰乱正常的教学秩序，因怕麻烦而在推行学分制过程中缩手缩脚；等等。因此，高校领导和教师要加强学习和宣传工作，按照联合国教科文组织提出的"国家和高等院校的决策者应把学生及其需要作为关心的重点"的要求转变教育观念。各级领导和全体教师应树立"育人为本""以学生为主体"的教育观，树立"知识、能力、素质协调发展"的质量观以及"人才多样化、人人能成才"的人才观，引导学生自尊、自信、自强、自立，实现学生全面素质的提高。在推行学分制的过程中会出现一些问题，但只要指导思想明确，就能将教育思想与观念的转变作为一种动力，学分制的优势和长处定能得到充分体现。

（三）及时强化学生的观念

大学生由高中进入大学，对高校的培养模式并不了解，所以学校应及时向他们宣传学分制，使他们积极主动、自觉地学习，努力树立"四学"，即"学会认知、学会做事、学会共同生活、学会生存"的观念，树立"自主成才"的理念，实现学习观、成才观的转变，使学生走出应试教育模式下形成的被动而非能动、竹筒式而非探索性创新性学习的心理定式。

二、制订科学灵活的培养计划，优化课程体系

培养计划是全面反映学校教育观和人才观的教学规划，其灵活性（弹性）体现了学分制的特点，其系统性和科学性是人才培养质量的保证，既灵活又系统科学的培养计划是学分制成功实施的基础。当今科技发展十分迅速，社会竞争亦很激烈，高校培养出来的学生只有具有扎实的专业基础、宽广的知识面、良好的素质、较强的能力等，才能适应社会发展的需求。培养计划的科学灵活与否在很大程度上反映在课程体系上，课程体系的设计与更新是高校改革的永恒课题。学分制下的课程体系应该注意课程结构的开放性、课程内容的现代化、课程形式的多样化、课程目标的社会化等，既保证学生个性发展和综合素质的提高，又保证学科专业知识结构的完整与系统。

教学内容改革的指导思想是增设专业课，要结合专业的发展现状和研

究前沿开设一些新颖的课程，专业课的内容必须加快更新；降低最低修课学分，引入时间性教学内容和跨专业课程内容，减轻学生过重的学习负担；将科研训练纳入教学内容，设立本科生科研学分；在条件成熟的情况下校际资源共享，取长补短，为学生提供更多更好的学习内容。

（一）构建科学的课程体系结构

高校课程体系的构建应遵循"厚基础、宽专业、重实践、强能力、求创新、高素质"的指导思想，打破各门学科自成门户的壁垒，建立以公共课、学科基础课、专业课为主线，以实践课、素质教育课横向交叉衔接的课程体系结构，实现跨学科、跨专业的有机结合，为学生个性的发展和创新能力的培养打下基础。例如，中国海洋大学的本科课程均按照本科通识教育、学科基础教育、专业知识教育、工作技能教育四个层面和理论性课程模块（指以传授已有知识为主的课程组）、研究性课程模块（指以介绍研究方法、探索未知问题为主的课程组）、创业性课程模块（指以培养创业实用技能为主的课程组）设置。

（二）增加选修课数量，提高选修课质量

一所学校推行学分制成功与否很重要的一点是能否开设选修课，能否开设高质量的、前沿的课。复旦大学设想把四年制的总学分控制在140分以内，五年制控制在180分以内，预计5年内课程总量达3 000门；在三年行动计划中，学校还推出了"五个一百"计划：开100门精品课程、开100门精品讲座、文科学生读100本书、3年100万创新活动基金、3年100万暑期社会实践基金。走在我国高校推行学分制改革前列的复旦大学在课程改革方面的举措与经验是其他高校可资借鉴的。

（三）加强文理基础课程建设

根据国外著名大学的经验，学生前两年的学习大多是不分专业的。学生必须在人文、社会、自然科学三大领域中各选修一定的学分才能毕业，不能专选其中的某一领域，在经过两年的基础教育之后，方可根据自己的兴趣和爱好选择某一专业领域进行学习。我国应该借鉴这种经验，加强文理基础课程建设。

文科学生认为自身的科学素养方面的知识较缺乏，而理科学生则认为自身人文素养方面的知识较缺乏，因此学校可以相应地开设文理科学生所需的

基础选修课程，使大学生的知识结构文理渗透，提高大学生的综合素质。

我国高校的师生普遍认为目前人文社会科学知识、方法论及研究法、心理卫生与心理健康、公民教育及诸如礼仪社交等基本技能方面的教育较为缺乏。因此，高校可以依据学生所缺乏的、迫切需要的来开设文化、科技、艺术、社会方面的课程，如演讲与口才、大学生自我形象设计、中国历史与文化、古代诗歌鉴赏、研究方法导论、当代国际时事热点透视、生理卫生与心理健康、公民道德教育等，这样不仅可以提高学生的学习积极性，对活跃校园学习氛围、加强学生的艺术修养、培养学生高尚的思想境界和健康的审美情趣也有重要作用。例如，上海交通大学在文科类专业开设了大学物理、化学概论、数学等理科的课程，而在理科类专业开设了专业外语、计算机文化等文科课程。因此，如果真正要使学生"宽口径、厚基础"，提高学生综合素质，融合科学精神和人文精神，则在文科类专业开设理科选修课、在理科类专业开设文科选修课是一个很好的途径。

（四）扩大学生专业选择的自主权

目前我国推行学分制的高校由于种种客观原因，对学生选择专业限制严格。学校应该采取各种办法不断提高可以自由选择专业的学生的比例，扩大学生专业选择的自主权，最大限度地体现学分制的优越性。例如，有的学校建立了学业与毕业专业识别确认制，即在学生入校后不分专业，学生在导师的指导下自由选课，在学习的过程中，学校依据每个学生的选课情况，定时提醒学生学习偏向于何种专业，然后学生可以根据意见调整自己的选课，到毕业时，学校根据学生所有的课程修习情况，来决定学生的专业和学位授予类别。

（五）设立创新学分或社会实践学分

推行学分制的高校可设立创新学分或社会实践学分，如有的高校明确规定本科学生在4年时间里必须获取8学分的创新学分或实践学分才准予毕业。鼓励学生积极参与校园创新活动、校园创业活动、校园科研活动等，可以培养他们的创新能力和探索能力。因为大学生在社会实践中，要充当不同的社会角色，与社会各种类型的单位或个人进行广泛的接触并开展活动，也会遇到各种各样的困难，因此他们可以不断地修改、补充、深化自己的认识，并进行自我设计、自我调整和自我完善。社会实践有利于培养大学生的生活自理能力、社交公关能力、事业设计能力和自主创业能力等。

三、加强师资队伍建设

（一）教师要更新教学观念

学分制的推行，对师资结构和教师的知识结构都提出了新的要求，要将过去"教师教什么，学生学什么"的状况转变为"学生学什么，教师教什么"，要从过去的"一人一课、循环复始"转为学分制下的"一人多课、多人一课"。现在很多教师认为本科生的课容易上，有本教材就可以了，殊不知教材不是写给教师看的，而是写给学生看的。教师要上好课，仅一本教材远远不够，还要钻研大量的文献和论文，搜集许多教材以外的资料，特别是关于本学科前沿的有关资料。实行学分制后，学生能够自主选择课程，教师的教学水平肯定是学生选课的一个主要原因，如果教师不加强学习，那么自己开设的课程就不受欢迎，自身的价值也就得不到体现。因此，教师应该转变传统的教学观念，努力提高自身素养。

（二）教师要有应变能力

高校推行学分制后，课程的开设会很大程度考虑学生的要求，虽然学生不选一门课程并不代表这门课程不好，但如果没有学生选，这门课程的开设也就没有意义了。这就要求教师有应变能力，及时吸收外界信息，获取前沿知识，使自己的知识广博，增强应变能力，尽可能地开出新课，而不至于被淘汰。

（三）教师要有宣传意识

教师对于自己开设的课程，在保证课程具有较强的理论价值或实用价值的前提下，要学会自己宣传。当前，北京师范大学的教师采取挂牌上课制，这种挂牌本身就是一种宣传，既包括把该门课程的教学内容宣传给学生，也包括把授课教师的专长宣传给学生，以让学生对所授课程感兴趣，吸引学生来听课。因此，教师应具有宣传意识。为了吸引更多的学生来听课，教师除了不断地提高教学质量以外，还可以利用学生赶时髦的心态，对课程进行包装，如对于那些课程名称听上去比较陈旧、选课人数不多的课程，授课教师在获取相关部门批准的情况下，可更换一个有吸引力的课程名称，然后利用正当的、合法的手段加以宣传，以吸引更多的学生。当然，宣传只是一种向学生推销自己所开设课程的辅助手段，关键还是要提高自身素养，讲究教学艺术，把高质量、前沿的知识传授给学生。

（四）加强师资培训

加强学分制的师资队伍建设，一是学校要研究和制定相关政策、制度和措施，鼓励教师通过自我学习或进修培养等方式提高知识水平和教学水平；二是进一步完善教师考核聘任制度，修改教师教学工作量计算方法，在多劳多得的基础上，实行优质优酬；三是采取措施引进素质全面、能开出高质量课程的优秀教师；四是通过加强院校之间的协作，实现教师资源共享，减轻师资条件不足的压力。高校应针对不同年龄、不同学历层次的教师采取不同的培训措施。在培训对象方面，在普遍提高的基础上，应对师德高尚、业务能力强、有发展潜力的青年骨干教师进行有重点、有针对性的培养，力争培养出一批学术骨干，为学科建设服务；在培训内容方面，既要重视思想政治教育，又要重视业务水平的提高；在培训形式方面，可以开办助教进修班、骨干教师研讨班，也可以开设各类函授班、研修班等，还可以公派出国、自费出国进修等。例如，江西财经大学出台了"首席教授遴选办法"，江西农业大学出台了"校聘特殊岗位教授选聘办法"，华中农业大学出台了"国家杰出青年科学基金候选人培养办法"，华中科技大学基本上瞄准教育部、人事部高层次人才培养目标来培养学校的优秀教师。

（五）制定相应的政策和制度，调动教师积极性

高校要想充分挖掘现有教师队伍的潜力，促进教师一专多能、积极开拓新的相关学科领域，促使教师多开课、开好课，就必须制定相应的政策和制度，建立有效的教师竞争机制和激励机制，来调动教师的积极性。例如，可以制定一系列调动教师积极性，鼓励教师自我学习、自我提高以提高教师知识水平和教学水平的政策与制度，鼓励教师多开课、开好课；可以设立奖励基金，支持鼓励教师特别是青年教师开展科研工作、著书立说、编写教材、发表论文等；可以在教师职务评聘中实行教学考核一票否决制，保证教学质量的不断提高；还可以将选修课开设的数量列为晋升职称、年终考核评优的重要参考指标；完善以岗位津贴为主体的分配激励机制，增加投入，合理拉开收入分配差距，实现多劳多得，优劳优酬等。

学分制条件下要上证有足够数量的教师，从而开出足够数量的课程，一条最有效的途径便是采取有效措施吸引优秀的硕士、博士研究生来充实师资队伍。另外，可以通过加强院、校际协作，实现教师资源共享，减轻师资条件不足的压力，保证学分制有厚实的选课基础。除此之外，还可以聘请兄弟

院校的优秀教师以及社会各界知名人士和科研工作者到本校授课。

四、建立和完善教学管理保障体系

随着学分制的建立，学生的自由度增加，班级的界限模糊，这给学生选课管理工作带来了难度。为解决这一问题，学校应处理好以下几个问题。一是加强对学生选课的指导，避免学生不顾自己的实际情况和课程体系的特点多选、误选、漏选，避免随大流、跟风走等现象出现。二是建立完善的选课制度，聘任一定数量政治思想素质好、学术水平高的教师担任导师，对学生的学习进行指导。三是加强学生思想政治工作。学分制对学生学习过程的约束力减小，学习过程全靠学生自己，容易造成学习松懈、纪律松弛，影响教学目标的实现。四是加强学生生活管理。实施弹性学分制后，学生管理体系和后勤服务体系也将变得相对复杂，因此要完善学生管理体系和后勤服务体系，保障学生学习生活的正常进行，这在前面章节也有所论述。关于如何筹资，我们在这里不再详细论述。这其实也是和高校发展与培养学生密切相关的一个环节，也是一个值得研究的课题，有待我们去研究。

（一）建立和完善计算机综合教务管理系统

计算机综合教务管理系统是先进的管理理念与现代技术手段高度融合的产物，它是以本科生教务管理为主，面向学校多个部门（教务处、财务处、学工部等）和多类用户（校领导、管理人员、教师、学生等）服务的综合信息系统，对招生、注册、收费、学籍、教学计划、排课、选课、成绩、毕业审查等全校的教务信息集中管理，实现全校信息共享，为全体师生员工提供更加便利的服务：各级管理人员、教师、学生可以随时查询所需信息，提高了管理水平和工作效率，能为学分制的实施提供技术支持和强有力的保障，在教学管理上做到"活而不乱、管而不死"。

（二）建立选课指导体系和网络管理下的学生选课系统

为保证学生有较大的选课和选教自主权，在学生入学时高校就要对新生进行弹性学分制管理的宣传和教育，结合实例着重讲清主要内容，将学生管理制度、标准、要求、处理程序等汇编成册，印发给学生。其内容包括以下几点：一是建立规范有序的选课流程，使学生方便地自主选择不同档次和类别的课程，尽量减少烦琐环节；二是建立切实可行的选课制，如教师 - 学生双向选择方式和个人选择方式相结合；三是建立学分制的实施条例，使学生真正自主选择学习时间和安排学习进程；四是建立弹性学分制下的学籍管理制度，在遵守国家相关法律法规并贯彻教育部的有关文件精神的基础上，结合本校教学管理工作的实际实事求是，宽严适度。学分制下，学生在校期间修业年限、延长学制的情况、退学、转学、休学、复学等变动日益频繁，如何保留入学资格，安排毕业时间都是目前的现实问题，给学籍管理带来很大的工作量。因此，学校对选课、选教、考试、重修、成绩、学籍、毕业提前或延期等各个环节都要制定明确的实施细则，提高教学管理的科学化、规范化水平，以充分发挥学分制的优越性，以调动教师和学生的积极性、主动性和创造性。高校必须采用现代化的管理手段，引进或研制基于先进管理理念和现代信息技术手段的网络学分制管理系统。这种系统基于校园网络环境，以目前先进、流行的大型数据库系统为基础，建立网络化学分制教学管理信息系统，以信息化手段改变了传统的教学计划管理、学籍管理、选课管理、成绩管理、师资管理、教材管理方式，使教学管理与学校的管理系统相结合，实现资源共享，为学生和教师提供更加便利的服务，从而提高管理和服务效率。特别是学分制教学管理信息系统要公开学生的学习和毕业资格信息、课程和教学内容信息，使学生有目的、有计划地进行自主选课和自主设计学习。

（三）提高教学管理人员的业务能力和管理水平

一支精干的、训练有素的教学管理队伍是学分制顺利运行的重要力量。虽然"双肩挑"干部已成为大学的独有群体，但其管理能力常为人们所忽视，有较高的学术水平并不表示有较高的管理水平。因此，针对教学管理人员需做如下工作：一是要加强对教学管理人员的培训，使他们既懂得管理理论，还要掌握教育规律，只有把理论与实践结合起来才能有效推动学分制的不断深化；二是要培养教育管理人员的计算机水平，使其熟练操作综合教务管理系统，才不至于延误工作；三是要增强教务管理人员的服务意识、主体意识。学分制实施后，教学管理人员面临着学生管理难度和工作量剧增的局面，只有树立高度的责任感和服务意识，才能把工作做好。只有从"软件"和"硬件"两方面双管齐下，才能保证高校教学管理高效有序地运行。

五、建立严格的教学质量监控系统和适当的淘汰制

学分制要在灵活的过程管理下达到高的质量标准，取得好的教学效果，就必须实行严格的目标管理和目标控制，建立严格的教学质量监控和评价系

统。美国早年在实行学分制的过程中曾出现了学生选课避难就易，重量不重质的问题，结果导致学生学到的知识支离破碎。为此，美国高等教育界做了不少改革。我国在学分制的实施过程中也不可避免地遇到了同样的麻烦：多数学生选修易获得学分的课程，根本不考虑知识结构的系统性和完整性。有的学生花大量的时间打听哪位教师的课容易过关，有的学生甚至为了获得学分不择手段，这些不良现象使同学关系、师生关系趋向世俗化和功利化，并走上不健康的发展轨道。因此，建立严格的教学质量监控系统和适当的淘汰制，是高校顺利推行学分制的重要保证。

（一）加快考试改革

学分制的推行应以素质教育为本，以培养创新型人才为目标，加快考试改革，使考试制度规范化、考试内容多元化、考试形式和题型多样化、成绩构成多样化、成绩评定科学化。具体措施如下：①制定严格的考试纪律，加强考场的监督管理，杜绝考试作弊现象；②建立试题库，实行教考分离，监考人员由学校考试中心统一安排；③试卷密封，组织同教研室人员流水阅卷，避免印象分、人情分等现象的发生；④建立试卷质量分析评价体系，以高水平的考试调动教与学两方面的积极性，不断提高教学水平；⑤鼓励采用无标准答案考试、质疑式的面试口试、论文报告式的研究性考试等灵活多样的考核方式，科学全面地评价学生的综合素质和创新能力；⑥取消补考制度，凡考试不及格的课程，由学生自愿报名重修或重选其他课程；⑦平时严格考查，使成绩构成多样化。

（二）完善教学质量反馈系统

高校应采取多种方式定期收集教学信息，并进行有效的分析和反馈，如定期开展毕业生培养质量调查，建立教学信息员制度、领导干部听课制度、教学定期和不定期检查制度、教学工作例会制度、教学研究活动制度等，及时了解和掌握、分析和处理教学信息，逐步完善学分制的教学质量保障体系。这对不断深化教学改革、严格规范教学管理将起到积极的促进作用。

（三）建立教师教学质量评价体系

评价的本质目的不是甄别教师，而是沟通师生、改进教学，从而优化教学过程，提高教学质量。在制定评价指标时，既要考虑教学内容的科学性和前沿性、教学方法和手段的先进性，也要考虑教师的教学态度和受教育者的感受；在评价办法上，要逐步形成学生评价、同行评价、领导评价、专家评价的评价过程相互独立，但评价的结果又相互结合的体系。

（四）适当实行淘汰制

学分制的宗旨之一就是鼓励竞争，而竞争的结果就是优胜劣汰，从某种意义上讲，学分制为淘汰制提供客观依据，而体现"优胜劣汰"精神的淘汰制则赋予学分制以动力，两者相辅相成、相得益彰。淘汰制注重形成一种竞争机制，调动学生的积极性，而不在于淘汰几个人，被淘汰者可以继续学习，仍给予机会参与第二轮竞争。国外高校实行淘汰制已有多年的历史，基本特点是宽进严出，采用较高的淘汰率，如法国、德国在大学一、二年级要淘汰一半以上，美国接近一半。可见，淘汰制是世界性的高校管理制度，结合我国国情，适当采用淘汰制势在必行。

六、坚持教育渠道的多层面

学分制是对德育的"挑战"，适当学分制下，学校要以一种新的视角构建学生思想政治教育的新概念。为预防学生思想政治教育弱化趋势，应通过各种渠道不断培养学生的自主精神，强化学生自主意识，增强学生的集体荣誉感。

（一）充分发挥导师制的作用

本科生导师制是伴随着学分制而出现的，是实施学分制的一个重要配套制度，它对更好地对学生实施因材施教、实施素质教育、实现本科生的培养目标起到了积极的推进作用。导师在学生教育的过程中扮演着重要的角色，学分制下的导师不等同于学年制下的班主任或指导员，也不完全是专门指导学生学习的教师和专家，而是各种角色的复合体。导师应该为人师表，以身作则，全面关心学生的思想、学习和生活情况，全程为学生提供思想引导、学习辅导、心理疏导、成才向导和生活指导。其中，对学生进行思想政治和道德教育应是导师的首要任务。

（二）加强学生社团活动和校园文化建设

学生社团是具有较强影响力和广泛群众基础的组织，各种社团为大学生提供了挖掘多方面潜能、施展才华的天地。高校应该加强学生社团活动，组织学生积极参加丰富多彩的社团活动，如合唱团、乐团、话剧协会、绘画协会、书法、诗歌协会、摄影社、集邮协会、记者协会及文艺沙龙等，以锻炼学生能力、提高学生的修养；又如，举办文化艺术节和举办各种类型的知识讲座、论坛、演讲等，引导学生自觉地生发出积极向上的精神追求，培养学生的创新、竞争与合作精神及能力，拓展学生的素质。

校园文化是高校文化生活的一扇窗口，具有鲜明的时代特色。营造具有浓厚艺术人文气息的校园氛围，是对大学生进行人文教育的有效途径，对培养大学生高尚的道德情操、坚强的生活意志起着潜移默化的作用。高校要注重校园文化建设，把文化艺术教育渗透到校园的每一个角落，如搞好校园净化、绿化、美化，在教学楼、公寓、食堂、运动场等公共场所建立艺术走廊、树立格言牌等，可以赏心悦目、陶冶情操。

（三）加强学生的自我管理和自我教育能力

学生的自我管理和自我教育是学校思想政治教育取得实效的主要途径，也是思想政治教育要实现的目标之一。首先，学校可以在"两课"中渗透关于如何提高学生自我管理和自我教育能力的内容；其次，可以利用讲座、论坛等专题形式来帮助学生提高自我管理能力；最后，学校应大力支持学生创立自己的社团组织，如文学社、舞蹈队、书画协会等，鼓励学生自己策划、组织和管理，让学生在自己创建的组织中接受教育，提高自我管理和自我教育的能力。

（四）模仿导师制建立"导生制"

高校可以每年挑选一些品学兼优的学生担任"导生"，"导生"可以结合自己的实际经验，为新生提供生活、学习和思想上的指导，这不仅拓展了德育的思路，同时给新生树立了学习的好榜样，还为这些"导生"提供了锻炼组织能力和活动能力的舞台。

（五）引入电脑网络教育

校园网络可以为学生提供各种有益的知识信息，但网络上各种色情暴力、封建迷信、反动思潮等公害也对大学生的世界观、人生观、价值观带来负面影响，因此如何抢占网络这块德育阵地至关重要。高校可以借鉴清华大学在互联网上自主创办的以"宗马列之说、承毛邓之学、怀寰宇之心、砺报国之志"为宗旨的红色网站。高校创建专门的思想政治教育网站或网页正成为德育的新手段、新途径。

除此以外，高校可建立心理咨询中心、思想政治教育中心、就业指导中心、勤工助学中心，帮助学生解决各种实际问题；建立大学、家庭、社区之间的稳定的联系机制，发挥教育影响的整体作用，提高高校德育的实效性。

我国要在大学生问题咨询方面采用新的模式，在高校建立大学生服务中心，从事公益活动，向大学生提供免费的社会咨询，如心理咨询、转校咨询、专业咨询、学习咨询、法律咨询、外国学生问题咨询等。

总之，对学生的教育要"两课"教育与专业课教育相结合，课内教育与课外教育相结合，理论教育与实践教育相结合，显性教育与隐性教育相结合，构筑多层面、立体化的教育渠道，形成思想教育丰富多彩的生动局面。

七、改善学分制的外部实施环境和配套条件

（一）扩大高校办学自主权

政府对高校的领导和管理是高校发展的根本保证，问题的关键在于政府对高校如何管理。学分制的实施是一项系统工程，要求有灵活的教育管理体制为之提供政策或制度上的保障，要求高校具有相应的办学自主权。所以，应淡化政府和教育主管部门对高校的行政干预，给予高校更大的办学自主权，允许高校在自主招生、自主设置专业、自主进行教学管理、自主聘任教师等方面有更大的自主空间。

（二）加快人事分配、毕业生就业等配套制度的改革

我国应加快人事分配、毕业生就业等配套制度的改革，积极培育和完善人才市场，使学生修满学分后，只要用人单位愿意接收，即可由学校派遣；使提前修满学分的学生确实能提前毕业、及时就业，充分发挥学分制的优越性。

（三）加大教学投入，改善硬件设施

学分制的实施使各项教学基本设施的需求量加大、规格多样化。为进一步完善教学配套设施，一是必须增加设备经费和教学经费的投入，二是必须加强教室、图书馆、实验室、现代化教学技术设施的建设；三是加大教学管理系统的研制和引进，加强选课中心、教材中心、实践教学基地及教学信息中心的建设力度；四是建立与学分制教学管理相适应的校内管理制度，各个管理部门要树立服务意识，改进工作作风，提高服务质量，积极主动地为教学工作做好服务。

总之，只有从实际出发，认真切实地落实以上措施，才能最大限度地发挥学分制的优势，提高学校课程资源的利用效率和教学质量，把素质教育与专业教育、选课制与班级授课制有机地结合起来，以构建新型的教学运行模式与管理模式，加快高校教学改革的进程。

第三节 信息化背景下高校教学管理改革的实践

一、MOOC 在信息化背景下应运而生

随着互联网的全面普及，信息技术在政治、经济、生活等多个领域不断渗透和更新，人们的认知和行为习惯也发生了翻天覆地的变化。在新兴技术的支持下，社交媒介、虚拟服务等新型应用模式不断涌现，在带给人类全新视野的同时，拓展着人类创造信息的范围和形式，"大数据时代"已然来临。自 2012 年以来，"大数据"一词被更多地提及，人们用它来描述和定义信息爆炸时代产生的海量数据，并命名与之相关的技术发展与创新。庞大的数据资源使各个领域开始了创新与量化进程，人们开始认识到数据的核心价值。

与此同时，知识社会的发展、新一代信息技术的革新催生了以用户创新、开放创新、大众创新、协同创新为特点的创新 2.0，从而进一步推动了互联网创新成果与经济社会新形态的演进。新形势下，几乎所有的传统行业都受到了不同程度的冲击，教育行业作为传统行业的代表之一，毫无疑问受到了"互联网 +"的深刻影响。在这一时代背景下，大规模开放在线课程 MOOC（Massive Open Online Course）应势发展，成为席卷全球教育界的"数字海啸"。教育领域的信息化革新是知识社会提升教育影响力的创新之路，"互联网 + 教育"模式的新生与发展有其时代必然性。

二、信息化背景下高校教学管理的创新与变革

MOOC 的出现对高校教学管理产生了深刻影响，为高校教学管理的改进带来了新思路、提出了新要求，成为教学管理创新与变革的推动力量。面对 MOOC 发展的机遇，加快高校教学管理改革的探索与研究，建立与 MOOC 发展相适应的教学管理模式，对顺势推进 MOOC 与高校的深度融合及协同发展具有十分重要的意义。本章节将在前文研究的基础上，对 MOOC 背景下高校教学管理的创新与变革提出建议，为新形势下高校的创新发展提

供思路与方向。

MOOC 背景下高校教学管理的创新与变革从整体上看是一个不断探索、不断改进、不断适应的过程。样本高校教学管理工作在 MOOC 实践的初步尝试中已经做出了一些转变，但也发现了许多有待改进之处。基于此，笔者结合样本高校的实际经验与反思，为 MOOC 背景下我国高校教学管理如何更好地适应 MOOC 发展形势提出如下建议。

（一）转变教学管理理念，创新人才培养模式

随着时代的发展、社会的进步，教育所处的环境发生了翻天覆地的变化。当前的社会格局强调开放与创新，知识的更迭十分迅速，教学管理的观念也倾向于开放和系统化。传统的教学管理理念已经无法适应新时代社会的发展，也无法满足教学管理实际的需求和期许。无论是教学管理者还是教师和学生都迫切希望突破传统教学管理理念的思维束缚，接纳新观念和优秀经验，丰富教学管理的方式方法。高校要以符合时代特性和教育实际的教学管理理念为指导，推进教学管理工作，培养真正符合社会需要的优质人才。

MOOC 这一全新的教学理念给传统教育带来了深刻影响，也促使教学管理理念打破固有理念的制约，及时更新以适应新时期教学工作的推进。结合当今教育领域的新形势，教学管理理念应在人本化、信息化和开放化方面有更深层的体现，并且这种理念的体现不能仅停留在"标语化"层面，而要落实到高校发展的实处。

第一，人本化。"以人为本"是社会发展的核心理念，MOOC 模式很好地体现了以学生为本的设计理念。MOOC 利用现代化的技术手段丰富了知识的呈现形式，注重学生学习体验的深化和学习能力的发展。高校教学管理工作应秉持人本化的经营理念，充分体现教师和学生的主体性，增强教学管理的服务功能，真正做到教学管理为教师和学生服务，促进学生的全面发展和教师的职业发展。

第二，信息化。信息化是当今时代的显著特征，也是教学管理的发展趋势。高校应树立"信息技术 +"意识，加快信息化建设，将信息技术充分运用于高校教学管理工作。同时，教学管理的信息化不能仅仅停留在建立管理平台、实现无纸化办公等方面，而是要创新教学管理模式[①]，依靠现代化的

[①] 向文江，唐杰，周平. MOOC 背景下地方高校教学管理改革研究 [J]. 中国现代教育装备，2015(13):22-25.

教学管理手段提高管理效率，从教学管理的各个环节推动教学管理的现代化发展，为新型教育模式的推进打牢基础。

第三，开放化。开放化是未来发展的格局，面向现代化、面向世界、面向未来是教育的发展方向。在注重沟通、交流与协作的全新发展环境下，教学管理理念的开放化显得尤为重要。高校教学管理应冲破范围界限，加强与外界的联系与互动，以开放的态度学习和接纳新事物，加快高校间的联盟建设，特别是区域联盟的建立，加强区域联动，以点带面实现教育的优质均衡发展。

理念是实践的基础和导向，高校教学管理应以理念创新为基础带动管理实践的变革和发展。当前，高校教学管理面临的严峻形势是固有人才培养模式渐渐无法满足社会对人才的需求。高校教学管理应加快改革的步伐，在创新型人才培养理念下，通过教学管理手段的革新、教学管理形式的丰富，将学生融入具有创造力的人才培养环境，积极开拓多元化的人才培养模式，激发学生潜能，提高人才培养质量。

（二）推进管理制度巧设，打造专业化管理团队

教学管理制度是开展教学管理工作的依据和保障，完善的教学管理制度可有效带动管理目标的实现与管理质量的提升，因而制度的建设是管理工作推进过程中始终不容忽视的重要环节。

首先，面对教育发展环境的变化，高校教学管理制度建设的首要任务是不断改进和更新原有制度。摒弃原有制度中与发展实际不相适应的部分，发现与改进尚存的不足，增加管理制度的科学性与灵活性。例如，重视激励制度的更新与发展，建设合理有效的教师激励制度，物质奖励与精神奖励并重，丰富激励形式，有效调动教师教学创新的积极性与主动性，为教师冲破传统教育的藩篱提供制度保障。

其次，高校应在原有教学管理制度的基础上大胆创新，增添与教育实践发展相契合的新的内容，丰富教学管理制度的体系构架，做好信息化教学管理制度的顶层设计。MOOC 的出现是教育资源开放与共享的新进展，高校教学管理层面应加快建设与之相适应的配套管理制度，如学分认证制度的建设，提高学习成果的转换效率，保障教学效果。同时，在管理制度的更新与完善过程中，高校应充分考虑教师和学生的实际需求，广泛征求意见，提高管理制度的接纳度，有效发挥制度的引导性。

最后，管理制度能否发挥应有效用，能否有效促进高校的整体发展，与

教学管理团队的素质和能力的高低密切相关，因此打造一支适应 MOOC 发展形势的专业化教学管理团队势在必行。高校教学管理作为一门综合性极强的学科，其理论内涵和实践成果在不断地丰富和发展。面对新事物，任何人都不可能立即成为专家，所有的尝试都在探索与反思中推进。高校教学管理者首先应加强学习意识，巩固自身理论基础，提高教学管理实践素养，强化创新与责任意识。另外，学校应完善教学管理者的聘用、考核机制，积极引进优秀管理人才，为团队的发展注入鲜活力量。① 与此同时，高校应重视管理人员的培养和激励，有效提升教学管理质量，为打造一支专业素养高、实践能力强、管理理念先进的专业化教学管理团队而不懈努力。

（三）提高教师综合素养，引导教师精英化发展

教师是高校的一大主体，是人才培养的关键，教师的综合素养将直接影响高校的人才培养质量，因此教育的发展也对教师能力提出了新的要求。高校教学管理应由对教师的约束和监督更多地转为对教师综合素养提升及职业发展的引导和促进。MOOC 背景下，提高教师综合素养可以从培养教师信息意识、提升教师技术水平、发展教师教学能力等方面着手。

第一，培养教师信息意识。在大数据时代，伴随互联网的迅速发展，信息化成为全球经济社会发展的显著表征。高校教学管理应通过政策的宣传和指引帮助教师树立信息意识，提高其对信息的捕捉力和敏感度，并使其将对信息的运用内化为自觉意识，自然地融入教学创新及专业研究，为自身发展服务。

第二，提升教师技术水平。技术水平体现了教师对信息的运用能力，就目前情况看，教师的信息技术水平还有待提高。信息技术在当今时代已不再是一门专业化的学科，而是一种交流的工具，人们可以借助信息技术更加生动地表达自己的想法。高校教学管理应针对不同教师的学科特点和岗位需求开展多样化的专业技术培训，提高教师运用信息技术的能力，帮助教师适应现代化教学环境，推动教学创新的实现。

第三，发展教师教学能力。MOOC 的出现表明当今教育正在走向资源开放与共享的时代，知识的更新越来越快，知识的获取越来越便捷，这对教师的知识积累与教学能力提出了新要求。为适应 MOOC 形势，教师的演讲

---

① 孙东辉. 创新人才培养理念下的高校教学管理体制创新 [J]. 中国成人教育，2015(14): 41-42.

能力、知识重组能力、信息技术运用能力、课堂组织能力等都必须大幅度提升，教学能力的培养与提升始终是教师职业生涯的永恒追求。高校教学管理工作应充分考虑教师需求，成立专门的教师发展中心，启动教师素质提升与创新能力培养项目，为教师提供广阔的学习与交流平台，促进学术探讨与教学经验的交流与分享，从而有效提升教师教学水平与教学能力。

高校教学管理工作在帮助教师提高综合素养的同时，应为教师的职业发展提供有效引导，鼓励教师按照能师、名师的精英化路径成长。高校应建立系统的专业教师及学科带头人培养计划，为教师的发展提供必要的支持与协助，从而培养出高素养、高技能的教师团队，提高师资队伍的整体水平。

（四）拓宽资源获取途径，鼓励学生个性化成长

学生是高校的另一大主体，促进学生的全面发展是教育的根本追求。高校教学管理工作应顺应社会发展趋势，整合优质教育资源，有计划地组织教学实践，增强学生管理工作的科学性，全面提升高校人才培养质量。

首先，为适应社会对人才的需求，高校应通过相应的教学管理措施加快MOOC优质课程的开发和引进，充分利用互联网优质资源优化与调整专业和课程设置，建设跨专业学科体系，营造复合型人才培养环境。同时，加快高校间以及区域间的联盟建设，跟进教学管理的联动，寻求管理规范化与需求个性化的平衡，实现学生跨专业、跨校学习。一方面有利于拓宽学生教育资源的获取途径，实现优质教育资源共享；另一方面有利于高校发展优势学科，打造学校特色，提高知名度与影响力。

其次，充分关注新时期学生能力发展的需求，着重培养学生的自主学习能力、信息获取能力及现代化技术应用能力。MOOC的出现不仅要求教师提高教学创新能力，也要求学生不断发展自身学习能力，以适应当前的教育发展形势。学生必须熟练掌握一系列信息技术能力以获取学习资源、参与学习互动，同时必须尽快培养信息化环境下的一系列个人特质，如自我激励与管理能力、独立学习能力等。高校教学管理应在这个教育逐步开放化的时代致力于培养学生在信息化环境下的主动学习意识，帮助学生有效提升在线课程学习效果。

最后，高校教学管理工作应充分考虑学生的个性和特点，明确兴趣在学生学习中的重要作用，充分利用MOOC优质资源，适当增加选修课学分比例，扩大选修课课程选择范围，学生可自由选择感兴趣的学习课程，以提高参与选修课的积极性。同时，以选修课为试点，高校应积极推广现代化教学

手段和模式，重视将线上与线下相结合，丰富选修课教学形式，鼓励"因材施教"，促进学生个性化成长。

（五）实现师生参与管理，健全教学评价与反馈机制

作为高校教学工作开展的两大主体，教师和学生与高校教学管理有着密不可分的联系：教学管理活动是教师、学生和管理者共同参与的多边活动。促进教师与学生的双重发展，提升高校整体教学质量是教学管理存在的核心、意义。面对教学管理单向化的局限，高校应将教师与学生纳入教学管理的统一战线，增强教师和学生在教学管理中的主体意识，鼓励师生共同参与管理：一方面，可以充分调动师生的积极性，使其自觉配合教学管理的实施与推进，为教学管理的改进献言献策，促进高校教学管理目标的实现；另一方面，有利于实现高校各层级意见的交换，促进高校教学评价与反馈机制的发展与完善，有效提升教学管理的客观性与科学性。

当前，高校教学评价中存在评价主体单一、评价方法单一、评价标准单一等问题。为应对教育局势的转变与发展，高校在教学管理工作中应针对不同的考评对象采用与之相适应的评价模式，尽快健全多元化的教学评价机制，有效保障管理质量。第一，在学生评价方面，改变以单一考试和固定分数为标准的评价体系，注重学生综合素质、实践能力、创新思维的考核和评价，以 MOOC 的过程性评价为启发，增加学生评价的科学性。第二，在教师评价方面，增加评价指标的灵活性和人文性，帮助教师有效监测教学实践中的薄弱环节，突出教学评价的指导和激励作用。第三，在教学管理者评价方面，增加对管理者的考核力度，明确评价标准，有效促进教学管理者对自身工作的反思与改进，提高管理水平。同时，在完善高校教学评价体系的基础上，注重教学反馈的指导性作用，通过意见的交换促进教学活动的有效改进，提升教学质量的监管效果，让教学管理的评价与反馈形成闭环。

综上所述，高校教学管理作为人才培养的重要抓手，需要新事物为其提供发展活力。同时，新型教育资源效用的发挥需要依靠教学管理的协调和引导。高校教学管理的创新与变革要有效促进创新教育资源与高校更好的融合，为它们的协同发展指引方向与提供保障。

第四节　高校教学管理的德育功能及其实现

高校教学管理是高校整个管理体系中最重要的环节，良好的教学管理不仅能保证学校的教学质量，而且能培养出高素质人才。高校的教学管理运行机制和教学管理人员对大学生的学习及生活有着重要的影响，也影响着大学生的身心健康。如何实现高校教学管理的德育功能已成为教育工作者所共同关注的焦点。

一、高校教学管理的德育功能

（一）高校教学管理德育功能的实现途径

高校教学管理德育功能的实现途径主要体现为管理育人和服务育人两个方面。第一，通过管理达到育人的目的。教学管理工作事务繁杂、工作量大、时效性强，需要教学管理人员具备良好的沟通能力和高效的管理能力。作为教育工作者，教学管理人员应责无旁贷地承担起引导学生的职责。简单机械地依规矩办事，一方面，很可能打击学生的自尊心和上进心，导致不可挽回的严重后果；另一方面，很可能会放任个别学生利用制度，从而埋下"钻制度空子"的隐患，长此以往，轻则导致学生逃避责任，重则影响学生的诚信。因此，在教学管理中应体现人性关怀，学生在这种被关怀的环境中成长，也会心怀对社会、对周围人的关怀。第二，通过服务达到育人的目的。长期以来，高校的教学管理工作存在"重管理，轻服务"的现象，教学管理人员也时常以"管理者"自居，把学生作为"被管理者"进行批评、教育。其实，高等教育提供的也是一种服务：高校是"教育服务"的输出方，而学生是接受方，从这个角度讲，高校的教学管理人员也应通过提供服务达到育人的目的。

（二）高校教学管理德育功能的类型

1.导向功能

高校的教学管理模式对大学生的德育起着至关重要的导向作用，从教学管理模式就可以看出一所高校把德育工作放在什么高度。这种导向一方面是通过课程的安排和德育活动的规划等直接形式来体现的，另一方面是通过潜移默化来引导和调节学生的行为和心理的。良好的教学管理模式会把学生引导到正确的方向上，使他们树立正确的世界观、人生观、价值观，进一步明确学习目的与学习意义，积极适应社会发展的新要求。反之，则会给学校的发展带来一定的负面影响。因此，学校绝不能忽视教学管理的导向功能。

2. 约束功能

教学管理对学生的道德行为起着重要的约束作用。高校为了实现办学目标制定了各项规章制度来约束大学生的行为，建立和维持一种正常的学校秩序，在此基础上，把规章制度转化并内化为学生自觉的行为规范和习惯，真正提高学生自身的思想意识与品德修养。另外，高校的运行机制体现一所大学的精神，这种精神文化对大学生的行为有很好的约束作用。

3. 教育功能

教学管理队伍对大学生良好品质的形成具有潜移默化的教育功能。教学管理人员并不是通过课堂的形式对学生进行教育的，而是通过在日常的管理工作中展现出来的高素质文化精神对学生的思想产生影响的，这就需要教学管理人员具备优良的道德品质。高校教学管理部门是学校职能部门，管理育人、服务育人和教书育人同等重要，把育人工作只看作教师的事是不对的，从某种意义上讲，教学管理人员是不上讲台的教师。现在高校进行德育还是通过灌输式教育，但是单靠这样的方式效果并不理想，需要全校教师和管理人员的协助配合，才能真正实现高校德育。

二、有效实现高校教学管理德育功能的策略

（一）加强高校德育队伍的建设

1. 逐步实现教学管理人员的专业化

高校教学管理人员必须具备良好的政治品德素质，要有服务、奉献、敬业的意识，高度的责任感和良好的服务态度。从根本上提高思想政治觉悟是开展教务管理活动的根本要求，爱岗敬业、按章办事是做好教务管理工作的基础，加强主动服务意识、不断提高服务水平是提高教务管理质量的关键。另外，教学管理人员必须具有科学的教学管理基础。管理是一门复杂的科

学，更是一门艺术，在时代、科学迅猛发展的现在显得更为重要。教学管理人员必须了解教学过程中各个环节的目的、内容和任务，以及相互之间的衔接和配合，熟悉、精通之后要不断深化和发展，不断研究教育理论和实践，总结教学管理工作经验，以促进和推动教学工作的开展。高校人事部门应当尽快制定一系列针对教学管理人员的招聘要求，改变聘用观念，根据学校发展和社会形势的需求挑选具有教学管理专业背景的优秀人才，逐步实现教学管理队伍专业化。只有这样才能更好地促进高校教学管理的进步，只有这样才能更好地实现教学管理的德育功能。

2. 提高教学管理队伍的德育水平

高校教学管理队伍中从事德育工作的人员素质参差不齐，很多人员还不是科班出身，这给高校的德育功能实现制造了障碍。为此，学校除了引进人才外，也要对现有人员进行有效的培训，并积极开展继续教育工作，以不断提高在职德育工作人员的素质，提高德育工作人员的德育水平，从而整体提高德育工作队伍的整体素质，积极促成教学管理中德育功能的实现。

高水平的管理育人的措施只能出自具有高素质的管理人员之手。如果教学管理人员素质不高，不仅不能保证教学秩序的稳定，也不可能深化教学改革，还有可能导致教学秩序混乱，耽误培养人才的大事。因此，教学管理者应具有良好的政治思想素质，坚持正确的政治方向和马克思主义教育，有一定的政策水平，坚持原则、实事求是；应掌握现代管理基本知识和现代科学文化知识、熟悉专业知识，随着教育科学的发展和教育改革的深化，积极学习新的教育理论和教学管理知识，为做好管理育人工作打下良好的理论基础；应具有较强的工作能力，如较好的计划、设计、组织、编排、控制和协调能力，表达能力和科研能力等；还应具有忠于职守、廉洁奉公的工作态度，积极、热情、全心全意地为教学和师生服务的工作作风。

教学管理人员为了进行有效的管理，需要不断地学习，本单位的学习资源是有限的，所以学校应当重视教学管理人员的业务培训，特别是外出培训。多创造本单位教学管理人员和其他兄弟院校教学管理人员之间的交流机会，要对整体的学校发展情况有清晰的认识，寻找自己的不足和教育管理运行机制需要改进的地方，提升自身的综合素养，结合本校特点进行有效管理。

3. 坚持以德为先的用人原则

要想保证高校教学管理队伍中德育人才供应充足，人事部门必须有一个完整的招聘计划。制定这个计划之前，人事部门的工作者一定要做深入的调研，挖掘学校内部德育用人需求，依据德育的发展趋势和组织结构情况，制订一个全面的人才招聘计划，这个计划既包括内部竞聘，也要包括外部的招聘。学校在制订人才招聘计划时，还要考虑到人才的年龄，不要出现断层的现象，即也要储备一些新人、年轻一代，不能只招聘熟手，否则学校德育队伍的组织架构会不稳定，容易出现断层，从而引发用人危机。学校的人事部门工作者要充分发挥自己的主观能动性，不断创新招聘手段，积极拓宽招聘渠道，多方面、多渠道找寻人才。目前，学校的招聘渠道主要还是各大师范院校的招聘会，另外还有网上招聘、找中介公司、内部介绍、人才市场、招聘会、电视广告、户外广告、同行介绍、报纸广告等。人事部门要依据德育岗位特征，采用各种招聘方法，多渠道开展自己的招聘活动，以便更快、更准地帮学校招揽教学管理队伍中的德育人才。

（二）完善高校教学管理德育体系建设

完善的高校教学管理德育体系是高校教学管理中德育功能实现的重要保障。针对目前高校德育体系中存在的问题，学校管理者应制定明晰科学的德育管理目标，建立完善的组织体系，建立健全德育功能实现制度，制定科学的德育管理评价体系，从而保证学校教学管理中德育体系的完善性、科学性和整体性，进而保障德育功能的顺利实现。

1. 牢固树立管理育人、服务育人的意识

提高管理育人自觉性是教学管理育人的前提。高校教学管理部门是学校职能部门，管理育人和教育育人、服务育人具有同等地位。学校高层应不定期组织教学管理队伍集体学习，时刻提醒教学管理人员，育人工作不只是教师的事，从某种意义上讲，教学管理人员是不上讲台的教师。有了这种认识，我们在工作中制定某项制度，采取某一措施时，首先要考虑是否有利于教学秩序的稳定，是否有利于学生的成长，是否有利于促进教学质量的提高。

在每学期的工作要点中都强调深入课堂、深入到教师和学生中去，广泛而充分地了解整个教学情况，及时发现问题、研究问题，以便更好地解决问题。每位工作人员都要把管理育人当作自己的职责，树立全心全意为教学服务，为师生服务的思想，自觉地把本职工作与育人紧密结合起来。这就要求每位工作人员努力提高管理水平，提高服务质量，提高自身修养，在管理服

务中主动做好学生的德育工作，对学生的服务要耐心、热情、周到，又要注意自己的言谈举止，做好学生的表率，用自己的良好作风、言行影响学生，发挥直接育人的作用。

2. 明确教学管理中的德育目标

目标是所有行动的前提和努力的方向，建设科学的德育目标，并对目标进行有效管理，是实现高校教学管理中德育功能的基础保障。因此，国内高校首要的任务就是制定科学的教学管理德育目标，并对目标进行有效的管理。

第一，我们要对学校的德育目标进行有效调整。在原有的理论基础上加入时代的德育新要求。除了坚持以马克思主义、中国特色社会主义理论体系为指导思想，发扬中华民族优秀道德传统之外，还要增加富有时代特色的德育新内容，如国民基本素质、社会公德等。

第二，要实施有效的目标管理。目标管理是以目标为导向，以人为中心，以成果为标准，使组织和个人都取得最佳业绩的现代管理方法。目标管理也被称为责任制，在目标管理制度下，高校的德育工作者积极参与，并能自上而下地确定工作目标，在工作中实行自我控制，从而保证德育目标的实现。学校可以先广泛征询意见，并将德育目标层层分解后分配下去，再由下至上按分配的目标制定出完善的对策，并配套相应的考核监督措施，从而顺利推进德育教学工作的开展。

3. 不断完善教学管理制度

高校教学管理制度的完善主要可以从德育工作的四个方面着手，也就是德育工作的人、财、物、信息。完善促进高校德育功能实现的教学管理制度，应从以下四个方面建立健全制度。

第一，优化高校教学管理制度应遵循的原则。首先，要遵守合理性原则。学校任何制度的建立和实施，都要遵循学生的学习成长规律，符合教育的需要和学校的实际情况。其次，要遵守合法性原则，要符合国家相关规定，同时要和学校的教育目标和总的德育目标保持一致。再次，应遵守民主性原则。任何制度的确立都要建立在民主的基础上，这样才能得到师生的拥护，得以顺利开展。最后，要遵守科学性原则。制度的确定要科学，可操作性强，并且要有一定的延续性，这样才能使教学管理为德育教育服务。

第二，改进高校推行教学管理制度的方法。目前国内高校在实现德育功能的制度建设上存在一定的问题，为完善管理制度，学校可以采用多种方式和方法。一是调研法。在制度制定和执行的过程中，管理者可以深入到师生中进行广泛的调研，了解制度的执行情况和大家对制度的意见，从而获得基层的真实信息，制定和完善管理制度。二是试行法。在新制度建立后和制度修订后，不应马上大面积推广，而应在一定的范围内或者时间内试行，以便及时发现问题，并做出进一步的判断，保证师生的利益。三是修订、增删法。为适应形势的变化和高校德育的新要求，要对现有的管理制度不断修订或者增删，将一些相对落后的条例、规范、标准按实际情况修改、增删，保证德育制度的时效性和实用性，从而对教学管理的德育功能实现起到积极的推进作用。

（三）构建良好的校园环境

1. 发挥校园文化的重要作用

校园文化是校园环境的重要组成部分，也是推进德育工作的重要保障和主要途径。目前国内高校在校园文化建设上比较滞后，为改变这种现状，我们需要采取多种措施，加强校园文化的建设，发挥校园文化的德育作用。

第一，重视校园文化的德育功能。高校校园文化是高校德育的重要载体，并对在校师生有着多层面的影响和制约作用。高校校园文化可以利用各种文化要素的一致作用，引导全校师生树立科学的道德观，并指引他们向社会所期望的方向发展。学校通过校园文化向师生传递道德信息，并潜移默化地影响师生的思想，逐渐让他们形成统一的认知。校训校规、办学宗旨、大学精神等校园文化对在校师生还起着规范和约束的作用，让师生在有形和无形中都能遵守德育要求，做出符合规范的行为。学校相关部门，如国资处、基建处、后勤服务总公司、学工部等应该一起行动起来，加强学校的校园文化建设，这会对德育功能的实现起到至关重要的作用。

第二，加强高校宿舍文化的建设。校园文化包含了很多内容和多个层面，而贴近大学生生活的文化之一就是高校宿舍文化。高校宿舍是大学生日常学习生活的场所，也是学生聚集的地方，因此宿舍文化是大学校园文化的主要组成部分，也是校园文化的缩影，良好的宿舍文化，将会对大学生的学习和生活产生深远的影响，同时有利于高校教学管理中德育功能的实现。加强高校宿舍文化建设，首先，要发挥学生的自我管理意识，并发挥班级骨干人员的带头示范作用。其次，要切实发挥先进宿舍的模范作用。在建设宿舍文化的过程中，学校可以通过公开公正的方式评比出优秀宿舍，并给予表彰，并且加大力度，树立典范，给其余的宿舍学生以学习的榜样和努力的目标。最后，要将高校宿舍文化管理纳入正常的德育管理体系。学校的教学管理者要充分重视宿舍文化对德育功能实现的重要作用，并将宿舍文化建设常规化、制度化，要制定相应的管理制度，并建设相应的组织机构，配备相应的管理人员，从而真正发扬宿舍文化，最大限度地实现宿舍文化的德育功能。

第三，发挥社团文化的德育功能。社团也是学生扎堆的特殊组织和特色场所，社团文化也是校园文化的重要组成部分。同一社团中，聚集着相同爱好、相同兴趣的学生，因此利用社团文化进行德育教育，会让学生更容易接受，也更容易理解，还能影响身边很多同学。此外，大学社团还会进行很多形式多样的实践活动，通过实践活动，学生还能加深对德育理论的认知，并将实践和理论相结合，产生良好的德育效果。建设高校社团文化，需要采取多种措施。在物质建设方面，要加大对社团的经费投入，避免社团因经费不足难以发展，并出现拉赞助、做广告等功利性现象。另外，学校也要为社团文化建设提供必要的基础活动设施，保证社团活动的顺利开展。在文化建设方面，要提高社团的活动质量，提升社团的文化品位，并坚持将德育理论和德育思想渗透到社团的文化活动中。

2. 加强学校网络建设和管理力度

互联网是新形势下意识形态领域的延伸，是宣传思想工作的一个新阵地。网络已经快速成为学校教职工和学生进行教学、科研、管理、学习及娱乐休闲等的不可缺少的重要工具。校园网和各单位网站作为服务教学科研和进行思想政治教育的网络平台，是学校直接对外交流和宣传的信息媒体，是学校综合形象和精神面貌的重要展示窗口。网络宣传管理是提升学校形象、维护学校稳定、建设和谐校园的重要工作。因此，高教德育工作要从落实科学发展观、构建社会主义和谐校园的高度，从建设优秀校园文化、占领思想舆论阵地制高点的高度，提高对网络宣传管理工作重要意义的认识。

（四）多重手段促进教学管理中德育功能的实现

1. 引导学生自我教育实现德育目标

（1）建立学生的自我教育机制。充分激发学生的自我教育意识，不但能激发学生接受教育的内在需要，也能让学生更好地接受学校的德育教育，更能培养学生的学习能力、实践能力和德育能力。自我教育机制遵循着从知识到能力再到品格的演进路径，通过外在教育的自我完善，从而升华为内在的品格。

（2）加强对学生的正面引导。高校学生的自我教育，除了要建立起科学的自我教育机制外，还需要教学管理者对学生加强正面的引导。正面引导可以有很多方式。首先，教育工作者要以身作则，为学生树立榜样。其次，学校应树立起道德典范，用这种立典型、树标杆的方式示范给学生，使他们有学习的楷模和努力的方向。再次，学校可通过反面典型案例，形成对比，促使学生增强认知。最后，学校可以用中华传统的美德、道德思想去教导学生，在校园中形成一种良好的道德风气。总之，不论采取哪种方式，在对学生的正面引导中，高校都要让学生在一种和谐的氛围中自我认知、自我学习、自我管理，让他们发现自身的不足，清楚自己的奋斗目标，并能正确自评，增强自学能力，从而自发进行德育学习，不断提高自己的道德品质。

（3）设立"基金＋实践"的自我学习模式。为鼓励大学生自我教育，自我管理，学校可以考虑设立专项基金，用来支持和激励学生的自我教育行为。基金的资金来源可以是社会捐赠、学校支持、学生募捐等。而对于该项基金的管理，要规范化和严格化。应在基金设立时就建立专门的管理委员会、监事会和配备相关管理人员，这些组织和人员将对基金的使用和流向，以及基金的发展负责。同时，资金的发放和使用一定要合理、科学、公正，以达到激励学生自我教育的目的。

2. 在课程教学中渗透德育教育

（1）各科教师要有意识地在授课时渗透德育教育。教师是教育的实施者，做好课程德育渗透，基础就在于教师。高校的教师应该充分认识到德育渗透的意义，并摒弃德育教育和自己关系不大的误解，要自觉地开展德育教育，并充分挖掘课程和德育知识相关的、相结合的内容，在日常的教课过程中渗透德育内容，潜移默化地影响学生的思想。

（2）熟练掌握教材，找到渗透点。在课堂教学的主渠道上，教师要抓住每个机会，润物无声地将德育渗透到课堂中。这要求教师熟练掌握教材、善于挖掘教材的德育因素，并在课堂教学中进行无痕的渗透。在课程渗透德育的过程中，所涉专业知识广泛，教材内容繁多，教材里蕴含的德育内容也多样且分布较散。有的德育因素是显性的，有的则是隐性的，要抓住每一个德育因素，教师必须有较好的德育教学能力，及时发现它们，并灵活地将它们渗透到课程教学过程中，并达到良好的德育教育效果。

（3）德育渗透注重生活化。为使课堂中的德育教学更具实效性，教师在德育渗透时，要注意德育教育的生活化。德育教育的内容要立足学生的生活现实，尽量用平实的语言和大家喜闻乐见的形式展开渗透教育；要尽量避免说教式、填鸭式、喊口号、假大空的教学方式。比如，可以利用学生社会参与意识强、喜欢关注社会问题的特点，引导他们讨论当下社会焦点问题，进而让他们探讨应该树立怎样的人生观、价值观和世界观。

（4）以身作则，树立师德。教师对学生的影响相当大，高尚的教师会对学生产生深远的影响，因此高校的教师，除了完成正常的教学任务外，还应在教学过程中实现育人的目标，将德育和专业教学紧密地结合起来。而要达到这一点，教师需要和学生相互学习、不断钻研，并提高自己的综合素质，使自己不仅具备专业的知识，也有较高的思想道德水平。教师在日常的工作中也要树立良好的师德师风，具备良好的精神，注重仪表，规范行为，进而为学生树立良好的榜样，以身作则，从而感染学生。另外，在教学过程中，教师也要尊重学生，和学生建立良好的关系，这也非常有利于德育工作的开展。

第七章 "互联网+"背景下
高校定制化教学

第一节 "互联网+"背景下高校定制化教学的概述

一、"互联网+"背景下高校定制化教学的内涵

现有的定制化教学大多是指职业院校用具有一定规模的教学来满足不同用人单位对未来员工的需求，是一种高效的培养应用型人才的方式。但是这种定制化教学满足的是用人单位的需求，而不是学习者的个体需要，不能适应高校教学的新发展。但是，这种方式仍有可取之处：一方面，它使学校能对学习者进行一定的个性化教育；另一方面，它使学校的教学成本得到控制，优质教育资源得到充分利用。"互联网+"时代的定制化教学要充分利用先进的现代信息技术和网络技术，将教学体系与教学要素进行模块化构建，同时形成共享型的教学体系，从而使我国的教育资源和知识资源得到充分合理的利用，有助于解决我国高等教育中教学与实践相脱节、供应和需求不匹配以及教师队伍建设跟不上高校发展速度等问题。上述提到的定制化教学均以满足用人单位的需求为主要目标，这是以用人单位为服务对象的定制化教学，与"互联网+"背景下高校定制化教学的内涵是不相符合的。

"互联网+"背景下开展高校定制化教学必须充分发挥以互联网技术为主的现代信息技术在高校教学中的作用，突破传统教学的弊端。"互联网+"背景下高校定制化教学包括从微观课堂到宏观教育体制的变革。宏观上，"互联网+"背景下高校定制化教学指在现代信息技术的支持下，通过对学习者进行全面的调查、分析、评估、诊断，根据社会发展的需要及未来社会发展的趋势，以学习者的个人潜能及自我价值取向为基本要求和目标，为学

习者定制一套教学方案，包括教学计划、教学目标、教学内容、教学方法、教学过程、教学资源、教学评价、课后辅导等。为此，还需要整合优质教育资源，从素质教育、专业教育、创新教育、智能开发等多个方面，对学习者的思维、能力、情感、态度、价值观等开展评估、教育，从而满足学习者个性发展的需要，实现自我教育、自我价值实现的教学制度，实现学习者自由幸福的全面发展，实现学习者智慧的提升与创新创造能力的培养。中观层面上，"互联网+"背景下高校定制化教学是指在校内实践上述教学制度的过程，即定制化教学制度的具体应用，体现为对校内、校际资源的整合，为学习者提供整合化的优质资源，实现资源的模块化分装，满足学习者个性化需求的一种教育服务。

"互联网+高等教育"的本质就是用互联网思维来激发高校教学的活力，将互联网作为一种关键要素，充分发挥互联网在教育资源配置中的独特优势，重组教育流程、转变教学方式、提升教育效能，重点对高校课程和专业进行"互联网+"改造，利用信息技术，促进教师教学和学习者学习的双重变革，基于学习者的发展，专注师生互动的教学水平，创新人才培养、科学研究和教学管理与组织模式，实现提升人才培养质量的教学目标。"互联网+"背景下的高校定制化教学必须在此基础上，利用互联网深入挖掘学习者的需求，为学习者提供真正适合的教学，实现优质教学。

全球教育利益相关者普遍关注的核心问题如下：在当下的互联网时代，如何设计和实践一种有效的教学体系，以促进所有学习者在未来取得成功？怎样的教学方式能够充分发挥学习者的学习潜能？[①] "互联网+"背景下的高校定制化教学就是为回答这一问题而进行的探索。

二、"互联网+"背景下高校定制化教学的理论基础

（一）多元智能理论

多元智能理论本质上就是承认存在许多不同的、互相独立的认知能力，承认不同的人具有不同的认知能力和认知方式。在霍华德·加德纳之前，已有多名学者对智商以及智能一元化等概念提出过质疑，但均不深入。霍华德·加德纳在此基础上，重新检验智能的多个概念，提出智能是解决现实生

---

① 严文蕃，李娜.互联网时代的教学创新与深度学习——美国的经验与启示[J].远程教育杂志，2016，35(2)：26-31.

活中遇到的问题的能力，是创造出具有自身文化价值的产品或服务的能力，是提出并解决新问题的能力。其中，解决问题的能力就是针对某一特定的目标找到一条通向这一目标的正确路线；而创造产品和服务需要有获得知识、传播知识、表达个人观点或感受的能力，霍华德·加德纳认为这些能力是对特定文化和社会环境真正有价值的能力。[①] 霍华德·加德纳及其团队经过多年的研究提出八种智能：言语—语言智能：用语言进行思考和表达复杂意义的能力，如诗人所表现出来的对语言文字的掌握能力；逻辑—数理智能：计算、量化、验证定理和假设，进行复杂数学演算的能力，这种智能被普遍认为是可以跨越不同领域和专业解决问题的"原始智能"；视觉—空间智能：在头脑中形成一个外部空间世界的模式并能够运用和操作这种模式的能力，即进行三维思考的能力，能进行外部和内部成像，能重塑、转换和修改图像，能在空间中操纵自己和其他课题，能创造或解读图像信息，如雕刻家、工程师等表现出来的对空间的把握；身体—运动智能：操作客体对象、协调身体的能力，是指运用整个身体或者身体的一部分解决问题、制造产品的能力，如舞蹈家、运动员、手工艺大师表现出来的对自己身体的协调；音乐—节奏智能：辨别和创造音调、旋律、节奏和音色的能力，如莫扎特创作音乐作品；交流—交往智能：理解他人并交流情感的能力，如领袖、教师、心理医生等都是拥有高度人际关系智能的人；自我认识智能：这是一种深入自己内心世界的能力，即建立准确而真实的自我模式并在实际生活中有效地运用这一模式的能力，具备这种智能的人，能够准确认识自我，并根据这种认识规划和指导自己的人生；自然智力：观察自然，认识自然界的事物并进行归类，能理解自然与人造系统的能力，这种智能表现为对整个人类生存大环境的认识。

霍华德·加德纳在提出多元智能理论后仍在不断完善与丰富该理论，但是其最本质的理念在于承认不同个体是具有不同的智能的，拥有不同的能力结构。在此基础之上，多元智能理论为开展高校定制化教学提供了理论基础与指导方向。因为多元智能的确存在，每个学习者都有自己的优势智能，因此必须改变原有的传统的教学方式，针对每个学习者的不同潜能与兴趣，利用互联网及现代信息技术，在现有高等教育体制下，为每位学习者"量身定制"教学方案，使其能够最大限度地成长。

因此，多元智能理论是能够支持和指导定制化教学设计的，主要体现在以下几个方面。

---

① 霍华德·加德纳. 多元智能 [M]. 沈致隆，译. 北京：新华出版社，1999: 8.

其一，尽管多元智能理论没有真正得到心理学的论证，但是学习者的多种才能的存在是毋庸置疑的，并且多种才能的发展是不平衡的。一个好的思考者在加工信息并赋予信息以意义时，会受到某种特质的影响，而这种特质会使个体倾向于某种行为，并且这种倾向会得到持续强化，最终形成一种智能。每位学习者擅长的智能不同，因此所表现出来的倾向和选择也不同，这要求定制化教学对学习内容的设计和安排关照每一种智能的发展，为每一位学习者提供不同但丰富的学习内容，为每一种智能转变为个体智慧提供可能。

其二，注重智能的整合。霍华德·加德纳提出，每个人都有八种智能，而每一种智能都是可以改变的，可以通过学习和训练得到发展。智能总是以组合的方式运作，具有任何文化背景的人，都需要运用多种智能的组合来解决问题。因此，在为学习者设计定制化教学方案时，既要参照现实要求，也要满足学习者智能整合的需要，科学合理地提供选择，使学习者不仅在优势智能上得到发展，还能够进行不同智能组合，发展多样化能力，更好地促进学习者的全面发展。

（二）个性发展理论

个性发展既是人性发展的本质体现，又是社会发展的动力源泉，更是教育改革的目标追求，重视个性发展已经成为教育改革的必然趋势。

个性是相对共性而言的，个性发展的实质是关注学习者个体的差异，实现个性差异的发展。这些差异表现在学习者个体的兴趣、智能、性格、倾向、价值取向等诸多方面，正是这些方面的不同，每一位学习者才成为独一无二的个体。学习者的个性差异可以分为智力差异和非智力差异两大方面。智力差异包括智力类型的差异和智力发展水平的差异。智力因素是影响学习者成长的重要因素。一般来说，智力因素可以分为记忆力、思维力、感知力、想象力、言语能力、操作能力六种，它们的不同组合构成了学习者多样性的智力类型。智力发展水平主要分为超常、正常和低常，通常认为智商测试是衡量智力发展水平的工具，智商在130以上为智力超常，占人口总数的1%左右；智商在110～130为智力偏高，占人口总数的19%左右；智商在90～110为智力正常，约占人口总数的60%；智商在70～90为智力偏低，约占人口总数的19%；智商在70以下为智力低常，约占人口总数的1%。智力发展也有早晚。非智力因素具体表现在需要、兴趣、气质、性格等方面，决定着人的心理活动的动力特征，对学习者的学习动机也起着决定性作用。

个性发展理论对开展高校定制化教学的启示主要有以下几个方面。

其一，为定制化教学提供了理论依据和时间依据。为实现高等教育质量的提升，必须尊重学习者成长成才的发展规律，尊重学习者的个性差异，为学习者的个性发展提供充足的空间，强化学习者的独特性、主体性、创造性，结合社会发展，形成科学合理的定制化教学方案。

其二，个性发展的目的在于强化个人优势，而定制化教学也必须充分挖掘和开发学习者的个人优势，使每一个个体在特定的领域得到充分发展，个性得到充分展示。因此，在开展定制化教学的初期，就必须先对学习者的个性进行评估，然后在外在教育之力的影响下，使其实现自身的发展。

其三，根据学习者个性，合理配置教育资源。学习者的个性不可能自动自发地成长，而不合理的教学设计将扼杀学习者的个性。因此，实行定制化教学必须了解学习者的个性特征，帮助学习者选择合适的课程、资源、教师、教学方法等，实现学习者个体自由幸福的发展。

（三）人本主义教育理念

人本主义教育理念主张张扬人的个性，促进人的自我实现，强调人的尊严、价值、创造力和自我实现，把人的本性的自我回归归结为潜能的发挥，对现代教育发展产生了深刻的影响。人本主义理念的代表人物有马斯洛和罗杰斯。马斯洛的主要观点是人的需求是有层次的，也就是著名的马斯洛需求层次理论，充分肯定人的尊严和价值，倡导人的潜能的实现。罗杰斯的主要观点是人天生就有一种"自我实现"的动机，他认为教育的目标是要培养健全的人格。人本主义的核心理念主要有两个：第一，人是一个整体；第二，任何人作为个体都有自己的意愿与需求，有自己的优势，有自己独特的经验。自我实现的关键在于把握人的自我意识，使人认识到自我的存在及自我的内在潜能与价值。人的发展是主动的、创造性的、能自主进行选择的。人本主义教育理念能够指导"互联网+"背景下高校定制化教学设计，主要体现在以下几个方面。

其一，通过对人本主义教育理念的把握，明确学习者具有"自我实现"的最高层次的需求，进而奠定了高校定制化教学的理论基础。定制化教学改变了传统的批量化教育模式对学习者个体的忽视，关注学习者个体，有助于学习者自我价值的表达与实现。

其二，人本主义教育理念强调教育的目的是促进人的个性发展，认为教育的根本目的就是引导和帮助他人认识到自己的独特性，最终发挥自己的潜能。学习者要依靠内在驱动进行学习，充分开发自身潜能，达到自我实现。这是一种自觉的、主动的、创造性的学习模式。开展高校定制化教学，将决策权交还给学习者，激发学习者的内在驱动，使学习者重新回归到自觉、主动、创造的学习模式中。

其三，罗杰斯提出，只有学会学习和学会适应变化的人，只有意识到没有任何可靠的知识、唯有寻求知识的过程才可靠的人，才是真正有教养的人。高校定制化教学设计的目标不是传授知识，而是实现学习者能力的提升，实现学习者个体智慧的提升。学习原则的核心是让学习者自由学习，只有教师信任学习者，信任学习者的潜能，并愿意让学习者自由学习，学习者才会在交往的过程中形成具有个人风格的、促进学习的最佳方法。定制化教学提出，教师只是学习者决策的指导者、帮助者，而学习者才是自己学习活动的决策者、管理者，教师要为学习者创造良好的学习环境，提供适当的学习资源，只有这样学习者才能自我成长。

高校定制化教学是当前高等教育教学发展过程中具有一定可行性的新形式。在高等教育利益诸方的不断博弈下，高等教育教学最终将形成一种适应当前发展现状的动态平衡，而这种平衡状态中必然有定制化教学模式的存在，唯一值得商榷的是定制化教学的程度。新时期高等教育的发展遭遇了更多的挑战，为应对这些挑战，本节提出了高校定制化教学，并将着重对"互联网+"背景下高校定制化教学做多角度的理论分析。

三、不同理念下的高校定制化教学

（一）教育公平理念下的高校定制化教学

1. 教育公平理念的含义

追求教育公平是当今人类社会教育发展的根本趋势，是世界各国教育改革和发展的基本出发点和共同目标。教育公平的基本内容是实现既存教育利益分配的平等。

2. 教育公平理念下的定制化教学

不同地区、不同背景、不同基础的个体，仅仅因为高考分数而面临同样的培养方案和同样的教学计划，将他们放在同一水平上对待，这其实是一种不公平，因此我们应该研究什么样的教育才是真正公平的教育。

实施"互联网+"背景下高校定制化教学改革，本质上就是追求真正的教育公平，让学习者都有接受教育的机会。这是一种教育平等，是让学习者在自己的优势智能上发挥更大的潜能，使每位学习者都能够拥有更大的成长空间，根据学习者的倾向与潜能，定制适应并促进其发展的教学计划与教学方案，学习者因此获得了全面发展的过程公平。因此，"互联网+"背景下高校定制化教学是促进教育过程公平的途径之一。

互联网思维指导下的定制化教学将学习的自主权交还给学习者，每位学习者在教师的帮助下，都有自我决策、自我选择的机会，都有自己设计学习方案的机会，都有根据自己的兴趣选择课程的机会，这些都是定制化教学赋予学习者个体选择的机会，促进了教育的机会公平。

"互联网+"背景下高校定制化教学，以全面提升学习者能力，实现学习者个性发展，实现自我成长、自我价值、自我超越为目的，最终实现学习者自由幸福地发展。定制化教学能够实现面向全体学习者的全面发展，是一种有利于结果公平的教育服务。

（二）高等教育大众化理念下的高校定制化教学

1. 高等教育大众化理念的含义

当前教育界普遍认同美国学者马丁·特罗提出的高等教育发展"三阶段"学说，该学说认为一个国家或地区接受高等教育的适龄人口达到总人口的15%～50%，就达到了高等教育大众化阶段。但这只是在量的层面上界定高等教育大众化，并没有对高等教育大众化的质量进行说明。因此，有学者提出，高等教育大众化应该有质的规定。高等教育大众化是指整个高等教育系统包括办学宗旨、教育目的、办学机制、招生就业制度、教学内容、组织形式等都面向大众，而不只是"为精英而设"，整个社会也要有与之相适应的基础条件。

高等教育大众化理念既有对量的规定，又有对质的规定。同时，高等教育大众化更是一种发展的理念，其本身是一个动态过程。

2. 高等教育大众化理念下的定制化教学

"互联网+"背景下高校定制化教学是推动我国高等教育大众化发展的可行选择。当前，我国已经进入高等教育大众化发展阶段，但是我国高等教育在大众化发展过程中存在"实践超前、理论滞后"现象，进而显露了许多问题：第一，高等教育大众化并没有解决原有高等教育体制中存在的问题；第二，教育质量下降等多种问题出现了；第三，高校陷于"工具论"定位误区，时而被定位为经济发展的工具，时而成为政治的工具，或两者兼而有之。放眼高等教育大众化发展现状，一个显而易见的事实是入学人数的显著增加及学习者构成的多样化。纵观古今、横贯中外，教育的发展都是与个体的发展相联系的，因此，必须在学习者主体数量激增的背景下，关注每一位学习者的发展成长。高等教育定制化教学可以真正关注每一位学习者，成为应对高等教育大众化发展过程中诸多问题的方法。

高校定制化教学将促进高等教育大众化的发展，或者说定制化教学是未来大众化教育的新形式。

（三）教育民主理念下的高校定制化教学

1. 教育民主的含义

"教育民主"是"民主"这一概念在教育领域中的体现，主要包括以下内容：教育权利平等，即全体社会成员不受政治、经济、社会地位、民族、种族、信仰及性别的限制，均享有受教育的同等权利；教育的民主决策和管理，即教师、学习者、家长、国家其他公民与教育行政管理人员共同参与教育的决策与管理；教育过程中师生关系的民主，即师生在教育过程中具有平等的人格关系和伦理关系，学习者尊敬教师，积极参与教学过程，教师爱护学习者，充分调动和发挥学习者的积极性和主动性，而不是压制学习者。同其他民主一样，教育民主直接受到社会历史条件的制约，并随着时间、地点、条件的变化而不断变化。

广义的教育民主，就是指越来越多的人得到教育机会，受到越来越充分的民主教育。

2. 教育民主理念下的定制化教学

第一，转变原有观念，这是认识教育民主理念下高校定制化教学的前提。保障高等教育质量，才能在真正意义上实现教育民主。因此，为提升高等教育质量而设计的高校定制化教学，是实现我国教育民主的有效途径之一。没有绝对的教育民主，但它是高等教育发展的不懈追求，也是高校定制化教学的追求。

第二，高等教育大众化作为教育民主实现的初级形式之一，在一定程度上已经不能满足学习者个体发展的需求，属于低层次的教育民主。高校定制化教学为学习者提供了更多自由选择的机会与途径。实现教学过程、教育活动、教育方式、教育内容等的民主，将是实现我国高等教育民主化的有效途径之一，属于较高层次的教育民主。教育民主的发展趋向是进一步改革教育制度和教育结构，不断扩大选拔和培养人才的范围，使人们沿着终身教育的模式前进，因此必须推进高校定制化教学与教育民主的协调发展。

第二节　"互联网＋"背景下高校定制化教学的可行性分析

教学是为了帮助学习者更好地学习。由于社会发展对学习者个体的要求不断发生变化，因此教学也在根据社会发展不断发生变化。"互联网＋"时代，网络与技术的发展为教学变革提供了许多新的途径与方向，教师与学习者之间的关系正在被重新定义。

"互联网＋"时代，教育资源的极大丰富使颠倒教学流程、重构师生关系、变革教学模式成为可能。定制化教学通过对教学过程及其要素进行重新设计，使学习者真正参与整个教学过程，真正实现基于学习者个体特征的个性化教学。但是，一定时期的社会背景对教学变革同时有支持作用与制约作用，因此"互联网＋"时代高校开展定制化教学有其可行性与发展基础，同时会遭遇误解与阻力。

一、高校定制化教学的可行性分析

"互联网＋"作为互联网时代一种全新的社会发展形态，对高校教学产生了重要影响，为高校教学改革突破传统路径、进行颠覆性创新提供了可能性。"定制"作为一种顺应互联网时代的生产范式，核心是对每一个个体需求的关注，而这一理念也应该是当前高校教学改革的方向与必经之路。高等教育不同于基础教育，其更应该关注每一个学习者个体的需求与发展，因此"互联网＋"背景下的高校定制化教学与高校教学改革有着密切的联系。一方面，"互联网＋"背景下的高校定制化教学是一种基于现代信息技术，包括大数据技术、物联网、云计算、安全存储、人工智能、量化自我、学习分析技术及脑科学等，为学习者提供自适应的教学路径与个性化的教学内容的新型教学模式。在这种教学模式之下，学习者能够深刻感受到自身的发展与成长，能够明确自身的发展方向。另一方面，定制化教学并不是要摒弃或替代现有教学模式，并且定制化教学也不可能替代现有教学模式。定制化教学是对现有教学模式的一种补充与辅助：通过现代信息技术把握学习者的个体特征，进行个性化的教学设计；提升教师智慧，帮助教师开展更科学、更具针对性的教学活动与教学辅导，有效地提升学习者参与度与教学效果，与先有教学模式相结合，共同构成"互联网＋"背景下的新型教学模式。

"互联网＋"背景下的高校定制化教学以学习者的个性倾向、兴趣、知识结构、认知框架、能力结构、思维特征等为教学设计和一切教学活动的起点和出发点，因此定制化教学能够为每位学习者提供适合的教学，能够在一定程度上增强学习者的学习积极性与主动性，大大提高学习者的学习动机及学习者的自我效能感。同时，定制化教学关注学习者的能力倾向，因此能够给每位学习者以不同的发展路径与教学目标，有利于学习者个体能力的培养，包括创造能力、发现问题和解决问题的能力等。因此，"互联网＋"背景下的高校定制化教学可以作为高校教学方式变革的可行方向，本节从教育资源、学习者、教师、政策保障、技术支撑五个层面加以分析。

（一）教育资源层面

1. 丰富优质的教育资源提供了内容保障

互联网时代高校教学改革的一个突出特征，也是最显著的变化是教育教学资源的极大丰富。MOOC、SPOC、视频公开课、精品资源共享课、微课、在线学习平台、网络资源等教育资源不断涌现，为高校教学改革提供了内容丰富、呈现形式多样、开放共享、获取便利的教学资源。不同的教学资源具有不同的特点，正是这些丰富优质的教育资源成为"互联网＋"背景下开展定制化教学的基础与保障。

不同的教育资源具有不同的优点，也就有了不同的适用范围：MOOC 作为大规模开放在线课程，为学习者提供了丰富多样的课程资源和广阔的互动交流平台；SPOC 作为小规模限制性在线课程提供的是更具针对性的教学资源，更利于与传统教学相结合；微课具有"短、小、精、悍"的特点，是一种针对具体教学要点的资源，便于学习者对具体教学要点进行学习。各具特点的教学资源为定制化教学的开展提供了可能，针对学习者的不同特征可以选择不同的教学资源，为定制化教学开展提供了课程资源保障及内容保障。

同时，互联网时代，资源的生成速度也愈来愈快。当学习者在学习平台上进行学习的时候，不需要任何人求，学习者会自发地在网络上交流分享自己的资源。如果在教学活动或学习活动进行的过程中，世界各地的学习者都在共享自己的学习资源，那么教学资源的生成速度将会非常快。由于学习者的生活、文化背景都不相同，学历背景与学习进度也不相同，因此生成的资源是多样的。这极大地丰富了教学资源的形式，而多样性的资源对学习者的学习能力以及学习效率提出了更高的要求。

2.高校对教育资源的占有

当前丰富的教育资源得益于网络，包括移动互联网，在线学习平台的建设为整合丰富的教育资源提供了途径。MOOC、SPOC、视频公开课、精品资源共享课等优质教育资源本质上是国内外各知名高校开发的课程，为其附加多种辅助教育资源后将其开放共享，形成了各具特色同时保证质量的教学资源。同时，MOOC、SPOC、视频公开课、精品资源共享课等教育资源的使用者大多是高校教师和在校学生，高校教师将其作为提升自我的途径以及开展教学的补充资源，学习者将其作为传统高校教学的辅助与补充。此外，关于MOOC、SPOC、精品资源共享课、视频公开课、微课、在线教学平台等资源的相关研究，尤其是具有前瞻性与指导意义的研究集中在高校。

综上所述，"互联网+"时代的数字化学习资源、网络学习资源的开发、使用、研究等都有赖于高校，因此可以说高校占有了大部分优质资源，能够更加高效便捷地获取资源，广泛开展对优质资源的多种利用形式的探索，实现对丰富优质资源的合理与充分利用，而这也为在高校开展基于技术的定制化教学提供了可行性。

（二）学习者层面

1.互联网时代学习者特征

互联网时代的学习者都是熟悉了解计算机技术和网络技术，成长在网络环境中的"数字原住民"，正因如此，他们具备较高的信息素养与实践能力。但是，"互联网+"时代知识增长速度不断加快，越来越多的信息充斥着学习者的生活，为他们带来丰富资源的同时，带来了巨大的认知负荷与学习负担。因此，学习者必须不断提高自身的信息素养，才能适应不断发展的"互联网+"时代对他们提出的新要求。"互联网+"时代的学习者对技术、网络、信息等具有浓厚的兴趣，关心新事物与前沿问题的发展，他们有意愿并且有能力获取更多更优质的资源，有意愿也有能力与外界网络化环境产生深度交互。在"互联网＋"环境中开展学习活动已经成为当代学习者的主要学习方式，因此学习者能够很好地适应"互联网＋"背景下的高校定制化教学，也更倾向于这种关注个体特征的教学方式。

2.学习者对新型教学方式的需求

通过文献调研及相关访谈可以明确的是，学习者对当前高校教学方式有诸多看法，对当前高校教学的效果也并不满意，其原因在于当前高校教学仍延续传统教学模式。虽然教育是较早与"互联网＋"整合的行业，但是时至今日，"互联网＋"教育仍然没有对高校教学方式产生变革性的影响。

当前高校教学仍为追求教学效率与管理便利而采用大规模教学，但是这样的教学方式无疑会忽视学习者的个体特征，而更关注学习者整体的特征，并以此来开展教学活动、确定教学进度。这样确定的教学进度与设计的教学活动并不符合每一个学习者的情况，有些学习者往往因为不能跟上教学进度，或者不能深度参与教学活动而消极对待教学活动，最终导致教学效果低下，因此形成恶性循环。同时，有些学习者的学习可能远远超过教师制定的学习进度，因此在教学过程中，这些学生往往没有学习热情，也达不到良好的学习效果。

在传统教学模式中，教学资源往往采用一种普遍并且简洁的呈现形式，如 PPT 呈现或文本呈现，这种呈现方式追求的是教学信息呈现的效率，即使用 PPT 或者文本呈现教学信息，能够在有限的范围内尽可能呈现更多的教学内容。但是，信息呈现方式的高效率并不代表信息呈现有效果，因为不同的学习者需要不同的信息呈现形式，不同的信息呈现形式也将对学习者的学习效果产生不同的影响。"互联网"背景下，学习者自身能够接触到丰富的教育资源，并且能够主动学习，因此需要更能体现个性化、更具针对性的新型教学方式。"互联网＋"背景下的高校定制化教学的核心是对学习者个体特征的关注，能够根据学习者的个体情况开展教学，有利于激发学习者的积极性，提高其学习效率，满足学习者对基于技术的新型教学方式的期望与需求。

（三）教师层面

1. 新型教育理念的树立

随着高校教学改革的不断推进，有关基于各类技术的高校教学改革的理论研究与实践探索在高校中开展，这些理论研究为"互联网+"背景下开展高校定制化教学奠定了理论基础，这些实践探索与研究为此提供了案例参考与应用的可能性。随着理论研究的不断深入与教学变革实践的开展，高校教师在"互联网+"背景下深刻认识到当前的教学形式不能适应社会发展的需求，也不能满足学习者的个体需要，因此教师也在积极更新自己的教育理念，不断将新的教学形式整合到原有的教学框架中，如将微博、QQ等社交媒体运用到课程教学中，开展以深度交互为核心的社群交互方式；将学习平台应用到课程教学中，采用以学习者为中心的探究性协作教学；将MOOC、精品资源共享课等资源运用到课堂教学中，大大丰富了课堂教学内容。所有这些都反映了高校教师已接受并积极探索新型教学形式，这有利于高校定制化教学的研究与开展。

2. 教师价值的重现

教师在进行同一课程的教学时往往延续以前的教学设计，同时由于课程时间、课时数量等的限制，教师教学以传统授课为主要形式，以传授知识为主要目标，无法发挥教师的积极性，也不利于学习者学习积极性的提升与创新思维、创新能力的培养。

教师最重要的价值在于运用自身智慧来帮助学习者生成智慧、塑造品格、培养能力，而不应该单纯教授知识。而基于"互联网+"的高校定制化教学虽然将教学设计的决策权交还给了学习者，但是教师也因此承担了更重要的责任。第一，学习者往往不能准确把握自身的个体特征，在大数据技术、学习分析技术、量化自我技术等相关技术的支撑下，学习者虽然能够对自身情况有所了解，但是其没有足够的能力来做出最适合自己的决策。此时，教师依据学习者大量的数据信息对学习者的情况和特点有了初步掌握，同时根据自身对教学内容的把握、多年积累的教学智慧，为学习者提供决策指导与教学指导，帮助学习者做出合适的选择。第二，定制化教学所实现的对课程、资源的整合，将为教师开展教学提供更多的可能。因此，在定制化教学设计过程中，教师起着至关重要的作用，在生成智慧、启迪人生方面具有重要价值。教师对定制化教学的认同与尝试将是"互联网+"背景下开展定制化教学的有利因素，能够为定制化教学的开展提供师资力量的保障。

（四）政策保障

2015年7月，国家出台了《国务院关于积极推进"互联网+"行动的指导意见》（以下简称《意见》），《意见》对"互联网+"时代如何将互联网创新成果与其他领域深度融合提出了指导，提出在协同制造领域，应积极发展大规模定制，即利用互联网采集并对接用户的个性化需求，开展基于个性化产品的服务模式；同时在益民服务领域提出要探索新型教育服务供给方式，加快推动高等教育服务的发展。"互联网+"时代进行高校教学模式变革可以开阔眼界，不仅将教学模式变革放在教育领域内部考虑，还可以借鉴其他行业领域的变革方式，创新教学模式。将生产制造行业的"定制化"策略应用于高校教学之中，利用互联网采集学习者的个性化需求与学习者个体特征，通过对信息化教学设计的关键环节进行模块化构建与整合改造，深入挖掘学习者的个体发展需求，开展基于学习者个体特征的定制化教学设计，实现高校教学模式的创新。

《清华大学综合改革方案》《北京大学综合改革方案》《上海交通大学综合改革方案》分别于2014年10月31日、12月1日、12月29日获得国家教育体制改革领导小组办公室批准，并将投入实施，标志着高校教学改革的全面展开。教学改革涉及专业改革、学科改革、课程改革、招生改革、资源配置改革等多个方面。"互联网+"背景下开展高校定制化教学以学生个体的幸福、发展、成长为教学的最终目标，进行教学方式的变革。

（五）关键支撑技术

1. 量化自我技术

未来几乎所有能想象到的事物都能追踪和量化。基于这样的理念，2007年，Wired杂志主编凯文·凯利和技术专栏作家加里·沃尔夫提出"量化自我的"概念，成立"通过自我追踪进行自我认知的工具开发者和用户兴趣小组"，并由此发起了一场探索自我身体的社会运动。他们把对自我跟踪感兴趣的使用者、工具制造者（Self-tracker）组织起来，在全球各国建立量化自我的兴趣组织。同年，凯文·凯利和加里·沃尔夫在旧金山创办了"量化自我"网站，网站倡导通过数字了解自身。

量化自我指通过数据收集、数据可视化、交叉引用分析和数据相关性等技术手段，获取个人生活中有关生理吸收（Inputs）、当前状态（Status）和身心表现（Performance）等方面的数据。量化自我也可称作"Self-tracking+"（自我追踪）、"Body Data+"（生理信息）、"Auto-analytics"（自我分析）或者"Life Hacking"（生活数据化骇客）等。简单来说，就是利用技术和设备来追踪自己的情况，并进行量化。凯文·凯利针对量化自我提出"生活流"的概念，他认为人们可以利用一个数字生命跟踪体系来记录整个生命，创建属于自己的生命图表。而生命自身也将成为一股时刻在线、不断前行的生活流。量化自我的目的是实现自我进步、自我发现、自我认识、自我了解。

但是将量化自我相关工具及相应技术应用于教学中，关注的重点不再是学习者的生理数据，而更应该关注学习者的学习过程以及学习者对外部环境感知的相关数据，如眼动数据、脑波数据等。对这些数据加以分析，并将这些数据应用于高校定制化教学，可以对学习者进行智能、全面的分析，以此可以更具针对性地了解每一个学习者。

将量化自我技术应用于高校定制化教学，使学习者能够把握自身特征，并以此来定制符合自身需求与适合自身发展的教学计划与教学方案，真正实现教学以学习者为中心；也使教师能够把握学习者的学习规律，为其设计适合的教学活动，提供其感兴趣的教学内容、恰当的学习材料等，从而实现以学习者为中心的定制化教学。

2. 大数据及教育数据挖掘技术

大数据作为一种术语，描述的是难以想象的数据量，以及数据生成的速度与结构。道格拉斯提出大数据的关键特征为 3V，即大数据量（Volume）、数据增长速度（Velocity）及数据格式多样化（Variety）。大数据技术包括数据采集技术、数据存储技术、数据挖掘技术、数据分析技术、可视化呈现等相关技术。丹尼尔提出大数据的更多核心特征：大数据量，这对数据的存储、处理、传输、分析和呈现都提出了巨大的挑战；数据增长速度不断加快，并以此提出了信息流增长率问题；数据准确性，即通过各种来源产生的数据的偏差、数据噪声和异常数据，还涉及数据收集、处理和利用过程中的信任问题等；数据格式多样化，主要分为结构化数据与非结构化数据；数据验证，主要指的是对数据的真实性进行验证，以及数据安全问题；数据价值指的是大数据能否促进有价值的想法的产生，能否创造利益，能否对原有流程进行改进等。大数据技术为高校教学提供了一种依赖数据进行决策的科学方法，为更深入地了解学习者、定制更精准的教学提供了可能。

大数据要想发挥其优化教学、指导教学的作用，就必须依赖数据采集技术、数据存储技术、数据挖掘技术、数据分析技术、数据传输技术以及可视化呈现技术等关键技术。将这些大数据相关技术整合到教学过程中，在教学平台的支持下，收集学习者的一切数据，在相关技术的支持下，深入挖掘和分析每一位学习者的学习规律、个性倾向、兴趣、知识结构、认知框架、能力结构、思维特征、价值取向等，从而全面深入地了解每一个学习者个体。进行教育数据挖掘（Educational Data Mining，EDM），在此过程中分析学习者群体特征，把握学习者集体学习的规律，可以为大规模教学的开展提供数据支撑，不仅能提高高校教学对每一位学习者的针对性，还能够提高教学效率，提升整体教学效果。同时，开展基于数据的多元教学评价，转变传统教学评价方式，将依赖教师经验的评价转变为依赖数据的科学性评价，评价结果也成为下一教学活动开展的依据。

高校定制化教学是以学习者的个体特征为教学设计的出发点的，因此必须对学习者个体特征有深入全面的认识。传统教学对学生的全部认知来源于教师的感受、对学生的主观感知，不可避免地存在认知片面甚至错误认知的情况。在"互联网+"背景下，利用大数据技术从多种来源收集学习者数据，并对这些数据进行整合分析，深入挖掘数据背后的规律与价值，能帮助学习者和教师做出更好的教学决策，设计更具针对性的教学。

3. 学习分析技术

学习分析是指分析和解释在学习过程中所形成的与学习者行为相关的数据、学习者个体档案以及他们所处的学习情境，用来评估学习者的学习情况，发现学习者在学习过程中潜在的问题，并在一定程度上对学习者的未来发展做出预测。学习分析的目的是优化和改进教学设计、学习结果，并对教学环境进行分析。学习分析涉及教学过程前期的测量、数据的收集与分析、教学背景的分析等，通过对学习者数据的分析解释来理解学习者在不同教学设计中的行为，以便据此优化教学。

因此，学习分析与大数据是相辅相成的，大数据是学习分析的基础与内容，一切学习分析有赖于学生数据，学习分析是对大数据的处理与解释，重在挖掘数据价值。利用学习管理系统（Learning Management System，LMS）对学习者在教学过程中的行为进行测量与跟踪，记录学习者产生的数据，这样学习管理系统平台中将累积大量并且尚在不断增长的学习者个人数据，而学习者所选择的专业、课程、内容、资源等，在教学过程中表现出来的态度与偏好等，所参与的讨论、协作、作业等，都将作为关键行为记录在学习管理系统中。相关人员可以通过学习分析技术，对学习者的学习状况进行评价与评估来了解学习者当前的学习状况，并对学习者的学习过程进行分析以预测学习者的学习路径，分析学习者的学习风险，给予学习者学习预警并在恰当的时候采取干预措施，以此来保障学习者的学业顺利开展。同时，收集学习者对教师的反馈，结合学习者数据，帮助完成对教师的评估，以及帮助教师根据学习者个体数据针对学习者个体进行精准的、具有针对性的教学设计；根据学习者整体数据进行总体教学设计，并为部分学习预警学生进行合适的教学干预。

学习分析是一个循环往复的过程，分析经由平台收集的数据，基于数据调整教学设计，以每位学习者为中心开展教学，教学过程中产生的数据再次被平台记录……这是一个伴随式信息采集与分析的过程。在学习分析技术以及学习管理平台的支撑下，学习者、教师、教学管理者都将对教学过程有更加深入的了解与认识，因此能够更好地开展教学活动和学习活动，改进教学策略和教学方法，最终达到优化教学的目的。

二、"互联网+"背景下高校定制化教学的动力因素

"互联网+"时代提出高校定制化教学尝试的原因有很多，社会、经济、技术等多种影响高校教学变革的因素正在不断发展，而正是这些因素的共同作用，催生了定制化教学原型的产生或定制化教学的实践尝试。

（一）社会发展动力

教育的出现是和人个体生命的存在和发展相联系的，教育的发展是指向和不断逼近人类生存质量的提升和完善的。社会发展程度越高，个人在社会中的独立性就越突出，高等教育的功能就越应该透过人类的主体要求而不断满足每一个个体的基本需求，这就是定制化教学最基本的价值观念。

按照现代社会科学的有关理论，整个社会主要由三类组织构成，即营利组织（以企业组织为代表）、非营利组织（以高等学校为代表）与政府组织，它们分别是经济、社会、政治领域的主要组织形式。"互联网+"背景下高校定制化教学在形成发展过程中一直受到这些社会组织的推动。我国整个高等教育的发展，政府一直负有并应该负有主要责任，这一点是由我国的

社会制度及政府在教育发展中的重要作用所决定的，这是毋庸置疑的。因此，"互联网＋"背景下高校定制化教学首先要满足国家发展对高等教育人才培养的需求，这也是教学变革的制度保障，是推动定制化教学变革的首要动力。

（二）经济发展动力

随着社会经济的发展与生活基本保障的实现，人们对教育投入的能力与意愿也在不断提高。对优质高等教育的迫切需求，是高等教育教学改革的重要动力与物质基础，也是保障"互联网＋"背景下高校定制化教学开展的重要动力与物质基础。在经济发展不良、人们财富累积有限的情况下，许多家庭选择牺牲孩子受高等教育的机会，这一现象已经随着经济发展而逐渐消失了，现在的状况是，人们对教育投入越来越多了。今天，随着高等教育的市场化浪潮，高等教育的市场活跃程度不断加强，学习者和家庭可以选择的高等教育路径增多，学习者和家庭对高等教育服务的需求也在日益扩大，且他们的支付能力也在提高。因此，学习者和家庭关注的不仅仅是获得高等教育的权利，更重视对高等教育质量与高等教育服务的选择。

经济发展催生了人们更高层次的追求，人们投入到高等教育中的财富与精力都代表着他们对高等教育的更高要求。每个人都有自己的追求，为了实现每个个体的需求，满足社会对高等教育的要求，就必须提供更好的教育服务，而这种教育服务是以满足个体需求而开展的，是以学习者个体特征为基础开展的。经济发展使人们对高等教育的需求日益增长，而正是这种增长促使高等教育机构转变观念，潜心研究学习者群体的消费需求并为其提供满意的服务，这就是"互联网＋"背景下高校定制化教学产生的经济基础。

（三）商业利益驱动

和影响生产力的土地、劳动、资本等因素一样，知识经济时代，知识也成为当今社会有价值的资源之一，成为经济竞争中占有核心地位的资本，并被赋予了商品属性。高等教育作为获取知识的无可取代的重要途径，已经成为人们追求知识的必经之路。人们对知识的追求，以及知识的商品化，使社会机构及其他团体对高等教学的投入不断加大，这种投入也催生了高校定制化教学的产生与发展。

"知识的资本化""知识经济""知识服务"这些概念都带有浓厚的商业色彩，随着高等教育办学主体的多样化，社会资本的投入增强了高校教学的活力，提高了高校办学效益。社会资本的投入使高校更容易进行教学改革与教学创新实验，社会资本投入更重要的目的是获得效益，而为了实现自身效益的提高，就必须重视消费者的需求与权益，即学习者及其家庭的需求与权益。因此，社会资本更能够也更有意愿满足学习者的个性化需求，并为其提供定制化教学服务，这也对公办高等教育提出了更大的挑战。为了适应这种挑战，高等教育必然会迎来全面的教学改革，而这正是由于社会资本对参与和提供高等教学服务有浓厚的兴趣，并且会积极推动高校定制化教学的开展，成为定制化教学的商业推动力量。

（四）互联网络及信息技术动力

世界范围内的科学技术，特别是互联网及现代信息技术的飞速发展，已将世界连接为一个整体，世界性的信息同步已经深刻改变了现代人的时空观念以及价值取向。技术进步是人类文明发展的根本动力，也是推动教育转型发展的重要动力。

随着教育信息化及教育现代化的不断推进，以现代信息技术和网络技术为基础建设的数字化学习环境已经成为学习和教学发生的主要场所，数字化学习、移动学习已经成为重要的学习方式。网络的发展及信息技术的发展转变了信息的呈现方式，改变了资源的组织形式，使全球范围内的资源可以开放共享，优质资源极大丰富，MOOC、SPOC、开放课程等教育资源随处可得，促进了教学方式与学习方式的变革。现代科学技术的发展带来了知识以及信息的膨胀，并且拓宽了世界各地更多人口获得这些信息和知识的渠道。大数据、云计算、量化自我等技术的发展，使教学由经验型向数据型科学分析转变，也使智慧教育成为可能。

在这样一种互联互通、更便捷、更开放的环境下，未来的学校可以通过教育大数据分析来精确了解学习者的认知结构、知识结构、情感结构、能力倾向和个性特征，并在此基础上提供全面的、个性化的与精准的教育服务。精准的、个性化教育服务供给不仅能够对学习者学习问题进行诊断与改进，还能发现和增强学习者的学科优势；不仅能够及时发现学习者的知识盲区，完善学习者的知识结构，而且能够增强学习者的优势与特长。[①] 而这正是互联网思维指导的定制化教学开展的基础。

---

① 余胜泉，王阿习."互联网＋教育"的变革路径 [J]. 中国电化教育，2016(10): 1-9.

（五）高等教育转型动力

维护和增强个人在其他人和自然面前的尊严、能力和福祉，应该是 21 世纪教育的宗旨。应将以下人文主义价值观作为教育的基础和目的：尊重生命和人格尊严，注重权利平等和社会正义，包容文化和社会多样性，以及为建设我们共同的未来而实现团结和共担责任的意识。新的时代对高等教育提出了新要求：教育要培养出适应变化的具有创新能力的国际化人才。为实现该新要求，高等教育必须进行深度改革，从教育教学理论到实践都进行深刻变革。一方面，传统高等教育的弊端已渐渐显现，如学习者游离于教学之外，学习者对专业毫无兴趣，专业设置与社会需求脱节等，这些弊端就是一种动力，推动着传统高等教育的变革。而另一方面，新的教学理念、新的教学形式及其发展又形成了另一股强大的推动力，促进高等教育的转型。21 世纪的教育要尊重生命和人格尊严，要关注学习者，要培养多样化的人才，要培养创新型人才，所有这一切的变革需要，都是"互联网+"背景下开展高校定制化教学的动力，推动着高校定制化教学的开展。

三、高校定制化教学的理论困境与实践困境

高等教育要适应社会发展的需要，否则即使不断扩大规模也不能满足社会发展与个人发展的需求，不能完成高等教育应该承担的社会责任与历史使命。教育的社会价值并不能通过自身得到证明，它只能通过满足社会的需要、推动社会的发展来证明。因此，正确反映社会发展对教育的需要，按照社会发展的需要办好教育，是促进教育发展的唯一正确的道路。[①] 当前，在大多数人的教育权利获得满足后，学习者更关注自身得到的教育质量与自己受到的关注。互联网时代，在技术的帮助与支持下，基于技术的深度个性化成为可能，依据学习者的个体特征开展高校定制化教学主要面临以下四个方面的问题。

（一）高校定制化教学与高等教育质量

教育质量问题是高等教育发展的核心问题，也是研究新时期高等教育教学必须面对的问题。但是，关于高等教育质量的表述仍然存在争议，其中较为概括的表述为《教育大辞典》中的相关表述：教育质量指的就是教育水平

---

① 陈玉琨.高等教育评价论 [M].广州：广东高等教育出版社，1993：40.

高低和教学效果优劣的程度。教育质量最终体现在培养对象的质量上，衡量的标准是教育目的和各级各类学校的培养目标。其中，教育目的规定受教育者的一般质量要求，也是教育的根本质量要求；培养目标规定受教育者的具体质量要求。在《教育大辞典》的有关概念框架下，相关学者仍然提出了许多不同的高等教育质量的概念，将高等教育质量概念泛化，将无法满足政治发展、经济发展、社会发展、个人需求等诸多方面的内容均列为高等教育质量问题，这对新时期高等教育的发展是极为不利的。

归根结底，这种乱象的根源在于没有明确高等教育质量的主体对象，即在表述过程中，不同主体对象根据自身的价值取向和所代表的立场，片面描述高等教育质量问题。同时，各种主体对象又会受到其他主体、其他因素的制约与影响，导致了在描述高等教育质量问题的时候形成了各执一词但又相互关联的现状，如果不厘清这种乱象，高校定制化教学就无从谈起。

一般来说，高等教育质量涉及的主体对象主要有以下四类：国家政府、社会经济组织、高校主体、学习者及其家庭。主体对象为国家政府时，往往制定相关标准，考察发展是否达标或达标的程度。这种观点一直对其他观点起导向作用，属于导向性的规则。主体对象为社会经济组织时，往往注重高等教育能否满足和适应经济发展的需要，如学习者能否满足用人单位的需要，科研成果能否创造经济和社会效益等，这种观点是当前的主要观点。主体对象为高校主体时，则将高等教育中的一切因素纳入讨论范围，如学校设施、校园文化、人才培养、教学管理等。主体对象为学习者及其家庭时，更注重高等教育能否满足个人发展需要，及其满足个人发展需要的程度，而高校定制化教学在更大程度上反映了这种观点，即在满足社会发展需要的基础上，让高等教育最大限度地满足学习者个人发展的需要，但是这种理论转化为实践的难度显而易见。

当前高等教育质量饱受批判，不论在何种主体背景下考察，高等教育的质量都不尽如人意。教育质量主要受到教育制度、教学计划、教学内容、教学方法、教学组织形式和教学过程等的合理程度以及教师的素养、学习者的基础、师生参与教育活动的积极程度的影响。在当前背景下开展高校定制化教学的理论探讨与实践对教育制度、教学计划、教学方法等都是一次新的尝试，有两个方面的困难。第一，正因为当前高校教育质量令人担忧，受到社会各方的强烈关注，所以想要破除传统体制，进行新的实践就显得尤为困难。定制化教学并不是在一个层面上对高校教学进行修修补补的改善，而是要在所有层面上都转变教学理念。第二，保证定制化教学提升教学质量而不对教学资源产生浪费。

首先，要在教育观念、教学方式、教学管理模式等方面适应新形势。高等教育质量能否得到认可，不仅由高校毕业生就业率高低来衡量，而且应由能否满足学习者个体需求，能否通过对影响教育质量的一切因素的深入分析与重构，达到提升高等教育教学质量的目的来衡量。其次，正如上文所述，目前尚未形成统一的、适应新时期的高等教育质量观，以从前的单一维度质量观来衡量当前高等教育质量显然不合适。因此，有必要建立与现阶段发展情况相适应的多层次的质量评估体系与指标，从学习者个体的发展与幸福、教学任务的完成以及全体学习者全面提高等方面来建立高等教育质量评估体系，树立适应定制化教学发展的全新高等教育质量观。

（二）高等教育多样化对定制化教学的更高要求

高等教育多样化是满足多样化的社会需求以及个人需求，实现高等教育发展的重要途径。学者德拉高尔·纳伊曼曾指出："多样化成了关于高等教育前途讨论的一块奶油蛋糕。""无论个人和社会有什么新的需要，只有一个解决问题的秘诀，那就是'多样化'。"在高等教育系统的存在状态及发展趋势中，具有优先性质和占据主导地位的发展倾向是权力的分散化、支持的多样化以及无序的合法化，其中支持的多样化是最核心的发展趋势。

社会本身就是一个复杂的系统，社会系统的正常运转，需要各种各样的角色，不同角色需要具备不同的技能与特点，这些角色即不同的人才。社会各方面、各部门对人才的需要是不同的，这种不同既体现在对人才能力、人才类型的要求上，也体现在对人才层次的要求上。因此，社会需求的多样化导致了人才观、人才培养观念、人才培养方式的多样化，原来单一的培养模式与培养观念已经不能适应互联网时代社会发展对人才的需求，况且，这个世界上也不存在所谓的"全才"，术业有专攻才是正确的人才观。

高等教育的发展必须是多样化的，这种多样化既体现在专业上、学校类型上，也体现在层次、级别上，从而形成了办学目标、培养目标、培养方式、教学方式、教学过程等方面的区别，形成了多样化的人才培养观念。高等教育一方面要为社会发展服务，从而体现高等教育的工具性；另一方面要为个人发展与需求服务，从而体现高等教育以人为本的特性，关照每一位学习者的幸福与全面发展。因此，高校定制化教学必须兼顾高等教育教学工具性和人文性的统一。如何处理两者的平衡，是开展高校定制化教学的关键与难点。

（三）高校定制化教学个性化与学习者全面发展悖论

《国家中长期教育改革与发展规划纲要（2010—2020年）》（以下简称《纲要》）针对坚持全面发展提出，加强和改进德育、智育、体育、美育；坚持文化知识学习与思想品德修养的统一、理论学习与社会实践的统一、全面发展与个性发展的统一。这是带有政治取向的学习者全面发展的内涵，也是时代和社会发展的内涵，能够对学习者全面发展起指导作用

但是由于我国高等教育发展规模及其他问题，《纲要》在施行过程中遭遇了诸多困难：学习者的个性、兴趣、能力、潜力、需求各有不同，但是由于对高等教育的追求，学习者只能选择放弃一些个人特征，而按照统一标准来要求自己。但进入大学后，学校对学习者"全面发展"的要求往往与上述理念背道而驰，专注于对学习者智育单方面发展的要求，即要求学习者在智育发展的多个方面发展，而不关注或忽视学习者本身兴趣与能力的差异或其他方面的发展。学习者能力与兴趣本就有差异，因此不同学习者在学习过程中都会有自己的优势学科与劣势学科，有自己的特长。定制化教学将选择的权利交给了学习者，那么学习者可能面临两种选择：其一，选择自己的优势学科，更加突出自己的优势；其二，选择自己的薄弱学科，补足自己的短板。无论学习者做出何种选择，都是合理与正确的，都是不容教师更改的，但这样的选择无疑是对全面发展的挑战。

因此，在贯彻全面发展理念的过程中，学校必须摒弃对全面发展的片面追求，学习者的全面发展必须与其个性发展相结合。学校在充分尊重学习者的个人选择、相信学习者能够为自己的发展与人生幸福负责的前提下，将人类时代累积的知识文化传授给学习者，将社会普遍需要的德智体美及技术教育等诸多内容呈现给学习者，使学习者学会生存、学会做人、学会创造、学会为自己的人生负责，从而成为幸福而自由的独立的人，在发扬个性的基础上成长为全面发展的人。

（四）高校定制化教学短期内对教育效率的伤害

效率是当前社会的首要价值取向，因此在高等教育中，人们会不自觉地用效率来衡量和要求高等教育。教育效率指的是教育的社会效果与物质的和非物质的消耗的比率：V（教育效率）$= E$（社会效果）$/C$（消耗），即追求教育效率就是要以最小的消耗获得最大的社会效果，或者在一定的社会效果下，消耗更少。一般认为，提高教育效率的措施主要有两个方面。其一是

硬件设施及财务的利用：合理确定学校的规模和布局；合理分配和使用教育经费；提高校舍及图书、仪器、设备的使用率；实行勤俭办学，严格财务制度，杜绝一切铺张浪费现象。其二是优化教育教学，把握好教育教学的每一环节：全面贯彻党的教育方针，实现既定教育任务；提高管理水平，建立良好的、相对稳定的教育秩序；充分发挥教师的作用；提高在校学习者的巩固率，降低退学率；广泛利用教学技术手段；减轻学校的社会负担。但是，这些措施都只是在现有的教育体制和框架下进行的，通过调整现有资源，包括硬件资源、软件资源、空间资源、师资等，来达到提高教学效率的目标。

其实，提高高等教育效率，主要是要尽可能地降低高等教育投入，或者提高高等教育产出。那么高等教育投入主要包括哪些方面的内容呢？首先是高等教育经费的投入，这就包括校园硬件设施及各种财务、设备、仪器等的消耗，但这些并不是高等教育最主要的教育投入。其次，高等教育投入还应该包括人、时间、空间、信息等一切因素。最后，高等教育作为一种开发人的智慧的教育活动，最重要的是促进学习者在思想上的成长，也就是说教育投入不仅仅包含可量化的投入，还包括不可量化的精神上的投入，这是最重要的。那么高等教育的产出又包括哪些方面的内容呢？高等教育的产出首先是高校培养的高素质人才，这些高素质人才对社会发展具有重要作用，而这也正是高等教育另一产出，即高等教育的社会、经济、政治、文化功能。

高校定制化教学目的在于培养人才，也就是说高校定制化教学本质上是为了提高教育产出，根据学习者潜能及兴趣，因材施教，使每个学习者都能在自己的领域寻求完善。但是，高校定制化教学提高产出是以加大教育投入为代价的，需要教师、学校管理者等多方投入更多的精力来安排教学计划，为每一位学习者提供个性化培养方案，这需要高校以及社会各方的支持。如果大规模地进行定制化教学，势必对当前教育效率造成影响。定制化教学为学习者个人乃至社会发展带来的裨益是不能定量衡量的，因此，不能片面地肯定或者否定定制化教学与教学效率的关系。定制化教学的开展与实现必然是一个漫长的发展与改造的过程，各方力量要以长远的眼光，从学习者一生的幸福和发展的高度考察其与教育效率的冲突。

四、对定制化教学的误解

（一）片面强调个性化，忽视个体的社会性

个性化是定制化教学的首要取向，但是却不能将定制化教学片面理解为

个性化，认为定制化教学只针对学习者个性发展，因而培养出来的学习者不能适应社会发展的需要。这是对定制化教学最大的误解。

教育对人的发展作用表现为成人和成才两方面：成人是指把自然的人转化为社会的人，使其成为社会的一员，即人的社会化；成才是指使社会成员知识化、专业化，使其成为具备在社会上生存和发展的能力，并成为社会存在与发展需要的人才。我国高等教育承担着培养高级专门人才、发展科学技术文化、促进社会现代化建设的重大任务，进行教育改革必须立足社会发展的基本国情，面向社会需求，以满足社会对人才发展的要求为基本出发点。

根据学习者的个性特征实施教育本身就有其不合理与不科学的地方，个性化教育强调更多的是学习者个体的追求，过分突出学习者个体的个性，但人是社会的，学习者的教育不可避免地要与国家发展、民族振兴、社会利益、集体利益、个人利益密切相关，因此片面强调学习者的个人能力与自我价值倾向、忽视社会发展的客观需求的教育是行不通的。

高校定制化教学的变革也必须根据社会需要、社会环境的变化、未来社会的发展趋势等开展，不能脱离社会对高等教育教学的宏观要求，高校定制化教学也是以社会需求、家庭需求为指导开展的。

（二）定制化教学主体不明

定制化教学中的定制是针对学习者而言的，但教学似乎又是以教师为主体的，因此在进行定制化教学方案的设计与实施过程中，可能存在主体不明的误解，不清楚定制化教学究竟是由谁主持，为谁定制。其实，现代教育理论的发展、教学方式的变革一直都在倡导学习者成为教学的主体，事实上，学习者在教学中本就应该具有比教师更重要的地位。

"互联网+"背景下高校定制化教学的主体是学习者，学习者在互联网思维指导下的定制化教学模式框架内进行自我选择与自我决策，其在这个过程中的唯一主体地位是不可动摇的。1998年10月，联合国教科文组织举行的世界高等教育大会发表了《21世纪的高等教育：展望和行动世界宣言》，提出"国家和高等院校的决策者应该把学习者及其需要作为关心的重点，并应将他们视为高等教育改革的主要参与者与负责人。这应包括学习者参与有关高等教育问题的讨论、参与评估、参与课程和教学法的改革，并在现行体制范围内，参与制定政策和院校的管理工作"。因此，学习者就是"互联网+"背景下高校定制化教学的决策者，学校、教师在定制化教学系统内为学习者提供可选择的资源，帮助学习者做出决策，教师与系统平台和数据共同为学习者决策提供支持和帮助。

（三）学习者自我决策，弱化教师职能

由于"互联网+"背景下高校定制化教学主张将学习的决策权交还给学习者，因此表面上看，教师一定程度上失去了对教学的掌控权，这让一部分人产生了教师失去作用，即将消失的误解。即使技术再怎么发展，教师这个社会职业也不会消失。在不断变化的全球教育格局中，教师的重要作用在于培养学习者批判性思维和独立判断的能力。而在"互联网+"背景下高校定制化教学中，教师将扮演更重要的角色，发挥更重要的作用。学习者决策并不是脱离了教师完全自由安排，而是需要教师参与到学习者的决策中，并在学习者决策的过程中发挥重要的作用。教师是学习者决策的辅助者、分析师，扮演着教师、评估者、教学策划师等多种角色，而每一种角色都对互联网思维指导下的定制化教学的开展有重要作用，都是定制化教学开展不可缺少的环节。

因此，虽然学习者已成为学习的主人，拥有全面把握自己学习的权利，但是学习者由于自身能力不足、对自身认识不客观、对自身倾向认识不明确等，不能独自承担起决策的任务，必须依赖技术系统的支持及教师的辅助，而这将对教师提出更高的要求。

（四）将定制化教学变为"一对一辅导"

当前一些教育培训机构经常打出"定制化教学辅导"的招牌，将定制化教学定义为一对一的教育或一对一的个别化辅导。这是对定制化教学的误解，这个定义把定制化教学的某一种教学方式或教学组织形式当成定制化教学的全部，将定制化教学绝对化为"一对一辅导"。这是教育培训机构抓住学习者家长对学校教育班级授课方式的不满，针对学校教育按年级和班级进行大班教学的系统性缺陷提出的，满足了家长希望自己的孩子得到教师足够关注的愿望，归根结底是一种宣传方式，并不是真正意义上的定制化教学。"一对一辅导"的最终目标与学校大规模教学一样，追求的是学习者对知识的掌握，换言之，追求的是学习者考试成绩的提高，并不是针对学习者个性和潜能进行的，不能达到发展学习者个性与能力的目的。这种"一对一辅导"依然强调的是"应试教育"，只不过是通过针对性的强化练习与测验来达到短时间内提升成绩的目的，损害了学习者的学习热情与学习兴趣，忽视了学习者能力发展的需求，与定制化教学的理念与追求背道而驰。定制化教

学应从学习者的兴趣、能力、倾向出发，选择适合的教学方式，使学习者实现自我发展。

第三节　"互联网+"背景下高校定制化教学的系统构建

教育技术的最初理念之一是"替代教师"，但是实践已经证明这是不现实的想法，因为教育技术不论如何发展，也不可能设计出完全取代现有教学模式的新型教学模式。如果不从整体角度分析教学的各个环节与要素，就不可能真正实现高校教学变革。随着"互联网+"时代的到来，教育信息化水平不断提升，在原有教学模式上的修补已经不能满足现有教学的需求。综观当前教学变革，能够引发关注与震动的均是对教学要素进行重新整合实现教学变革的，如翻转课堂重构教学流程，MOOC重新整合教育资源等。

高校定制化教学就是在"互联网+"的背景下，基于技术支持，实现教学模块的整合与重构，以实现学习者个体发展为最终目标。高校定制化教学设计必须首先分析现有教学模式与当前高校教学结构，在技术支持下突破当前教学系统的架构，通过对当前教学模块的整合与重构，在充分了解学习者个体特征的基础上，真正实现以学习者为中心的教学模式，从而提升教学的实际效果。

一、定制化教学要素的角色转变

（一）学校转变为发生交互对话场所

互联网及现代信息技术的发展冲击着传统学校组织结构与管理体制，使得学校内部的组织结构向扁平化、网络化方向发展。互联网通过降低信息获取成本、减少信息处理时间和加快信息流动等各种方式加强了学校的管理和组织效率，又进一步对学校组织的结构产生影响。互联网的发展促进了高校组织结构和管理体制的改变，也就转变了高校在教学活动中的角色。

第一，高校成为教学服务的众多提供者之一。高校所提供的教学服务具有独特性，也是不能被其他教学服务所取代的，将与其他网络教育服务提供者、社会教育服务提供者一起为学习者提供多样性的服务。学校在这个过程中不仅是教育服务的提供者，更应承担起教学服务统筹管理、资源整合的重要任务。第二，由于社会机构的参与、社会资源的投入，知识传授已不仅仅是高校的责任，一个更加开放、更加多样、更加丰富的大教育环境正在形成。高校作为这个大教育环境的有机部分，更重要的作用是为师生、同伴提供了一个直接对话的场所。师生、同伴间的对话是一种实现心灵交互的方式，任何技术都不能替代这种交互。

（二）技术将贯穿教学全过程

互联网及其他信息技术在教学中扮演着越来越重要的角色，教育技术多年来的发展已经深刻说明了这个问题。从前，技术仅仅是教育内容呈现的载体，使教育内容呈现方式多样化，但是如今，技术已经成为高校教学不可缺少的基础支撑，基于技术建设的智慧学习环境已经成为教学和学习发生的主要场所，技术在教育教学中承担着越来越重要的责任。

首先，技术的发展改变了教学组织结构，为教学系统的模块化构建提供了契机，使"互联网＋"背景下高校定制化教学成为可能。其次，技术能够取代教学和学习中的机械劳动，将教师和学习者从重复性劳动中解放出来，使教师和学习者都能够从事更具创造性的活动。最后，技术已经成为教学决策过程的重要组成部分。传统的教学决策过程由教师根据自己的教学经验与教学智慧做出；然而得益于技术的发展，这个过程已经转变为基于数据的过程。技术所能掌握和提供的连续的、覆盖全过程的数据信息，实现的及时、全面、精准的数据分析都将是未来教育决策的重要依据。技术本身是冰冷的、不带感情色彩的，但是将技术应用于教学，追求的却是对学习者的"关怀"。

（三）教师由"教书人"向"向导"转变

传统教育一直重视教师的要求，教学活动也是以教师为主导的，教师长期处于教学活动的"统治地位"，但是未来教育发展对学习者个体差异的关注，对教师角色和教师能力提出了新的要求。

首先，教师由"教书人"向"教育者"转变。传统教育中，教师的主要任务是传授知识，但这并不是教育的本质追求，因此教师仅仅扮演"教书人"的角色。但是在定制化教学中，教师必须关注学习者的个性差异，对每个学习者的能力有全面清晰的把握，针对学习者个性进行教学模式和教学方式变革的探索，成为一名真正的"教育者"。

其次，教师要成为创造者。创新不仅是对学习者提出的要求，也是对教师提出的要求。信息时代，学习者能接触到的知识和信息的量不比教师少，但教师的经验以及教师对知识的把握也是学习者所缺乏的。教师通过拆解、建构、重组知识，实现对知识的应用与创造，帮助学习者更好地学习，这是新时代教师更应该做的。

最后，"互联网＋"背景下的高校定制化教学需要教师成为学习者的"向导"。教师的职责是发现每一个学习者的个性，为学习者提供自我发展的路径，为学习者的自由发展提供服务，为学习者的决策提供指导，帮助学习者去发现、组织、管理知识。

（四）学习者成为教学真正的决策者

在"互联网＋"背景下的高校定制化教学中，定制化教学将真正实现以学习者为本，学习者拥有对教学过程掌控的权利，将成为教学活动的决策者。学习者根据系统平台及教师指导实现对自己的全面了解，这也是高校定制化教学开展的基础，学习者已经不仅仅是教学对象，更是一切教学活动的起点与中心。

在知识呈爆炸式增长的时代，学习知识固然重要，但是建构知识体系更为重要。学习者不能再被动地接收现成的学习内容，而迫切需要转变学习方式，通过广泛地分享交流、反思学习，寻找适合自己的学习内容，并通过自己的建构框架加以组织，最终形成新的、完全适合自己的知识框架与结构，学习者需要拥有学会区分知识的重要程度及筛选适合的知识材料的能力。

高校定制化教学将提供更多的机会让学习者参与到学校和教学的组织管理中，学校和教学的各项事务都应该充分尊重学习者，鼓励学习者自我管理[①]，学习者将成为具有主体意识、责任意识、大局意识的适应时代发展的人。

二、教学基本模块的整合与设计

（一）"互联网＋"高校结构转变

如果一个因素的设计要依赖另一个因素的设计，那么这两种因素的设计就是互依性的，而高校就是一个以标准化为目的的高度互依的结构。当前高校教育结构中存在四种典型的互依关系。（1）纵向（temporal）互依：学

---

① 曹培杰. 未来学校的变革路径——"互联网＋教育"的定位与持续发展 [J]. 福建教育，2016(49): 7.

习者如果在低年级时不能掌握某些知识，那么到了高年级，就无法掌握另一些知识，即知识的掌握是有先后顺序的。（2）横向（lateral）互依：教学系统内有些要素是无法改变的，因为一旦改变某些要素，就有一系列要素不得不随之改变。例如，教师很难采用更高效的方法来教学，因为一旦教师采用了更高效的教学方法，那么随之而来的是教学内容、教学形式、教学评价、学习者态度等其他因素就会产生不可预知的改变。（3）物理（physical）互依：学校物理环境是不能随教学活动的开展而随时变化的，即高校的物理环境是不能为教学提供合适的条件的，教学只能依存物理环境而展开。（4）层级（hierarchical）互依：上级政策制定与学校总体设计之间的相互制约关系。

互联网时代，为实现定制化教学，必须打破高校结构中的互依关系，重新进行模块化的构建。高校根据学习者的能力、兴趣、爱好、学习时间等多个因素来重新组织教学结构，突破按照年龄来划分年级的固有结构，打破纵向互依关系，为学习者提供更灵活的课程选择与资源选择，而不以年级、专业作为分配的唯一依据，打破教学结构的横向互依关系。互联网等技术的发展，已经打破了学校的围墙，移动学习、网络课程的多样化选择，打破了学校结构的物理互依关系。因为定制化教学就是在教学模块的基础上，根据学习者自身的需求进行选择和重新组合，最终形成定制化教学方案，所以高校应在现有基础上创造整合出模块化的结构，重构"互联网+"学校结构。如果想要看到教育生产力的显著提高，就需要进行由技术支持的重大结构性变革（Fundamental Structural Changes），而不是渐进式的修修补补（Evolutionary Tinkering）。"互联网+"背景下高校定制化教学设计正是互联网技术支持的对高校结构的重大变革。

（二）"互联网+"专业整合

1.破除文理分科的遗留问题，打破学科界限

基础教育阶段文理分科的教育体制有其合理性与实施的必要性。首先，人脑的生理结构及人类智能结构的客观差异为文理分科体制提供了生理基础上的合理性；其次，知识分类的客观属性对文理分科体制给予了支撑，提供了操作上的合理性；最后，人类积累的知识浩如烟海，且知识总量仍在加速增长，学习者不可能全面学习所有知识，这为文理分科体制奠定了实施的必要性。但是，在进入高等教育阶段后，文理分科体制导致了两个严重问题。

其一，学习者进入高校后，不能尽快认识到全面发展的重要意义，困于文理分科的固有观念，导致知识结构、思维方式等片面化、同质化，十分不利于学习者个体的发展。其二，自然科学与社会科学有其研究内容、研究范式、研究方法上的诸多差异，但是两者的共同发展才能促进科学发展、社会进步。交叉学科、边缘学科其实正是这两者的相互融合。

但是，如果学习者不能认识到这些学科的发展优势与必要性，强求高校专业上的文理分科，将十分不利于高校的发展。因此，在进行"互联网+"背景下高校定制化教学时，必须破除学科界限，在学科设置上，为学习者提供再选择的机会，使学习者在充分认识自己的基础上做出更有利于自身发展的选择。

2. 专业分流与专业选择时间的调整

当前专业分类与专业选择时间上主要有两种模式：一是学习者未进校时已选择具体专业，进校后直接开始专业学习；二是学习者学习一段时间后（一般为一学年），在一定范围内进行选拔与选择，实行专业分流，开始专业学习。按照第一种模式，学习者在选择专业时往往对专业情况毫无了解，选择专业十分盲目，因此在学习过程中可能出现对专业不感兴趣、学习不投入、消极对待以至产生学业危机等情况；按照第二种模式，学习者在对多个专业有一定的了解后，进入专业学习，往往对专业有更深的认识，起点较高，能够取得比较好的学习效果，但是也不排除部分学习者因学校选拔制度而被迫选择专业。

从满足学习者要求的定制化角度来说，学习者的水平是不一致的，因此专业分流与专业选择的时间应该因人而异，更加灵活。通过定制化教学形成性评估的结果，充分考虑学习者的个性差异，为学习者选择提供时间上的自主性，可以让专业倾向不明确的学习者晚一点进行专业选择，让专业倾向明确的学习者提前进行专业选择。

3. 专业设置空间的调整

要实现专业的定制化教学，高校还必须提供相对宽松自由的专业设置，即应该在学习者确定专业后为学习者提供充分的专业选择空间。当前主要有两种模式：一是专业选择后继续实行专业选择制度，为学习者提供专业分流的机会，但基本限定在一个学科大类中；二是专业选择后不实行专业分流制度，在这样的制度下，学习者如果想重新选择专业，必须经过学校的转专业手续，选择专业的自由受到了极大限制。

要开展"互联网+"背景下高校定制化教学，需要在专业选择上给学习者提供充分的自由，在时间与空间上也为学习者提供更多的选择。专业选择是高校教学的起点，也是定制化教学实施的起点。

（三）"互联网+"课程整合

课程体系是高校人才培养的主要载体，是教育思想和教育观念付诸实践的桥梁。高校教学的专业知识以课程为主要呈现形式，课程构成了高校不同专业的体系架构。"互联网+"背景下高校定制化教学的课程由分散走向整合，旨在通过课程整合，满足学习者对课程的不同需求，从而实现学习者的全面发展。

1. 课程整合的价值取向

随着社会发展对高素质人才的需求，智慧教育、创新教育、终身教育的理念不断深入，因此在整合"互联网+"背景下高校定制化教学课程的过程中，必须注重协调学习者发展的预备性知识、专业知识的认知与实践、社会需求以及学习者全面发展的关系，使它们成为有机互动的课程整体，最终实现学习者知识、能力及人格的全面发展。

2. 整合网络课程

随着技术的发展与学习者的需求多样化，课程已经改变了传统形态，越来越多的网络课程形态出现，如大规模在线开放课程、精品课程、网络公开课、微课等。由于网络课程的呈现形式多样、覆盖的教学内容广泛，因此在翻转课堂、SPOC 等教学模式中，线上、线下的融合已成为当前主流的课程实现形态。基于网络平台的课程数据及线下课程的师生互动，学习者拥有更多的选择，适应学习者定制化需求的课程设计由此开展。

3. 由关注知识向关注能力转变

课程作为高校教学活动的核心载体，必须从"关注知识"向"关注能力"转变，"授人以鱼，不如授人以渔"，以提升学习者的学习能力、创造能力、搜集与处理信息的能力、解决实际问题的能力等综合素质为目标。"互联网+"背景下高校定制化教学课程整合将改变高校课程的组织形式，将课程进行模块化的划分，以形成可重组的教学模块，为定制化教学的课程定制提供可能。因此，必须进行基于情境与实际问题的课程设计、基于学习者个性特征的课程设计、基于问题解决的综合课程设计以实现学习者能力的提升。

（四）"互联网＋"资源整合

丰富的教学资源拓展了高校教学的途径与内容，使学习者拥有更多样的选择，也为"互联网＋"背景下高校开展定制化教学提供了丰富的优质资源，而制约高校教学变革的关键因素就是教学资源。

1. 资源整合的全球化视野

不可否认，国外教育一直走在技术支持的教育探索与资源建设的前列。利用网络平台与开放的学校组织，整合全球教育资源，可以将各国优质教育资源为我所用，让我国高等教学融入世界高等教育。一方面，这为学习者提供更多资源选择，实现了学习者的能力提升；另一方面，对各国资源的应用，可以培养学习者的全球化视野，实现互联网时代的国际化人才培养目标。

2. 社会资源的整合

整合社会机构、学术组织、其他学校、社区、企业等拥有的优质资源，扩大和深化高校与社会的合作。《国家中长期教育改革和发展规划纲要（2010—2020 年）》提出探索高等学校与行业、企业密切合作共建的模式。高校同企业合作，协同研发，创新技术，既能够满足高等学校实践教学的需求，促进教学发展，提升教学质量，也能将优秀人才投入社会，满足高等教育人才培养的社会需求。推进高校与科研院所、社会团体的资源共享，形成协调合作的有效机制，可以提高高校服务经济建设和社会发展的能力。

3. 促进资源共享，优化教学资源配置

对优质资源的迫切需求催生了资源共享的理念，信息技术的发展为资源共享提供了技术实现的可能性与资源共享的平台。高校应整合全球范围内的优质资源、社会优质资源、网络优质资源，使优质教育资源得到最大化的使用，使学习者能够获得享受优质资源的权利，并更加便捷地获得更多优质资源，而获得优质资源的权利就是获得有意义、有价值的学习的权利。

（五）"互联网+"教师智慧

教师的教学是一个不断思考、研究、做出判断的过程，而教学过程中会出现很多不可预知的变化，教师需要创造性地解决教学中的细节问题，在不断地反思与调整的过程中，锻炼和提升自身能力。[①]"互联网+"背景下高校定制化教学对教师提出了更高的要求，教师应突破传统教学体系的束缚，在技术变革教育的实践中感悟、反思，提升教育智慧。教师面对的不再是一群学习者，而是一个个独立的学习者个体，每位学习者都具有独特个性，因此教师必须关注每一位学习者的差异。教师应该帮助学习者更好地适应全新的学习环境，指导学习者高效地利用数据发现自我，同时利用技术更好地指导学习者，优化教学，以提升学习者的学习效果、发展学习者能力。除了实践经验的学习，教师更应该不断进取、终身学习，教师的教育智慧是在不断地进行理论学习—实践—反思的循环过程中积累的，必须加快教师的教育智慧的培养，以适应定制化教学。

（六）"互联网+"学业制度

为实现"互联网+"背景下高校定制化教学，必须实行弹性灵活的学业制度，包括学分制度与学习经历互认制度。学分制度是以学分为计量单位衡量学习者完成学业状况的教学管理制度，而弹性多变的学分制度允许学习者自定学业进程。弹性学分制度主要有三个特点。一是学习时间的灵活性。学习者只要在规定时间内完成学分即可，并不指定学习者完成每个学分的具体时间，最终在弹性时间内获得所有学分，就可以承认学习者的学业。二是学习内容的选择性。学习者根据专业与课程选择，根据自己的能力、兴趣与爱好定制适合自己的课程，只要最终课程选择满足学分的总体要求即可。三是对定制过程的指导性。学习者在定制化课程的过程中难免出现迷茫的情况，很难把握具体课程在学习中的重要性，因此可以通过学分的设置来区分课程的重要程度，帮助学习者选择恰当的课程。

学习经历互认制度是指扩大对学习者学习经历的认同，承认学习者在社会机构、科研院所、社会教育机构、网络课程平台以及其他学校进行的学习活动，使其与学分制度挂钩。

---

① 陆薇，陈琳."晒课"促进教师智慧成长研究[J].中国电化教育，2015(12): 132-136.

三、高校定制化教学系统设计思路

在高校开展定制化教学，最重要的转变是教学活动的决策主体由相关部门、学校、教师等转变为学习者，由学习者来决定教学活动的设计与开展，因此"互联网+"背景下的高校定制化教学设计及教学过程的开展有别于现有教学模式。在进行"互联网+"背景下的高校定制化教学系统设计时必须体现与传统教学设计完全不同的设计思路与流程，具体如图7-1所示。

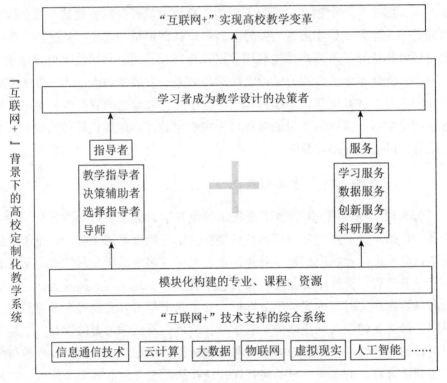

图 7-1　定制化教学设计思路

传统的定制化教学往往停留在学习者的技能训练层面上，关注的是企业的需求，但这并不是真正意义上的定制化教学。在"互联网+"时代，想要真正开展"以学生为本"的定制化教学，必须依靠互联网时代快速发展的教育技术以及极大丰富的教育资源。

"互联网+"背景下高校定制化教学设计必须是在信息通信技术、云计算技术、大数据相关技术、物联网技术、人工智能技术等现代科学技术的支持下建立起来的智慧校园及其中的"互联网+"学习新系统的支撑下进行的。网络技术的发展和应用需求的不断扩张使智慧校园的建设不断开展，而"互联网+"时代定制化教学的开展也必须依托智慧校园。智慧校园是在新兴技术的支持下，致力于为师生提供智慧学习、智慧教学的教学环境，其能改进教师的教学方式、改进学习者的学习方式，实现高校在教学、科研、管理、服务上的创新。而"互联网+"学习系统专注于教学过程，通过技术实现对教学要素与教学流程的深刻把握，为信息化教学设计提供更科学的数据化的决策支撑，在技术支持下实现教学平台的优化与教学空间的再造。

在"互联网+"学习系统的支持下，高校可通过对现有资源的分类与重构，实现资源整合并对其进行模块化的构建，将专业、课程、资源等重新架构成便于学习者选择与组合的模块。这些模块就是定制化教学开展的基本要素，学习者根据系统平台及指导者的决策建议，根据自己的倾向与能力进行模块的组合，实施定制化教学方案的设计。

学习者拥有系统平台提供的决策支持，教师同样在平台的支持下拥有学习者的学习数据及记录。教师通过对学习者情况的了解与把握，结合自己的教学智慧，成为教学的指导者、学习者决策的辅助者、学习者选择的指导者，成为学习者学习过程中的向导。平台满足学习者在校学习的一切服务需求，提供数据服务、创新服务、科研服务、学习服务等，并为学习者提供更多选择，使学习者成为一名科学的、合格的决策者，实现"互联网+"背景下高校定制化教学。

学校、资源、技术、平台、服务等一切要素的组合构成了学校教学的基础，而互联网思维指导下的定制化教学设计思路使学习者对这些要素有自己的选择权利与决策权利，为自身的全面发展与幸福生活做出自己的选择。

四、高校定制化教学系统设计

高校教学标准化和学习者对定制化学习需求之间的矛盾，要求在进行"互联网+"背景下高校定制化教学的设计过程中，考虑高校体系内部的互依性与模块化的概念。高校是一个以标准化为目的的高度互依的结构，要实现定制化教学，必须进行模块化的构建。只有模块才可以用来定制，所以要在现有结构的基础上创造整合出模块化的结构。在高校这样高度互依的结构中，一旦调整一个部分，就必须去调整其他部分，所以必须以互动的角度来设计所有的部分。在互联网思维指导下的高校定制化教学必须充分考虑互联网络及其他信息技术在教育变革中的作用，扩大教育可用资源的范围，以此开展定制化教学。

（一）学习者评估

"互联网+"背景下高校定制化教学是学习者自己决策的教学方式，但是如果学习者对自己的个性倾向、兴趣、知识结构、认知框架、能力结构、思维特征等没有清晰明确的了解，就不可能做出有利于自身素质全面发展的选择，也就不能为自己定制适合的教学方案。根据多元智能理论，不同的学习者具有不同的智能优势，因此为了实现学习者个体的充分发展，学习者必须深刻了解自己的智能。在访谈过程中我们发现，有超过半数的大学生提到进行定制化教学最大的障碍是对自身缺乏了解，不能完全把握自身的能力。因此，必须在现代信息技术的支持下，实现对学习者个人特征的把握，在教师的帮助与指导下，进行学习者评估，建立学习者个体模型，具体过程如图7-2所示。

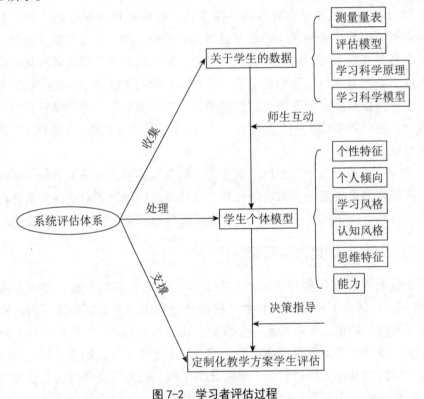

图7-2　学习者评估过程

关于学习者的一切数据，可利用数据挖掘、数据分析等技术深刻剖析其内在机制与认知框架等，同时利用一系列测量量表、心理评估模型、学习科学等原理与模型，对学习者的其他个性特征、倾向、学习风格、认知风格、思维特征、能力等个体差异因素进行测量与结果整理，最终形成基于数据、基于量表、基于学习者个体选择的学习者个体模型。学习者模型在系统中集合了所有可收集到的学习者信息，尽可能地反映学习者的个性倾向、兴趣、知识结构、认知框架、能力结构、思维特征等一切教师和学习者需要了解的特征。

在学习者形成个体模型的基础上，教师结合自己经验性的评估，为学习者的评估及评估结果提供自己经验性的分析。教育的关键在于选择完美的教学内容和尽可能使学生之"思"不误入歧路，而是导向事物的本源。因此，教师必须关注学习者的个性特征，针对其特征选择"完美的教学内容"，以实现其个体发展。数据化的科学评估与体现了教师智慧的经验性评估相结合，能够更精准地定位学习者，而这将是定制化教学开展的起点。

（二）专业选择模块

专业是高校根据社会专业分工需要和学科体系的内在逻辑而划分的学科门类，按照专业组织教学是高校教学的重要特点之一。学习者在高等教育过程中，应从选择专业开始进入真正专业知识的学习。

"互联网+"背景下高校定制化教学的专业选择应该是一种弹性灵活的专业选择，根据教学系统中的学习者个体模型向学习者及教师推送基于平台数据匹配的专业选择集合，为学习者提供多个具有一定适配性的专业选项。在此基础上，辅导教师根据自己的教学经验、多年累积的教学智慧以及自身对专业及学科发展的把握为学习者提供辅导与选择建议，最终使学习者结合自身的兴趣爱好、选择倾向等，决策自己的专业，并进入专业知识的学习。

在学习者专业选择的过程中，可以适当考虑给予多次选择的机会来发现其真正的兴趣与能力倾向，以求选择真正适合学习者个体发展的专业。同时，学习者的思考与选择过程以及师生之间的交流过程将被系统平台记录，而这些数据都是对学习者个体模型数据的补充，将会使学习者数据更为完善，为后期的教学开展提供数据支撑，如图7-3所示。

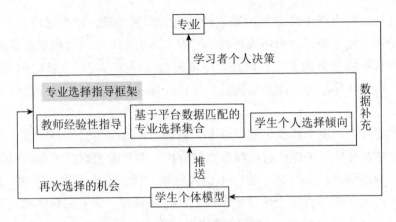

图 7-3　专业选择流程

　　但是，定制化教学的专业定制不仅是学习者对专业选择的决策，还包括对选择时间的自由定制，即不规定统一选择专业的时间。学习者可以根据平台提供的数据以及自己的想法来决定专业选择的时间，在觉得合适的时候进行专业选择，这样更有利于学习者实现对自己的学业规划，从而成为真正掌握自己学习的主人。同时，高校还要灵活设置专业选择空间，让学习者在可控的范围内进行多次选择，满足学习者专业选择的差异化需求，实现专业定制化。

（三）课程模块设计

　　高校对课程进行整合及模块化的划分，平台基于数据分析以及专业选择向学习者提供课程选择的集合，而学习者在教师的辅导下，结合平台的意见与自身的选择倾向，最终进行课程的选择，具体过程如图 7-4 所示。

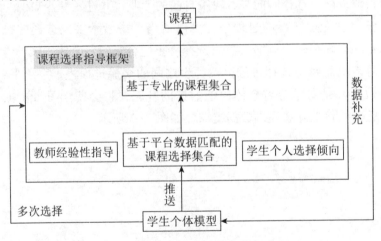

图 7-4　课程选择流程

1.课程模块的划分

通过对课程的整合与重构，课程被分为通识课程、专业课程、职业课程与多学科整合型课程。通识课程是针对学习者的基础性教育，是预备性教育，是学习者开展其他学习的基础，也是互联网时代高校教学不可缺少的有机组成部分。互联网时代的通识课程更应该注重开发、挖掘不同学习者的潜质与个性，为学习者的个性化发展奠定基础。专业课程是高校教学的核心，高校教学培养高素质人才的关键就在于专业知识的传授与专业能力的培养，而这些都是通过专业课程的教学展开的。职业课程的目的是使学习者适应社会发展的需要，从而使其在社会上立足，因此它是培养实践能力不可缺少的环节。"互联网+"背景下高校定制化教学更应该注重多学科整合型课程的建设与开展，不以学科为划分课程的依据，而应该以技术为支撑开展以提升学习者能力、发展学习者个性为导向的、整合不同专业内容的多学科整合型课程。

2.课程与学业制度

为了更好地实现定制化教学，不能让学习者因为拥有更多的自由而无所适从。如果学习者滥用选择与决策权，就违背了定制化教学的本质追求。因此，为在一定程度上把控课程定制，高校应将课程分为选修模块与必修模块，引导学习者在一定的框架内进行选择。同时，因为学习者个人能力、个人选择不同以及学习时间的差异，所以不以学期或年级为课程选择的依据，学习者可以在合适的时间选择具体课程进行学习，以便在有足够的知识储备与匹配的能力的时候进行相应课程的学习，从而更好地掌握课程教学内容。因此，必须赋予学习者对课程学习时间充分的选择权。

灵活的课程定制制度还需要学业制度的保障才能实现对教学质量的把握。针对不同课程设置不同学分，以学分来体现课程的重要程度，为学习者的课程选择提供引导。同时，课程选择时间灵活多变，以学分来衡量学习者的学业情况，给学习者更多的选择机会，实现课程定制化。

3.课内、课外相结合的课程模式

由于当前高校教学人才培养计划中，必修课程占总课程的60%～70%，而学生有余地选择的课程占30%～40%，因此高校在开展定制化教学过程中必须充分把握学习者的课外学习时间，在保证学习者核心课程学习的基础上，增加学习者的课外学习时间，使学习者在掌握专业核心内容的同时，通过课外学习不断开发自己的优势智能。在进行定制化教学系统设计的过程中，必须加强课外学习资源的建设与开发，为学习者课外学习提供优质的学习资源与多样的选择，既保证学习者对核心内容的学习，又满足学习者个体发展的需求。

（四）资源模块设计

1.资源选择流程设计

在互联网及其他信息技术的支持下，高校应实现优质教育资源的整合，建立云端存储和提取的优质资源库，为学习者提供能够方便获取、支持专业学习、辅助课程教学的超市型优质资源库。此外，还可以将线上线下资源按照特定的分类分装储存起来，供学习者任意选择，但资源依旧在平台基于学习者个体数据提供的资源集合中。在学习者确定了具体学习内容后，平台提供的资源集合就好像一个专卖店，在这个专卖店中，学习者可以任意选择。学习者依然在教师的经验性指导下与基于平台数据的推送的辅助下进行资源选择，结合个人倾向，最终选择部分有利于开展相应教学活动的资源，具体过程如图 7-5 所示。

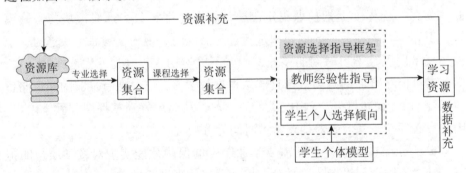

图 7-5　资源选择流程

2.学习者个体资源库的设计

资源库与资源模块的设计并不是一成不变的，而是根据学习者的需求、学习者的数据及学习行为记录而不断变化的。学习资源经过学习者的建构、编辑后，也将存储到学习者个人的资源库中。由此建设的学习者个体资源库具备学习者的个体标识，更有利于学习者后续的选择与定制化教学的开展，有利于学习者个体的知识建构，最终将帮助学习者完成知识创造的过程。例如，有的学习者偏好视频类的教学资源，但是有的学习者更偏好文本呈现类的教学资源，那么在学习者的个体数据库中，关于同一教学内容所提供的可选择的资源形式就可能是不同的。

3. 资源组织结构设计

虽然可以经由专业选择、课程选择的路径进行资源集合的获取与调整，但是在"互联网+"背景下开展定制化教学所设计的资源的总体架构却不是以专业或课程为组织依据的。建设扁平化、网络化的资源结构体系，将更有利于实现高效的资源整合，基于实际问题与情境的资源架构，将更能够提升教学效果。每一种资源具有不同的课程标识与专业标识，在学习者个体模型的数据支撑下，选择课程标识、专业标识匹配的资源即可形成资源的网状架构。一个专业可以同时开展多门课程教学，因此不同课程资源之间具有相关性；同时，一门课程也可以属于多个专业，因此教学资源不以专业划分为组织形式，因为教学资源的整合，不同专业之间也可以实现交流与合作，具体资源组织形式如图7-6所示。

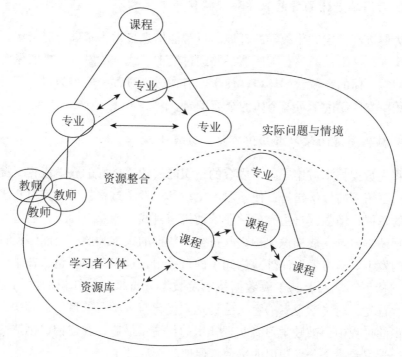

图7-6　资源组织结构

（五）技术支撑的定制化教学平台

技术的发展为"互联网+"背景下高校定制化教学的实施提供了可能，以互联网为主的一整套现代信息技术，包括移动互联网、大数据技术、人工智能、云计算、虚实融合、移动通信技术等共同支撑了定制化教学的开展，技术正在重塑高校教学。

1.伴随式评估体系设计

数据是科学全面评估学习者的重要方式，通过对学习者参与教学与学习的一切过程的伴随式采集、全过程采集、连贯性采集，实现全面的学习者个体模型构建，从而在匹配的机制下实现和每位学习者个体能力、倾向相匹配的高质量的教学服务，真正提升教学质量。只要学习者拥有良好的工具，他们就可以对自己进行评估与诊断，从而做出有利于自身成长的选择。学习者的每一次选择都将为下一次选择提供数据基础，学习者数据的获取是一个不间断的过程，伴随着学习者的每一次选择。

2.云网端一体的智慧教学环境构建

为促进高校定制化教学的开展，以智能信息技术为基础，对资源、教学内容等进行网络化的整合与改造，并通过线上、线下的融合，虚实融合等构建云网端一体的智慧教学环境，使学习者在教学过程中的行为得以记录，并作为数据支持促进学习者个体的全面发展。

3.数据支持的学习者知识建构、分享平台

将大数据技术应用于教学内容的组织能够建立更好的教学流程，提供更匹配、更精准的教学指导，使学习者主动参与教学过程，增强其对自己学习过程的掌握，增强其自主完成学业的动机与自我效能感。同时，通过大数据技术帮助学习者完成知识建构，既符合大数据的人本关照，也能够促进深度学习的发生。学习者在向外建构知识的过程中，也在向内调整认知结构。在技术支持下，学习者基于大数据技术及数据分析来建构知识的目的主要有三点：首先，通过学习者的意义建构达到优化自身学习的目的；其次，在建构知识的过程中，鼓励学习者实现知识的创造；最后，在建构、创造的基础上，给学习者一个分享知识的平台，促使其交流进步。

在互联网时代，科技进步在很大程度上促进了学习者实现知识传递和再

现知识的传统学习目标,也为学习者深度学习目标的实现提供了新的机遇、资源平台和实现形式。在技术支持下开展的高校定制化教学使学习者学会认知、学会做事、学会共同生活、学会生存、学会创造,成为一个全面发展而又有尊严的、真正幸福的人。

五、"互联网+教学"的策略探寻

(一)开展关于学习者个体差异的研究

当前教育模式因为对知识和经验的过分追求而忽视了学习者的个体差异,结构有序的学习内容、固定统一的课程体系、大班级教学模式,如此培养出来的是成批的拥有大量知识的学习者,其接触到的是冷冰冰的知识与体制,丧失了对自己学习的主动权,长久下去不利于其个体的发展,也不利于整体教学质量的提升。为了改变当前这种教学模式,实现"互联网+教学"变革,"个性化""差异化""定制化"概念应运而生。但是,这些概念并不能得到很好的实践,最重要的原因是教师并不能真正把握学习者的个体差异,甚至学习者自身都不能对自己的个体特征有明确的认识。因此,教育研究应转变研究方向,在技术的支持下,优化教学设计,摒弃对教学的一般趋势的描述性研究,而应该仔细思考对于不同的学习者来说,什么样的教育最有效,应该关注学习者个体,关注教学过程中的异常情况、特殊情况、个别情况,因为每一个学习者个体都是有价值的。开展关于学习者个体差异的研究,只有当教师真正了解了每位学习者的独特需求的时候,才能够真正实现定制化教学,而想要真正了解每位学习者,就必须更关注学习者个体在教学过程中的行为,尤其是与其他学习者不同的行为。

(二)开发衡量学习者个人能力的工具

"互联网+"背景下的高校定制化教学将教学的决策权和选择权交还给学习者,使学习者有权决定自己的学习时间、学习进度、学习内容等。但是,这样的一种教学设想却引发了许多人的担忧,他们认为学习者自身并没有能力把握自己的学习,可能在面对选择自由时不知所措,反而不利于学习者个体的发展。

学习者不能够做出对自己最好的选择,其原因在于学习者缺乏对自己的了解,对自己的能力缺乏清晰的认识,不清楚自己的优势智能是什么,因此就不能够寻求更大的发展。

在访谈过程中大部分受访者提出自己其实不能够为自己定制教学，其原因是对自身情况缺乏了解。

学生 A：开展定制化教学的最大障碍是不知道什么样的内容、课程、专业适合自己，因为对自己的定位仍然没有把握清楚。

学生 B：开展定制化教学的最大障碍在于不能确切地了解自身特点，并根据自身特点进行选择，所以如果要定制化教学，我需要权威者帮助我确立自身特点。

学生 C：最大障碍应该是自己也不清楚自己的优势能力在哪里，所以自己也不明确方向。

学生 D：障碍在于不能切实了解自身水平以及不了解自己所选专业、学科、课程等的发展前景。

因此，要开展定制化教学必须使学习者及教师对学习者个体特征有清晰的把握，要开发能够衡量学习者个人能力的工具。在工具和技术的支持下，学习者能够对自身的能力框架有客观全面的认识，这样才能使学习者具有掌握自身发展的能力，而不仅仅是具有权利。

（三）利用技术提升教学针对性

"互联网＋"背景下的高校定制化教学有希望转变高校教学模式，设计基于学习者个体差异的新的教学体系。技术促进教育变革的进程可以划分为两个阶段：第一个阶段是"技术支持的学习"；第二个阶段是"以学习者为中心的技术"。不论技术如何发展，都将为教学服务，因此利用技术与工具，实现对学习者个体差异的客观掌握，实现对教学内容的重新整合，教师也能够更加了解学习者，深入学习者的心灵世界，实现针对学习者个体的定制化教学。

工具和技术让私人教师成为现实，每一个学习者都可以配备一名虚拟私人教师，实现真正的一对一教学，基于学习者自身特征开展有针对性的教学。定制化教学就是利用以学习者为中心的技术与工具，通过数据来把握学习者的个体特征，了解学习者之间的个体差异，并根据学习者的个体特征为其提供有助于提升能力、完善自我的针对性教学，实现真正的个性化教学。

（四）个人综合评估体系的构建

针对学习者群体，定制化教学需要了解学习者之间的个体差异；针对学习者个人，定制化教学需要全面客观地了解学习者的个性倾向、兴趣、知识结构、认知框架、能力结构、思维特征、价值取向等，从而形成对学习者个体完整、丰富、生动的把握。利用大数据技术及一系列测试量表、心理模型、过程追踪等，可以获取对学习者个体的整体把握，以构建个人综合评估体系。每个学习者都是一个复杂的、具有自己独立思想的个体，永远不存在一个统一的、简单的标准来衡量学习者，因此构建学习者个体综合评估体系能够对学习者的个体特征有全面、立体的把握与呈现。

第四节 "互联网+"背景下高校定制化教学的方案设计

教学变革的最终目的还是产生有效的教学，最终还是要回归到课堂及具体教学活动中，而这一活动的开展一般都是基于一节课或者一系列课构成的模块。因此，为了明晰高校定制化教学，设计一节课或一个课时模块就十分必要。"互联网+"背景下开展高校定制化教学设计是一种"边教边设计"的过程，即先根据学习者的个体特征在课前进行教学设计，学习者与教师共同定制教学方案。教学过程并不是必须按照教学方案一成不变地进行，而是在教学过程中，根据学习平台、学习者自身、教师观察等的反馈，不断修改教学方案，使之适应学习者。教学方案的设计以学习者个体特征为出发点，为促进学习者个体发展而进行教学目标与学习目标的制定、教学内容的选择与确定、教学方法与教学策略的选择、教学资源的整合等。

一、高校定制化教学方案设计原则

（一）充分尊重学习者的决策权

高校定制化教学设计的核心是将教育选择的权利归还给学习者，让学习者拥有自我选择的机会，学习者根据自己的能力、兴趣和爱好、社会需要或者其他参照系，对要学习何种课程，选择哪位教师，进入何种教育轨道等进行选择，真正成为自己学习的主人。

也许学习者还不能全面客观地了解自己，对自身发展没有正确的规划，还不具备独立为自己设计教学方案的能力，不能真正做出最优化的选择。但是，教师必须充分尊重学习者的决策，让学习者在不断地选择决策中成长，实现能力的提升，最终成长为能够承担责任、做出正确选择的人。教师应成为依据学习者个人特质做知识的提供者及辅导者，成为学习者主动建构意义的帮助者，而不能代替学习者做出选择与决策。

（二）关注社会需求的原则

"互联网＋"背景下的高校定制化教学的关键在于学习者根据自身的个性倾向、兴趣、知识结构、认知框架、能力结构、思维特征、价值取向等组织教学，开展教学活动。但是，学习者不是游离于社会之外的人，学习者个体的社会性不可忽视。尽管教育教学提倡以学习者为本，呼吁对学习者的人文关怀，但是忽视社会发展的客观需要，不能将社会需要与自身价值取向联系在一起，是不能实现个体真正发展的，这样的教育也是行不通的。因此，定制化教学不仅要实现社会价值，还应该实现学习者的自我价值，引导其正确将自我需求与社会需求结合起来，成为适应社会发展的高素质人才。

（三）系统性与整体性原则

定制化教学方案涉及教学过程的诸多要素，同时由于要满足学习者的差异化需求，因此各个教学要素呈现出一种弹性自由的状态。如果要对某个部分进行改变，势必会对其他各要素产生影响，选择了一种教学要素，也会相应地影响其他教学要素。定制化教学方案的设计，必须把握系统性与整体性原则，即不仅关注个别要素对学习者需求的满足，还要关注该要素与其他要素之间的互动关系，并在不断地反馈中进行调整来保持整个教学系统的全面发展。通过对这种互动过程的把握，构建基于学习者个体特征，能够促进学习者智慧提升、能力提升、幸福感提升的定制化教学方案。

（四）动态发展性原则

学习者的需求不是一成不变的，同样，学习者的选择也不是一成不变的。学习者是不断完善和发展着的，因此必须用动态的、发展的眼光来看待学习者，也必须用动态的、发展的原则来进行定制化教学方案的设计。教师只有时刻关注学习者个体特征的变化，不断更新学习者数据，才能真正实现对学习者个体的把握。根据学习者个体特征的改变来调整教学方案的设计，使教学方案在不断地修改完善中，始终促进学习者的个体发展。

二、高校定制化教学方案

"互联网＋"背景下的高校定制化教学方案是在定制化教学系统构建的

基础上设计的，即在学习者进行了专业选择、课程选择的基础上，在教学系统平台完成了资源整合的基础上，针对某一具体教学内容而制订的具体操作方案。

（一）总体设计

"互联网+"背景下的高校定制化教学方案是针对某一具体教学内容进行设计的，教学方案的设计要考虑教学活动的整个过程，还要匹配前期的学习者个体模型，对照学习者的专业选择、课程选择等。教学方案的主要内容包括内容的标识、资源的选择、教学目标与学习目标的设置、学习轨迹的记录、教学过程、教学方式以及学习者反思等部分，具体方案示例如表7-1所示。

表7-1 高校定制化教学方案示例

学习者模型	对应唯一一名学习者	方案编号	记录方案迭代修改的过程
匹配学科	与学习者模型匹配	匹配课程	与学科及学习者模型匹配
教学内容标识	针对某一学习内容，匹配学习者模型，标识内容所属学科		
前驱知识	把握学习者学习进度	后继知识	预测学习者的学习发展
学习重点	资源库提取	学习难点	资源库提取
匹配资源	根据学习者模型与学习内容，在资源库中匹配优质资源		
匹配教师	根据学习者模型、学科、课程以及内容，匹配任课教师		
教学目标	根据学习内容制定		
学习目标	由学习者自己制定，但应不低于教学目标		
学习轨迹记录	记录学习者的学习过程，生成动态的学习报告		
形成性评价	考查学习者对学习内容的掌握程度		
匹配教学方法	匹配学习者模型，匹配学习内容的混合式教学		
教学过程	匹配学习者的教学活动序列		

（二）标识设计

"互联网+"背景下的高校定制化教学是以学习者个体的差异为基础来

进行教学设计的，因此教学方案仅针对具体的教学对象（某一学习者）及具体学习内容。因此，为了标识教学方案，需要对教学方案进行编号，同时方案编号还能够记录和反映方案修改迭代的过程，保留学习者的学习过程，为后续教学的开展提供可供数据分析的信息。

学习者模型是对学习者个体差异的标识，后续教学方案的设计均以学习者模型为基础，都与学习者模型相匹配，以适应学习者的知识结构、能力结构、个性倾向、思维特征等。在大数据技术、学习分析技术、物联网技术等现代信息技术及网络技术支撑的教学平台上，学习者可以建立自己的个体模型，任课教师也可以为每位学习者构建他们的档案袋，实时记录每位学习者的学习行为以及学习进度。利用大数据分析技术，教师可对每位学习者的学习档案进行定量与定性的分析研究，从中了解学习者的学习习惯、认知风格、学习框架等，有利于推进学习者的个性化学习，甚至可以为学习者推送不同的学习任务或者进行针对学习者特征的个性化学习辅导。此举将有利于学习者学习效果的提升，对后续教学的课程设置、模块设置、评价方式都有一定的指导意义。

由于学科设置与课程设置的弹性灵活以及教学资源的网络型架构，教学方案还需对匹配学科与匹配课程进行记录。教学方案的标识就能够反映该方案所对应的学习者、专业、课程，能够支撑后续教学设计，包括教学目标的确定、教学内容的确定、教学方法的选择、教学资源的选择以及教学评价等，以便更好地开展高校教学管理。

（三）教学目标与学习目标

教学目标是指教学活动实施的方向和预期达到的结果，是一切教学活动的出发点和最终归宿，因此"互联网＋"背景下的高校定制化教学也以教学目标为起点。由于定制化教学中的决策者为学习者，因此为了保证教学质量，教学目标的设置尤为重要。教学目标与教学内容一同储存在资源库中，对同一教学内容来说，教学目标是相对固定的。但是，定制化教学中的教学目标应该是结合人才培养要求与学习者群体平均水平制定的，代表的应该是所有学习者的平均水平，并不以教学目标来要求学习者的最终成果。

学习目标的设计主体是学习者，学习者依据系统平台对自身的数据分析、评估结果，结合对自身能力和认知水平的认识，为自己制定学习目标。学习目标才是学习者在教学过程中要努力达到的标准，也是教师在教学过程中应该着重关注的部分。

因为教学目标旨在说明学习者群体的平均水平，所以在学习者制定学习目标的过程中，教师应指导其制定不低于教学目标的学习目标，以此给学习者以提升空间，实现学习者的个体发展。

（四）教学内容

教学内容是教学方案设计的核心，整个教学方案的设计都围绕教学内容展开，而教学内容是依据学习者前期选择的专业或课程在资源库中选择的，是学习者根据自己当前的学习水平、学习进度自主选择的，是基于学习者个体差异展开的教学内容。

同时，教学内容具有教学内容标识，用来标识教学内容所属的学科或课程，便于更加系统地开展教学活动与教学计划。教学内容标识还包括当前教学内容的前驱知识与后继知识，为学习者提供教学内容的整体架构，有利于学习者对教学内容的掌握。

教学内容在资源库中已经生成了对应的教学难点与教学重点，但是由于学习者发展水平的差异，同样的教学点对于有些学习者来说是教学难点，但是对于另一些学习者来说可能就是很简单的知识。因此，教学重点与教学难点可随时进行调整与设置，使教学内容的设置更加灵活，更加符合学习者当前的能力。

（五）教学方法

教学方法是为达到教学目的、传授教学内容、运用教学手段而进行的，由教学原则指导的一整套方式组成的师生相互作用的活动。"互联网＋"背景下的高校定制化教学所采用的教学方法应与学习者模型匹配，根据学习者的认知框架、学习风格、能力结构、个性等进行选择。同时，教学方法的选择要匹配当前的教学内容，不同的知识内容应采用不同的教学方法，应用多种教学方式优势互补形成混合式教学，以适应不同学习者差异化的需求，不同的学习者适用不同的教学方法。

定制化教学方案中的教学方法并不是教师教学过程中执行的教学方法，而是学习者选择的教学方法，即此时的教学方法反映的是学习者的期望，但不同于教师教学将采用的方法。教师在教学过程中应该充分考虑学习者的选择与差异，发挥教师智慧，整合不同教学方法，在实际教学中创新教学方法，以满足和均衡更多学习者的个性化需求。

（六）教学评价

教学评价是教学不可或缺的环节，教学评价首先能够检验教学目标的实现程度；其次能够给学习者以反馈，提高后续学习的效果；再次能够给教师以反馈，帮助教师更好地掌握学习者进度，促进后续教学更好的开展；最后有利于学校掌握学习者的整体情况，进行面向全体学习者的教学调整。

"互联网+"背景下的高校定制化教学评价是基于教育大数据的评价，利用大数据相关技术，能更加全面、系统、科学地收集数据，深入挖掘数据背后潜藏的信息，发现教学过程中的本质问题，以做出客观全面的学习评价。

互联网及现代信息技术的发展使记录学习者的学习轨迹成为可能，在此基础上形成的伴随式评价，不以评价学习结果为最终目的，关注学习者的学习过程、个体差异，对学习者个体进行纵向比较，最终实现学习者自身的个性化发展。

"互联网+"背景下的高校定制化教学评价突破了传统以知识掌握为主的评价标准与评价体系，将学习者实用能力的提升、创新能力的发展、个性的塑造、思维的发展等纳入评价体系，构建适合互联网时代学习者全面发展的评价标准。

"互联网+"背景下的高校定制化教学评价，以大数据技术为支撑，以学习者学习过程的全部数据为依据，关注学习者个体发展，评价结果是为了促进学习者对自己的反思，重新审视自己选择的教学模块，不断修改自己的定制化教学方案，使定制化教学真正为自身全面和自由幸福的发展服务。

第八章　高校德育教育概述

第一节　德育相关理论阐释

一、德育的含义理解

"德"字最早出现在甲骨文和金文之中，始终是《尚书》《诗经》《左传》等典籍的核心概念之一。今天所使用的"德"字是由《卜辞》中的"值"或"惠"演化而来的。《说文解字注》中提到："内得于己，谓身心所自得也；外得于人，谓惠泽使人得之也。"[①] 这句话表达了"德"的两个层次，一是将善念存于内心而不表现在行为上，这样只能提升自我的品德修养，二是知善且行善，则周围的众人皆可受益。所谓"德"就是人不仅应当有善念，还应表现在外在行为上。

"育"最早出现于河南殷墟出土的龟甲上，释义是生物代代繁衍的自然现象。《说文解字》记载："育，养子使作善也。"[②]《说文解字注》中对这段解释是"不从子而从倒子者，正谓不善者可使作善也。"甲骨文"育"的上半部分形似倒立的"子"，育不归于子，而归于倒过来的子，因而段玉裁认为"育"具有教化的功能。

现代学者将德育划分为广义和狭义两种，广义上的德育包括社会德育、社区德育、学校德育和家庭德育等方面，是教育者根据社会要求和受教育者品德形成的规律，为使其具有一定的思想观点、政治立场和道德品质而进行的有目的、有计划、有组织的教育活动。狭义的德育则是一种普遍原则，德

---

① 段玉裁. 说文解字注 [M]. 杭州：浙江古籍出版社，1998：33.

② 许慎. 说文解字 [M]. 北京：中国书店，2017：76.

是品德，道则是行为。德育是教育工作者创造适合学生健康成长的动态活动，意在传授给学生合乎道德的行为范式，并做到内化于心、外化于行。德育在社会生活中发挥着广泛的规范作用，调节人与人、人与社会的关系。通过对个体思想行为的塑造，对个人的世界观、价值观产生不可磨灭的、广泛而深刻的影响。

二、高校德育功能理论阐释

德育功能是指在高校中进行的道德教育所产生的影响和作用。任何事物都具有两面性，所以在高校进行道德教育产生的影响除了积极的一面，也有消极的一面，因此要不断将积极的高校德育功能发挥出来，并且不断规避消极的高校德育功能。

（一）高校德育功能的分类

1.从作用对象看：个体性功能、社会功能

德育的个体性功能指高校的德育活动对个体身心发展产生的影响，它是德育的固有功能或本体功能，任何德育功能的实现都离不开德育的个体性功能。《礼记·大学》中说道："心正而后身修，身修而后家齐，家齐而后国治，国治而后天下平。自天子以至于庶人，壹是皆以修身为本。"[①] 从古至今，德育的个体性功能一直占据着重要的地位。

德育的社会性功能是指高校的德育活动对社会发展所产生的影响。高校服务于社会，与社会存在着千丝万缕的关系，在高校中进行的德育活动会对社会产生极大的影响。高校通过德育活动培养出有道德的学生，学生踏入社会又将其所学的德育知识贡献给社会，因此德育的社会性功能是依赖于个体性功能的发挥而发挥的。在不同的时代，德育的社会性功能有不同的侧重点，如在古代社会，德育的社会性功能具有较强的功利性色彩和政治色彩，如今社会发展对人才的质量提出了更高的要求，需要人们在各方面都有所发展，现代社会的德育功能更偏向于经济功能、文化功能、政治功能、生态文明功能等。

德育的个体性功能与社会性功能的关系是辩证统一的。一方面，德育的个体性功能是德育的社会性功能产生的基础与前提，而社会性功能的实现又

---

① 礼记 [M]. 陈澔，注；金晓东，校点. 上海：上海古籍出版社，2016: 38.

以个体性功能的实现为铺垫；另一方面，德育的社会性功能对德育的个体性功能具有制约作用，个体性功能的实现不能脱离社会性功能，不然都是空谈。

2. 从作用性质看：正向功能、负向功能

事物存在两面性。从德育目的而言，高校德育功能发挥是为了让学生受到一种良好的、积极的、向上的、正面的教育，为了让学生更好地端正自己的价值观、人生观和世界观。但在德育功能发挥的过程中也会产生一些不好的作用，一些人们不愿意看到的作用，从而导致某些消极、低俗的德育功能融入进来，进而影响德育功能的发挥。

所谓德育的正向功能指德育活动对社会发展和个人成长起到的积极影响和促进作用，而德育的负向功能是指德育活动对社会发展和个体成长起到的消极影响和阻碍作用。

德育的正向功能和负向功能是同时存在的，在日常生活中人们更多关注的是德育的正向功能，而没有看到德育的负向功能，看事情需要具有阳光心态，但是我们也不能忽视了德育的负向功能。负向功能的存在是客观的，它不以人们的意志为转移，只有从负向功能中汲取教训，寻找改进办法，才能使德育的正向功能获得好的发展，实现德育功能的最好发挥。生活中人们常常提到的道德绑架就是负向功能的一种表现，用过高的道德要求来约束人们，给人们造成生活困扰甚至更大的影响。

3. 从表现程度看：显性功能、隐性功能

德育的显性功能是指与人们预期相符，在生活中显而易见、人人皆知的功能。如通过课堂的教学，学生知道了遵纪守法、尊老爱幼、诚实守信等。而德育的隐性功能是非人们所预期的、不易感知到的功能，是人们主观期望以外的结果，如校园内的建筑物，著名的例子如北大的未名湖，提到未名湖人们不自觉的会联想到高深的学问、浪漫的情怀，而这就是德育隐性功能的一种代表。

在高校的生活中，德育的显性功能与隐性功能并存，不可偏重一方而忽视另一方，两者之间的界限也不是绝对的，我们可以不断开发利用德育的隐性功能，将其发展为可供人们感受到的、显而易见的显性功能，让更多的人去了解德育发挥的作用，提升德育功能的实效性，同时要警惕部分负向的隐性功能，实现德育功能的最大化、最优化。

（二）高校德育功能的内容

1. 思想引导功能

引导，本意指的是带领、带往。在高校的德育工作中，引导是指运用各种循循善诱的方式，对大学生进行指点、启发、诱导。它既是大学生思想教育中最关键的环节，也是德育工作中最困难的任务。随着多元文化的冲击，学生接触的文化越来越多，在思想上很容易产生一些困惑。因此，在高校中加强思想引导功能十分必要。思想引导功能就是对学生的思想品德、政治立场进行引导，使学生明白自身担负的责任，勇于挑起大任，并为这份责任做出自己的贡献。

2. 辐射影响功能

高校存在于社会中，在校园内产生的德育功能会辐射到社会这个大环境中。辩证唯物主义观表示："事物是普遍联系的，任何事物都不是孤立的。"师生的活动范围不仅仅局限在校园内，他们还生存于社会这个大环境中，在这个大环境里他们扮演着不同的角色，拥有着不同的身份，并且通过这些身份在与人相处的过程中将学校里收获的德育知识、德育行为潜移默化地感染给身边的亲朋好友，身边的人又将自己感染的德育知识、德育行为传达给其他人，长此以往，高校的德育功能便辐射到社会当中，从而形成一种辐射影响功能，涉及社会政治、经济、文化、生态文明各各方面。

3. 凝聚激励功能

凝聚激励功能是指校园中的各要素通过相互作用从而指引师生的认识活动、行为活动，促进校园内师生的行为朝着学校所倡导的方向不断改进，从而把学校里的每一个成员团结起来并激励他们朝着良性方向发展，使学校形成一种良好的校园环境和校园氛围。

学校里面会集了来自全国各地的莘莘学子，经过时间的积淀，每所学校都会产生一些人物的先进事迹，如三好学生、道德楷模，城市好人等，学校可以通过校官网、校广播、官方微博、校报等方式展现在师生面前，使师生产生共鸣，在全校师生间营造一种热爱校园的良好精神风貌，从而增强集体凝聚力，鼓励学生勤奋学习、拼搏向上，引导广大教职员工努力工作、专心育人，使师生从心灵深处受到感染，产生趋同和适应校风学风要求的自觉意识，有效促进校风学风建设，形成良好的学习风气。校园氛围中的好的因素能够激发师生产生维护工作，不断学习的积极行为动机，调动师生的积极性、主动性、创造性，使师生保持高昂的情绪和奋发进取精神，激励师生不断开拓创新。

4.约束规范功能

规范约束功能是指通过校园内的各项规章制度和校园文化氛围规范约束师生的行为，引导师生形成良好的道德行为习惯。德育的规范约束功能主要通过两种方式实现。一种方式是通过显性的规章制度进行强制约束和规范，主要通过高校的校纪校规和行为准则等对师生产生强制性约束，使他们的行为符合校纪校规，即"硬约束"。另一种方式是通过隐性的校园氛围进行间接约束和规范，主要通过校内风气和舆论舆情对师生产生道德压力，从而使他们自觉规范自己的言行，即"软约束"。高校可以通过表彰获得奖学金、道德标兵荣誉称号的学生和取得科研成果的教师等奖励举措来鼓励更多的师生按规范要求行事，不断提高师生道德素质，强化师生道德行为；也可通过批评、惩罚等处分违纪违规师生，对道德意识不强的师生进行教育，让他们在心中产生敬畏，这样才能使他们按照学校的各项规章制度做事。高校里的软、硬约束力在规范师生日常学习行为和塑造师生道德品质过程中发挥着十分重要的作用，高校要重视德育的约束规范功能。

第二节　德育教育的重要性

大学时期是人生道德意识形成、发展和成熟的重要阶段，在这个时期形成的思想道德观念对人的影响颇大。因此，大学时期是培养大学生对德育教育的认识，使大学生道德认知形成、发展和成熟的重要阶段。高校德育教育对大学生的成长至关重要，正确的道德认知是处理好个人与他人、个人与社会之间关系的行为规范，以及实现自我完善的一种重要精神力量，更是提高人的精神境界、促进人的自我完善、推动人的全面发展的内在动力。由此可以看出，高校德育教育很重要。加强对大学生的思想道德教育，培养他们牢固树立社会主义荣辱观，对于他们成人、成才十分重要。

一、德育教育保证个体培养的正确方向，促进个人全面发展

德育教育对保证个体培养的正确方向，促进个人全面发展起主导性作用。目前我国社会各界关于思想道德修养建设的呼声越来越高，当代的高校大学生作为高素质人才，不仅要具备高超的专业技能，而且应具备良好、全面的道德品质。思想政治教育在各级各类学校都要摆在重要地位，任何时候都不能放松和削弱。要说素质，思想政治素质是最重要的素质。不断培养学生和群众的爱国主义、集体主义、社会主义思想，这是素质教育的灵魂。思想政治教育和德育工作之所以重要，是因为它是一项塑造人的灵魂的工程，是教学生如何做人的工作。大学生德育教育是大学生形成良好道德品质的重要途径。一个人有什么样的道德行为，与他所受的德育教育分不开。一个人的大学阶段是培养其道德品质的最重要环节，无论在理论、实践还是在情感、心理上，大学生都非常容易接受正面的教育，大学阶段也是思想和行为定位的重要时段，这一阶段所接受的教育和文化熏染可以影响一个人一生的思想道德品质和价值取向。加强大学生德育教育，是构建和谐社会的客观要求。近年来，中共中央提出构建社会主义和谐社会的伟大构想。和谐社会是指人与自然、人与社会、人与自身关系全面协调并在全社会范围内达到和谐融洽的社会状态。大学生是时代青年的佼佼者，走向社会后，他们的道德品质将直接影响整个社会的道德品质状况。加强大学生德育教育并且提高其思想政治素质，已经不仅仅是党和国家的战略要求，也是培育我国社会主义事业的建设者和接班人的必然要求。当代大学生都成长于我国经济和社会的大变革时期，他们思想活动和心理状态的独立性、多变性、差异性非常明显，同时在学习、生活、成长等方面面临着很多矛盾和困惑。很多大学生错误地认为就业不顺利仅仅是知识掌握、个人能力、面试技巧的问题。其实，造成这种局面还有一个重要原因，即其思想道德素质不符合用人单位的要求。因此，高校要加强对大学生及时、正确的德育引导，使当代大学生树立正确的世界观、人生观、道德观和价值观。

二、德育教育在素质教育中发挥着不可替代的作用

培养人才是大学的根本任务。大学教育担负着培养人才的重任，大学德育则担负着培养高品德、高素质人才的重任。大学教育是大学德育的基础，大学德育融于大学教育，居教育之首，引领教育的方向。在中国，我们党的教育方针历来强调德育的意义和学生德智体美劳的全面发展，强调教育的德

育方向。育人为本，德育为先，这就是我们的首要理念。

21 世纪是培养高素质人才的新世纪，德育教育在大学生树立正确的意识形态、形成以社会主义核心体系为价值观的过程中具有十分重要的作用。在素质教育中，德育起着决定性、主导性的作用。思想道德素质对于调动和发挥人们其他素质潜能，起着价值导向和调控作用，它决定着人的综合素质。所以说，以理想、信念、道德、世界观、人生观、价值观为主要内容的思想道德素质，是人的素质系统中最具影响力的要素，它关系到今后一个人的为人之道、处世之道。加强对大学生的德育教育，是培养高素质人才的需要。从人才培养的规律来看，大学生在校学习期间，是其世界观、人生观、价值观形成的关键时期，此时加强大学生德育，对于其树立正确的世界观、人生观、价值观具有决定性的意义，对于提高大学生识别和抵制错误思想倾向的能力，具有十分重要的作用。当今大学生容易受到互联网等新兴媒体的影响，缺乏社会实践经验，对网络等新闻媒体的一些报道不能正确理解和对待，往往容易产生偏见，从而影响自己的世界观、人生观和价值观，并可能出现政治信仰迷茫、思想信念糊涂、社会责任感缺乏、艰苦奋斗精神淡化、团结协作观念差等不良品质。从当今大学生的成长环境来说，也需要对大学生加强德育教育。

三、德育教育能帮助学生成为国之栋梁

在大学阶段加强对大学生的德育教育，能使他们具备良好的思想道德品质，真正成为国家的栋梁之材。教育是民族振兴、社会进步的基石。人一生下来就需要学习，接受各种各样的教育，学习和教育是伴随人的一生的。教育也是提高国民素质、促进人的全面发展的根本途径。坚持德育为先，不断推进素质教育，是教育改革发展的战略主题，也是贯彻党的教育方针的时代要求。学校的根本任务是培养人，以德育人既是培养人才的重要手段，也是培养人才的重要目的。德育工作始终要围绕解决学生"做什么人、走什么路、为什么学"的问题。高等学校是培养中国特色社会主义合格建设者和可靠接班人的重要"摇篮"，其必须重视德育教育，必须切实加强和改进大学生的思想政治教育工作。当今社会，我们既可喜地看到当代大学生在大是大非和重大灾害面前展现出良好的政治素质、强烈的爱国情怀和高尚的精神风貌，但同时应该看到部分学生的思想观念、价值取向在市场经济的作用下出现了新变化，他们对一些重大问题还存在模糊甚至是错误的认识。因此，要加强对大学生的德育教育，让他们具备良好的思想道德品质，成为国家的人

才。总之，高校必须始终保持清醒的头脑，以提升德育教育质量为重要途径，克服多方面因素形成的新挑战和新问题，更好地帮助学生健康成长和成才。

我们常常把学校教育分为德育、智育、体育等几个主要的方面。在学校教育中，智育重在对人智力的开发，这是培养创新人才才智的主要手段，它主要是通过课堂教学来实现的。德育是政治教育、思想教育和品德教育的集合，现在也有人把心理健康教育归为德育。长期以来，学校教育总是人为地把德育与其他教育割裂开来，把德育当作学校分工中的一个门类，总是把"教学"放在一切工作的中心地位，这种"教学崇拜"有不断加强的趋势，使学生才智因素的培养有了观念和行动上的保障。但在此情况下，学生非才智因素的培养工作就会弱化，这是必须要解决的问题，加强德育就是为了应对这一问题。事实上，德育属于教育目的的范畴，它不是学校的一种工作，而是学校一切工作的归宿，是学校一切工作的最终目的之一。因此，在培养创新人才的过程中，要把德育渗透到各种教育中，使它们相互联系、密切协调，实现共同育人的目的。

学校德育是个系统工程，主要体现在其内容和实施途径上。就内容来说，学校德育应该包括爱党、爱国、爱人民、爱劳动、爱科学、勤奋学习、遵纪守法、心理健康等各方面；就实施途径而言，学校德育是以专门的思想品德课为主，各学科渗透，充分利用校内团队、各种群体组织和集会、节日庆典、升降旗仪式、晨会和课外活动等形式落实的。

实施素质教育首要前提是思想观念的转变，而思想观念转变的一个重要途径就是在实施素质教育的过程中进行德育渗透，充分利用素质教育的主阵地——课堂，对实施素质教育的主体——学生，进行思想渗透。如何加强高校各学科的德育渗透，是当前教育改革中一个亟待解决的重要课题。在全社会普遍重视加强和改进大学生思想道德建设的大氛围下，学校作为专职教育单位，"把德育放在学校一切工作的首位"已是共识。对学生加强政治教育、思想教育、道德教育、法纪教育和心理品质教育，对促进学生全面发展起着主导性作用。为了树立"课课有德育，人人是德育工作者"这一教育理念，教育工作者应积极开展"各学科渗透德育"工作，拓展德育阵地，增添德育渠道，丰富德育形式，扩充德育内容，使学校传统美德特色教育在学科渗透中增添新的时代内涵，在加强和改进大学生思想道德建设中发挥重要作用。"人之初，性本善；性相近，习相远"，由此来看，人的一生，"习"性教化可谓最重要了。一个人从出生到入学属于童年时期，是启蒙阶段，主要受教于家庭环境和父母；从入学到毕业属于青少年时期，是成长阶段，主要受教于学校环境和教师；从学校毕业以后属于成年时期，是工作阶段，主要受教于社会环境和自我教育，以至终身。一个人跨入社会后的成人期，其工作、生活、为人处世的"德性"，主要来自前两段时期的"教化"。因此，作为人生中间阶段的学校教育，就要针对每个学生家庭教育的现状，及时采取补救、输送、升华的措施，这应成为学校德育工作的主导思想。

学校德育的职能主要是输送和升华。家教如溪流，优劣如清浊，学校教育如江河，我们应集泉纳溪，江流成河，以保证学生融入集体，循着正途奔向人生的海洋，避免其流进沼泽，误入歧途。学校德育是个系统工程，整个人生道德、行为习惯主要是在学校教育阶段获得。学校德育的升华教育就是要把每个人潜在的道德意识从原始状态提升到理性认识，并进一步使每个人养成自发性的行为习惯，使其成为每个人跨入社会后顺利开展各项工作的重要保证。学校德育是人生道德过程中最重要的一环，因此每一位教育工作者都应认真贯彻落实党和国家的教育方针，始终把德育工作作为学校工作的首要任务来抓，为把每个学生都培养成对社会有用的合格公民而努力。

第三节　高校德育教育的实践途径

一、课堂教学引领

在课堂教学中进行德育，是实现德育教育功能最传统、最直接的途径，也是在高校中最普遍采用的途径，在培养学生的道德素质和行为规范方面效果十分显著。

首先是在专业课教学中融入德育，教师须结合专业特点与学生的实际思想状况，按照专业道德规范严格要求学生，使其养成认真、严谨的科学态度和脚踏实地的学习习惯，在课堂上营造出生动活泼、健康向上、追求真理、勤于钻研的良好学风。

其次是通过"两课"融入德育，高校德育融入课堂除了在专业课中进行以外，还可通过"两课"进行。"两课"主要是指在大学里开设的马克思主义理论课和思想政治教育课。其课程体系包括三方面。其一是马克思主义理论课，包括"马克思主义基本原理概论""毛泽东思想和中国特色社会主义理论体系概论"。这些课程主要强调的是对大学生进行马克思主义立场、观点、方法的教育，从而确立中国特色社会主义的共同理想。其二是思想品德，包括"思想道德修养和法律基础"，对大学生进行社会主义道德修养和法治教育，帮助他们树立正确的世界观、人生观和价值观，增强大学生的法律意识。其三是中国近代史。包括"中国近现代史纲要"，主要是为了弘扬民族精神，使学生以史为鉴、知兴替，让学生了解没有共产党就没有新中国，更不会有我们现在舒舒服服的学习生活，要坚定不移地坚持中国共产党的领导，为实现中华民族的繁荣复兴贡献自己的力量。任何一所高校德育功能的实现都离不开"两课"的开展。

总而言之，有效地在专业课和"两课"中融入德育，可以为高校德育功能的实现保驾护航。

二、实践活动体验

高校的校园里存在着各式各样的活动，有些活动是学校正式设立的一种课程形式，是每一个学生必须完成的学习任务，其德育作用有针对性且效果显而易见；而有些活动并非作为正规课程而存在，也对学生的思想道德素质的发展起着十分重要的作用，这主要是指学校的一些实践活动，包括学校的社团活动、学术文化活动等。

高校的社团活动是大学生在自愿的情况下，在保证完成学业任务的基础上，针对自己的兴趣爱好、个人发展计划等在校园里进行的以促进学生身心健康为宗旨，将兴趣爱好一致的大学生以团体活动形式组织起来，发挥学生的特长，彼此交流兴趣爱好、互帮互助，彼此启迪思想，不断丰富课外活动而开展的群体性活动，是大学生进行自我教育、自我管理、自我服务、自我约束和自我发展的良好途径，是高校德育工作的重要组成部分。[1] 学术文化活动是大学生课外学习的重要组成部分，以拓宽知识、提高能力为主要目的，比如说校园里开展的一系列科技创新活动、辩论大赛、知识讲坛等。这些丰富多彩的实践活动，既是学生课外学习生活的需要，也是锻炼学生能力的良好途径，实践活动是高校进行德育的重要途径，对德育功能的实现发挥着积极的作用。

---

① 付福起. 浅析大学生自我教育、自我管理、自我服务的有效途径 [J]. 时代教育，2017(7): 118.

三、校园环境熏陶

环境既能育人，又能造就人。好的环境能使人奋发向上，坏的环境能使人意志消沉。良好的校园环境可以使学生在不知不觉中受到德育的感染、情感的陶冶，使学生逐渐了解自己，同时看到别人的优点和长处，不断激励自己奋发向上，不断前进。古往今来，我国的思想家、教育家一直十分重视环境对人思想的潜移默化作用，"近朱者赤，近墨者黑""孟母三迁"等都说明了环境的影响力量，环境的力量不容小觑，需要我们去重视它。校园环境主要包括校园的物质环境和精神环境两方面。物质环境可以概括为校园内的建筑、道路、绿化、科研器材、图书资料等一切物质所构成的环境；精神环境主要指师生在校园内进行教学、科研工作和生活所遵循的各种规章制度、约定俗成的习惯以及校风、学风等人文因素所构成的环境。优美的校园环境，能够启发师生的想象，丰富师生的情感，活跃师生的思维，规范师生的行为，实现高校的德育功能。

物质环境主要从高校的建筑而言，富有寓意的建筑凝聚了整个学校的精气神，建筑自身含有一定的文化意义，对人的思想也有一定的启示作用，它所承载的是高校的一段历史、一种文化、一种象征，学校可以通过某些建筑或者路标来展现自己的校训或者校园文化，从而在日常生活中使学生逐渐领悟学校的灵魂，潜移默化地陶冶学生的性情，有助于高校德育功能的实现。

精神环境则主要从学校的校风、学风而言。高校里的校风、学风等会在不知不觉中对学生的行为形成一种价值导向，学校应向学生明确地展示办学宗旨、校训等，并不断发扬宏大自己的校风、学风，让学生感受到校园的文化熏陶，在不知不觉中不断提升自己的道德素质。

四、规章制度约束

古语有云："不以规矩，不能成方圆"，即做事要遵循一定的规章制度，否则就办不成事。高校德育功能的发挥需要制度的约束和规范，制度是德育功能实现的重要保障。要想实现高校的德育功能就必须以制度为保障，建立一套完整规范的德育制度体系，从而体现高校的德育目标、培养方式、办学理念、管理模式等，不单单只是建立规章制度，还得加强对德育制度的评价审核，制度不能变成一纸空文，要实打实地落实下去，建立适当的评价审核模式，使每一项制度落到实处，确实发挥自己的功效，只有各项制度落到实处了，高校德育功能的实现才有了保障。

第九章 高校德育教学改革及优化

第一节 高校德育教学改革的对策

一、加强对道德教育的重视

当代大学生是实现中华民族伟大复兴的主力军，他们的成长关乎社会主义建设。大学生不仅仅要具备扎实的技术素质和专业素质，更重要的是要有正确的道德素质和健全的心理素质。

高校是培养高素质人才的基地。要想学生"成才"，先要让学生"成人"，关键在于让学生具备正确的道德素质和健全的心理素质。对于担负着使大学生"成人"重任的高校来说，在学校管理方面，其要重视和加强道德教育课程的建设。首先，让道德教育回归正常的轨道，得到应有的重视，做自己该做的事。其次，建立一系列的保障措施，保障道德教育的正常开展。再次，开发校本教育资源，促进高校道德教育的可持续发展。校本即"以校为本"，学校依据自身的实际情况，联系教育的发展规律，根据学校周边的环境，自主确定学校发展方向，优化配置资源，提升教育教学的实效性，打破"千人一面"的教育模式，从学校实际出发，从学生实际出发，研究问题，解决问题，从而形成学校个性化的教育。最后，高校应加快"德育"网络精品课程建设，依靠网络平台，发掘并充分利用丰富的网络学习资源，为师生的交流和学习提供便利。"德育"网络精品课程建设，既要重视学科自身的特色，又要关注大学生的实际需求；既是课堂学习的补充，又为学生提供了另一种更快速便捷的学习方式。

二、加强与心理健康教育的教学协作

俗言道：要"成才"先"成人"。道德教育和心理健康教育，一个"育德"，一个"育心"，两者对当代大学生的人格成长有着重要意义，是大学生"成人"的重要基石和基本保证。两门课程在教学实践环节的协作将有利于两门课程的有效开展，共同提升"育人"的成效。

第一，要明晰两者的联系和区别，厘清两者的边界，尊重各自的独特性和主体性。道德教育与心理健康教育不是隶属关系，尽管有倡导的"大德育"，将心理健康教育纳入包括思想教育、政治教育、法制教育、道德教育的大体系，但从专业知识构成的角度讲，它们拥有不同的知识构成体系。心理健康教育依托的心理学基础与道德教育的哲学基础客观上存在属性上的差异。道德教育与心理健康教育要想合作，相互促进，就要承认彼此的差异和各自的独特性，至少可以从课程的知识来源和构成看到区别。只有相互尊重差异，才能彼此共存和发展，试图包含或隶属的关系只会延缓或削弱两者的发展。实践证明，道德教育与心理健康教育整合成一门课程的做法难以获得实质性的成功。

第二，创建相互协作的教学促进平台。道德教育与心理健康教育针对学生的思想状况和心理状态，从不同视角、运用不同方法开展工作，但两者具有相似性。两者的教育对象是能动的、有个性的人，"两育"工作者的劳动成果是难以计量的精神和心理活动，都以培养高素质人才为共同目标。在教学形式上，两者均属于大班化公共课教学；在教学对象上，两者都是面对全校学生的。同时，大学生的思想道德问题和心理健康问题往往相互交织在一起，因为人的行为既受思想道德的支配，也受心理因素的影响。为了更好地完成育人任务，"两育"的教师可以在教育过程中加强交流合作，做到相辅相成、有机整合。为防止在具体的教学过程中的相关知识或案例的重复，建议道德教育和心理健康教育的专任教师成立教学协作小组，定期开展联席会议，或小组讨论大班化课堂教学中遇到的共性问题，或交流学生管理、课堂掌控等经验及学生信息，对教学过程中常见的经典案例，可以从各自的视角做出相应的分析和判断。另外，可以整合资源，共同开设相应的网络教学点，或者在高校项目化运作体制下，合作申请和研究相关课题。

三、教学制度与方法的创新

（一）教学实践性课程的设置

两千多年前，孔子就要求弟子"多闻""多见"，因此孔子带着他的学生周游列国，体验生活，在实践中培养学生的处事能力。国外一流的大学也都非常注重实践教学。麻省理工学院一直致力于为学生提供政治、公共事业、环境卫生、社会团体等领域的实践机会，让学生参与一定的工作，增加学生的实际经验。道德教育教师要鼓励学生迈出校园、走进社会，多参与社会实践活动，深入社区或到农村去，了解那里真实的生活状况。例如，道德教育教师在讲解《思想道德修养与法律基础》中的"法律基础"部分时，可以让学生完成一个作业，如抽空到最近的法院去旁听一个案件的审理，旁听后把案件的情况、审理结果，加上自己的思考和分析，写成一篇小论文，教师选择其中比较好的论文在课上与学生分享。又或者针对一些社会热点问题，让学生自己选择感兴趣的话题，每个人，也可以分小组做一个社会调查，将自己的所见所闻、所思所想写成调查报告。期末，专门留出 2～3 节课请每个小组分享自己小组的调查成果，其他小组可以针对这个小组的调查报告进行讨论，最后教师根据教材的观点进行适当的评论与指正。

（二）参与合作型课堂的建构

参与合作型课堂的构建旨在找回学生的主体性，打破教师的"一言堂"，指向教师与学生共建的课堂，以充分发挥师生双方在教学中的主动性和创造性。以《思想道德修养与法律基础》为例，如果单纯听教师讲"人生哲理"，效果可能会大打折扣。若让学生参与进来，开展关于"人生"的辩论赛，将有可能激发学生活力，进而改变以往呆板、死气沉沉的道德教育课堂形象。为确保体验式教学与合作型课堂建构，需要在课程考核方式上做相应变革。每门课程中都有必须掌握的基本理论知识，这些理论知识是大学生必备的知识素养，也是提高其发现问题、分析问题、解决问题能力的理论基础。基本理论知识的背诵记忆是可以通过考试去检验的，除必要的理论知识的考核外，最核心的是考核大学生发现问题、分析问题、解决问题的能力是否得到进一步的提升。可以采用作品展示、调研报告、读书心得、辩论演讲、专题论文等形式来考核学生对所学理论的应用情况。多样宽松的考核形式让学生把学到的知识进行活用，做到理论联系实际，用实践体现学习成果。

（三）回应现实需求的教材

多数高校道德教育课采用的都是教育部统一编订的教材，这为学校管理和教师掌控课程提供了方便。但是，这种统一的教材并不适用于全部学校和学生，因为各高校的学生基础和学科类别都不一样，如果教师在授课时不考虑各高校和学生的实际情况，单纯地按照国家硬性的要求，一味灌输，道德教育课的教学效果必定大打折扣。在条件允许的情况下，教师可以将教材做成类似于手机 App 的形式，根据现实形势与政策的变化及时上网更新教材的内容。适当选择教学内容，补充现实生活中的典型案例，最好选择学生身边同辈中的榜样，为他们提供一个参照坐标。另外，大学生也很关心社会时事，希望在课堂中了解当下国内外最新的资讯，因此教师讲授的内容要与社会实际紧密结合，贴近学生的生活，拉近师生距离，使学生深刻领悟课程内涵。

四、创新高校德育理念

高校德育必须全面贯彻党的教育方针，解决好培养什么人，怎样培养人，为谁培养人等根本问题，坚持不懈地用习近平新时代中国特色社会主义思想铸魂育人。这就要求高校德育坚持"三个面向"，立足于国家富强、社会进步、民族复兴。随着全球化、信息化、网络化、数字化时代的到来，高校必须创新德育理念，紧跟时代步伐。随着高校德育内容不断改变，德育理念也需要创新。紧跟时代步伐是德育理念改变的既定要求，也是必然要求。首先，不能忽视创新意识的培养。我国当代的国家精神就包含改革创新，创新已成为当下所需人才必须具备的条件之一，只有充分培养学生的创新意识，才能使他们在进入社会后为国家做贡献。其次，注重生态理念的培养。科学发展、可持续发展理念一直是党的行动指南，要把该项指南贯彻到大学生中，必不可少的就是将生态意识和道德融入德育的教学工作，以促进大学生对可持续发展的理解。最后，终身学习的理念也是必不可少的。道德教育贯穿人的一生，人们在不同人生阶段会对相同的德育内容产生不同的理解。因此，高校的德育工作者应当在德育工作开展的过程中，帮助大学生了解终身学习的重要性，并帮助其树立终身学习的目标和信念，使其德育观念得到良好的发展。

五、制定现代德育内容

制定高校德育内容应全面贯彻党的教育方针，坚持马克思主义的指导地位，贯彻落实习近平新时代中国特色社会主义思想，坚持社会主义办学方向，落实立德树人根本任务，坚持教育为人民服务、为中国共产党治国理政服务、为巩固和发展中国特色社会主义制度服务、为改革开放和社会主义现代化建设服务。具体德育内容的制定、选取要贯彻习近平新时代中国特色社会主义思想，以政治认同、家国情怀、道德修养、法治意识、文化素养为重点，以爱党、爱国、爱社会主义、爱人民、爱集体为主线，坚持爱国和爱党、爱社会主义相统一；系统开展马克思主义理论教育，系统进行中国特色社会主义和中国梦教育、社会主义核心价值观教育、法治教育、劳动教育、心理健康教育、中华优秀传统文化教育。教师在讲述德育内容时，要对这些内容进行深入挖掘，将教师为主、学生为辅的模式转换为教师和学生的双向互动，教师可以根据当下实际教学，学生也可以将教学情况及时反馈给教师。此外，德育教师队伍可以借鉴国外教学经验，将时事热点带进课堂与学生进行讨论，在学生充分表达自己的想法后对学生进行引导，使其树立正确的世界观、人生观。教师应适应新时代的变化，使用现代教学手段。新型的多媒体教学对学生来说更易引起其学习的兴趣，音频、视频和文字为一体的多媒体教学能增加课堂教学的趣味性，激发学生的学习兴趣，让课堂快乐起来，使学生接收知识能力加强。教学方法和手段在教育理念创新的前提下是必须进行改变的，而其创新就是要打破常规，实行德育教师上课分段教学、分点进行，使课堂活动拥有新的特点。教育方法的不断改进能够促进教学氛围的改善，使学生更容易接受课堂中获取的知识，并积极实践，从而达到良好的教学效果。

六、充分尊重学生需要

大学德育必须以学生为中心，尊重学生的个性，服务学生的需求，让学生把提高道德修养当作自己的内在需要，从而使不断追求高尚的道德品质成为大学生的内心信念。在德育过程中，教师尤其要了解、尊重学生的现实需要，切忌从理论到理论的空洞教育；要充分了解学生的物质需要、情感需要、精神需要的现状及未来发展要求。因此，德育课程的教授应当与学生的生活相结合，这样既有利于学生的理解，也便于教师德育工作的展开。教师要使德育理念贴近高校大学生日常学习生活中的每件事，让德育无处不在，让学生在潜移默化中得到良好的学习效果。大学生大多追求新鲜事物，不喜欢千篇一律的生活，在学习中也是如此。因此，高校德育内容要丰富多彩，高校德育队伍应当发掘大学生身边的新鲜事并将其融入自身课堂，提高课堂的新颖性和学生接受度，达到德育工作的目标。

七、不断优化德育环境

人类的实践活动与其生活的环境之间是相互影响、相互作用的，而且这种影响是综合性的。大学生的德育实践活动丰富多彩，这种实践活动不断影响着校园环境，进而影响校园之外的环境，环境系统又会反作用于大学生德育活动，从而产生综合性的效应。大学生德育的开展离不开环境条件的影响。高校德育只有适应社会环境的变化，才能增强本身实效性。德育与整个社会环境协调一致，才能创建良好的德育环境，为学生提供良好的学习环境。同时，高校德育应时时关注社会和家庭环境带给学生的影响。以往的经验告知我们，只有社会、家庭、学校三方面密切配合、共同合作，才能创造出良好的德育氛围，才能真正实现环境育人。因此，社会要创设良好的教育环境，要努力营造良好的道德环境，形成道德践行的氛围环境。

同时，社会舆论力量是不可或缺的，德育工作者要有措施、有方法地发挥社会舆论的力量，要树立惩恶扬善、明辨是非的社会道德规范，形成受教育者在学校受教育、在家受管理、在社会上受帮助的良好环境氛围，最终提高德育的实效性。德育工作者也应该明确当前社会环境状况，尽力优化学校的德育环境，使学生在潜移默化中受到良好环境的感染和熏陶。良好的德育环境能促使德育更快取得成效，同时良好的家庭环境和良好的社会环境是德育工作取得成效的重要体现。

在高校德育过程中，校园环境的优化是重点。德育是一个学生思想、情感、意志、品格和素质不断发展和形成的过程，在综合作用下，道德才能形成。环境和社会是道德形成的基础，道德无法离开环境状况而形成。学术氛围是学校影响学生重要的措施。学校拥有良好的校园环境固然十分重要，但文化软环境更为重要。大学办校理念、校规规定、校风校纪、校园精神文明、管理方式、学习氛围、学校独有的特点，都会在潜移默化中影响学生身心健康。高校德育环境是指影响德育活动形成和发展的一切客观因素与德育对象的总和。也就是说，在具体的校园环境中，只有符合德育目标要求的校园环境、管理制度、校风校纪和教学设备才能培养出新时代需要的青年。然而，高校德育工作实效性低下仍是问题所在，这一问题与德育环境和教育方式、方法、理念等紧密相关。社会实践活动将高校与社会紧紧相连，大学生在社会中的磨炼使其个人观念日益增强，因此对道德教育的要求也在不断提升。环境因素对德育工作的重要性日益加重，因此重视对德育的优化，努力使各环境因素朝着统一的方向发展，是当前德育工作实效性提高的重中之重。学校的德育环境建设与建设者的指导思想之间有很大的关系，如果学校未曾在办学理念中拥有坚定的理想信念，那么必然会影响德育环境建设。学校只有认识到良好的德育环境对学校办学的重要性，并合理发展，将学校的良好办学精神与理念充分发扬，学校德育才能得到最大化的发展。与此同时，学校可以大力宣传，使学生对德育学习产生良好的理解，只有这样学校才能营造出良好的校园环境氛围。另外，对学校硬件设施的加强，对校园环境的美化可以逐步改善学生、教师的教学生活环境。良好的校园环境会对学生产生积极的教育影响，高校在校园建造环节要注意整体划分、细节设置，为师生学习创造一个良好的环境，以优美的生活环境熏陶人。

第二节　高校德育中优秀传统文化的融入

如何做好新时代高校德育教育与优秀传统文化教育，是高校当下面临的一个重要课题。中华民族自古以来就有崇文重教的优良传统，"立德树人"自古至今都是中华民族的教育核心，亦是现代教育的根本目标。中华优秀传统文化中蕴含着文化教育内容与独特的道德价值体系，通过辩证的创新性转化为当代价值，有助于丰富新时代高校德育内容，培养有文化、明大德、担大任的新时代人才。

一、增强对优秀传统文化的认同感

道德产生于特定的文化环境，在高校营造出浓郁的传统文化环境，有助于在潜移默化中提升高校学生的人文素质，塑造高校学生健全的道德品格与价值导向。

（一）新媒体成为高校塑造优秀传统文化氛围的新平台

随着"互联网＋"时代的到来，互联网已成为绝大多数人接收外界信息的重要渠道之一。如何能在海量信息中提高甄别能力，守住被西方价值观不断冲击的道德与价值底线，是高校学生面临的重要问题之一。

当代高校学生，主要以"00后"为主，这一批青年人的成长伴随着科技的高速发展，他们从小就开始接触互联网，对新媒体接受程度普遍较高。新媒体依托互联网的发展，具有信息传播能力强、覆盖面广的特点，这也是西方文化和价值观较以前更加广泛地冲击着我国高校学生的重要原因之一。比起传统媒介，新媒体不受时间和空间的约束，能够进行"全年无休"的宣传，弥补了传统媒体的不足。利用新媒体加强中华优秀传统文化的道德内容传播，其传播方式也更易被学生接受，能更直接地反映学生对宣传的看法和喜爱程度，并且能够通过设置互动选项，让高校第一时间得到反馈，进而做出及时调整，以达到预期的宣传效果。

高校基本上都会设置官方网站、微博和微信公众号。除此之外，高校还可以在官方网站上设置专门的板块，用于介绍中华优秀传统文化，尤其是与德育教育相关的内容，如民族英雄的故事，并设立互动区，让学生留言互动，提升学生的爱国情怀，使学生学习英雄身上的崇高道德精神。高校可以鼓励学生积极主动学习中华优秀传统文化，或阅读古代优秀典籍，或制作朗诵节目以及短视频，高校可将优秀作品放到微博或微信公众号上进行展示，鼓励学生积极参与到中华优秀传统文化的学习活动中。同时，利用新媒体传播速度快、更易被学生接受的优势，加强传播中华优秀传统文化中的道德内容，积极主动地引导学生树立正确的道德观，弘扬和践行社会主义核心价值观，帮助学生提高甄别海量信息的能力和判断事物的能力。

（二）利用传统节日，举办各种特色文化活动增强文化认同感

节日是指日常生活中值得纪念的重要日子。中国是拥有五千年历史文化的文明古国，每一个传统节日都包含着一个中华优秀传统文化的故事，其背后也蕴含着独特的人文价值和道德内涵。

在传统节日到来时，高校可以组织师生一起参与到传统文化活动中。例如，春节可以组织留校的学生以及留学生一起学习包水饺、写春联、布置校园；端午节则通过阅读屈原的诗歌，来学习诗人忠贞不渝的家国情怀；中秋节可以组织师生进行诗词比赛，边赏月边朗读诗词，加深对中华优秀传统文化的了解。

此外，中国还是一个多民族的国家，各地方不同民族也有自己独特的民族节日。因此，高校也可以根据自身的实际情况，开展相应的民族文化活动，增强不同民族之间的信任感。例如，广西壮族群众就有过农历三月三民歌节的习俗，节日当天会举办唱山歌、祭祖等活动，广西各高校可以在农历三月三，组织高校师生，学习民歌节来源，举行祭祖仪式，举办山歌比赛，

以此促进师生情感，加深师生对民族传统文化节日的了解。

通过传统节日来举办文化活动，可以加强高校校园文化的塑造，增强高校师生的民族和传统文化认同感，提升其传统文化素养。

二、增强不同课程之间的关联性

（一）与思想政治课程的融合

思想政治教育理论课程是每所高校每个专业都需要学习的课程，涵盖面广，是中华优秀传统文化融入高校课程的最佳方式。就目前而言，在高校所开设的思想政治教育理论课程中，将思想道德修养与法律基础这个部分作为中华优秀传统文化融入思政课程中的专门教学部分，并以此作为思政课程的示范性标准，可为中华优秀传统文化融入其他课程提供思路。在这部分的讲解中，教师可以适当加入中华优秀传统文化中关于爱国主义、个人理想信念的内容，帮助学生树立正确的人生观、世界观和价值观。

如果说思想政治课程是显性课程，那么专业课程就是隐性课程。专业课程因为要承担专业技能培养的责任，因此无法像思想政治课程那样直接将中华优秀传统文化作为教学内容在课堂上进行重点呈现。但不同的专业可以针对自身特点，进行相应的课程内容设置。例如，汉语言文学、教育学等文科专业，可以在课堂的教学内容中适量添加中华优秀传统文化典籍的阅读内容，使学生通过阅读了解中华优秀传统文化知识，学习古人的爱国情怀、道德品质；在数学、建筑等理工科专业，则可以在课堂上对本学科的发展背景进行介绍，将其与中国古代的历史进行适当的结合，让学生增强对历史上杰出人物或事迹的深刻了解，树立艰苦奋斗、不畏艰辛的坚毅品格，以及心怀天下苍生的道德准则，增强学生的文化修养和民族认同感。

专业课程根据自身特点，在课堂中融入中华优秀传统文化，与思想政治课程进行合作，通过显性教育和隐性教育，实现课程之间的互联互通。这样既可以节约资源，又可以增强学生对传统文化的认同和追求。

（二）开展专门的优秀传统文化课程与讲座

综合类高校或文科类高校可以依托中文学院、历史学院等人文社科类学院，开展包括公共课、必修课和选修课等在内的多种形式的课程，专门讲解中华优秀传统文化。以北京外国语大学为例，学校依托中文学院、历史学院等学院的课程优势，在校内开展中国思想史原典选读、中国文化等公共课供全校学生选择。课程通过集中院内优秀教师，根据课时进行内容安排，着重对古代优秀著作的作者及写作背景进行介绍，并选取其中的篇章段落带领学生一起阅读，让学生了解古代学说思想、道德准则、理想信念，感悟中华优秀传统文化的魅力。同时，学校积极协同各学院开展"古典新义——跨文化视域下的中华经典"系列讲座，通过邀请校内外优秀教师或学者，为全校师生提供学习中华优秀传统文化的平台。

理工类高校由于受到自身学科特点的限制，在人文社科类课程设置上不如综合类高校和文化类高校那样全面，但可以通过校际合作交流来弥补这一劣势。如今，随着科技手段的不断创新，线上学习成了新的发展趋势，这也更能打破时间和场所的限制，为学生提供更好的学习中华优秀传统文化的平台。

高职类院校的学生在基础知识上与高校学生存在一定的差距，且更偏重实操技能的掌握。因此，在高职类院校中开展德育教育，应在条件允许的情况下带领学生参观名人故居、博物馆、纪念馆等文化场所，在实际的参观中普及中华优秀传统文化；还可依据具体专业，到工厂或企业，请专业技术人员为学生讲解工作中的道德准则。高职类院校要尽可能在社会环境中对学生进行思想道德教育，这样更具有实效性，且受到基础知识的影响较小。

三、建设高素质教师队伍

（一）提高教师的整体文化素养

高校应该鼓励教师根据自身课程需要，自主学习中华优秀传统文化相关知识，增强对传统文化的了解，从中华优秀传统文化中寻找与自身课程可以结合的地方，将其融入具体课程，为学生普及中华优秀传统文化知识。同时，高校在对专业课程进行定期培训和考核时，应系统组织高校教师参加专门的传统文化教育培训。高校可以邀请中华优秀传统文化领域的研究专家和学者，开展讲座和辅导，尽可能为教师学习中华优秀传统文化搭建多样化的学习和交流平台。此外，高校通过集中培训，实现对高校教师自觉学习的检测和监督。其内容既可以包括学习优秀传统文化知识本身，又可以包括中华优秀传统文化融入专业课程的指导思想、基本原则和主要内容。通过培训，帮助高校教师拓宽视野，打开教学思路。自主学习方式和内容都比较灵活，更易于高校教师接受。在条件允许的情况下，高校可以根据教师的需求，统一购买中华优秀传统文化典籍原典、优秀读本等学术资料①，还可以定期组织传统文化研讨会或知识竞赛，激发高校教师自觉学习中华优秀传统文化的热情，从而提高高校教师整体文化素养与道德规范。

（二）完善培训体系，明确高校教师职责与担当

"立德树人"是教育的目标，要实现这一目标，关键在教师，高校教师要符合"教书育人"的要求。"教书"指的是传授知识，"育人"指的是培育人才。两者都指向学生。高校教师作为学生最直接的榜样，其一言一行都会对学生产生深刻影响，"身教"大于"言传"。因此，除了鼓励高校教师自觉阅读中华优秀传统文化典籍，提高自身整体文化素养之外，高校还应完善教师培训体系，明确教师的职责与担当；通过师德师风建设，加强教师道德规范，为学生树立优秀榜样。②

教师要做到传道、授业、解惑。教师的文化知识积累和道德素养不仅会对高校学生的一生产生深远影响，还决定着高校未来的发展。所以，高校更应完善教师道德培训体系，定期培训，让高校教师明确自身职责和担当，不忘初心，牢记使命。

第三节　新媒体背景下高校德育课程资源的有效开发

高校德育课程资源有效开发是时间上不断延续、内容上不断生成的过程。结合新媒体共享、即时、开放等特点，高校德育课程资源有效开发的过程从观念、目标、原则、主体、经费以及技术手段、相关管理制度、评价反馈等环节进行全方位变革创新。

一、更新课程资源观与增强有效开发意识

（一）树立"共建共享"的课程资源观

树立正确的课程资源观是高校德育课程资源有效开发首要问题。新媒

---

① 陈爱萍，刘焕明. 中华优秀传统文化融入高校思想政治理论课的实践路径 [J]. 思想教育研究，2020(9): 108-111.

② 刘建军. 论师德师风建设的"四个统一"[J]. 中国高校社会科学，2017(2): 1-19.

体背景下，革新观念，形成"共建共享"的课程资源观是时代必然发展的基础。

"共建共享"是有机整体。"共建"指新媒体背景下高校德育课程资源有效开发是多主体参与共同建设的。高校领导、德育工作者、学科教师、学生以及新媒体"意见领袖"均可参与开发，恪尽职守，尽心竭力开发高水平课程资源，创新推动高校德育的发展。首先，高校领导作为课程资源有效开发的引领者，其课程资源观决定着开发的基本方向，而德育工作者以及学科教师担任课程资源开发的建设者，其课程资源观影响开发的具体实施。最后，学生和新媒体"意见领袖"是课程资源有效开发的补充者，其课程资源观决定着开发的实践效果。因此，开发主体应清楚认识到课程资源是高校德育过程的所有要素之和，是一个整体，不可割裂，它无处不在，无时不有，尤其是新媒体平台提供的大批课程资源，均为真实存在的。从单一的课程资源中能够开发出多种不同的课程内容，且实现别具一格的教育功能，使课程资源和高校德育紧密融合在一起，更好地为高校德育服务，体现课程资源的开发价值。

"共建共享"的课程资源观中"共享"即指资源和成果共享。新媒体打破时空、国界的限制，让课程资源在平台上集体呈现，使社会成员获取便捷，且平等享受资源。另外，在课程资源有效开发过程中，主体筛选整合，去其糟粕，汲取更多积极向上的课程资源应用在高校德育过程中，学生和教师共享开发成果。因此，提高认识，树立"共建共享"的课程资源观是新媒体背景下高校德育课程资源有效开发的最具重量的基础性条件。

（二）增强有效开发意识

"有效"是指达到课程资源开发预期结果的程度，更是高校德育课程资源开发的目标追求之一。开发的实际结果与预期结果的契合度、开发过程的效率以及开发结果的效果收益是课程资源开发要解决的问题，也是高校德育课程资源开发渐进过程的有效输出。增强有效开发意识，提高课程资源开发的质量，是新媒体背景下高校德育课程资源开发的必要依托。

首先，新媒体背景下课程资源层出不穷，更新速度快，开发主体根据高校德育目标在拓展多途径寻找课程资源的时候会"眼花缭乱"，但仍需要围绕德育目标开发课程资源。高校德育目标在宏观上指导课程资源开发的方向，但有效开发是具体方向，可以在实际操作中不断调整、修正开发的方向，还可以对课程资源开发的效果进行评估。其次，课程资源是支持课程活动的实施条件或是进入到课程中成为课程内容的一切物质与非物质，无论哪种类型的课程资源最终都是为高校德育服务的，因此高校德育课程资源开发的直接目标是达到开发价值的最大化。再者，有效意识可以在一定的程度上提高课程资源开发效率。新媒体背景下，课程资源传播范围广，渗透力度强，在开发过程中由于更新速度快，导致部分课程资源开发周期长，时效性降低。开发主体在开发过程中保持有效意识去寻找开发课程资源，可以在一定程度上提高开发效率。增强有效开发意识，促进课程资源质量以及效率的提高，是新媒体背景下高校德育课程资源开发的必要依托。

二、明确课程开发的目标及原则

（一）以"育新人"为导向

"立德树人"是高校提倡的教育目标，是支配、调控和评价高校德育的准绳。以"育新人"的导向，坚持党对意识形态的领导，是高校德育的立足点，也是课程资源有效开发的目标导向。

才者，德之资也；德者，才之帅也，育人的根本在于立德。高校办学要坚持正确的政治方向，完成育人育德的使命，因此德育课程资源有效开发研究要以"育新人"为导向，使其如灯塔般指引贯穿始终。从宏观上说，"育新人"对高校德育课程资源有效开发研究具有协调的作用；从微观上说，"育新人"控制课程资源有效开发的具体手段、技术以及内容，保证不偏离其根本导向。综合来看，"育新人"可以整体调节课程资源的有效开发。高校在筛选、整合、开发德育课程资源整体操作过程中要牢记"育新人"的根本导向，不断增强党对意识形态的领导，使大学生扣好人生最重要的一颗扣子。

"育新人"的成效是检验高校德育课程资源有效开发的根本标准，有悖此目标的课程资源都应该摒弃。"育新人"规定了高校人才培养的使命，更规定了高校德育的最大方向和价值追求。课程资源作为高校德育的要素，实现"育新人"的功能是评价课程资源有效开发的根本标准。新媒体时代是开放的世界，海量的课程资源呈现，扩展课程资源开发范围的同时带来不可辨识隐藏的意识形态。所以，以"育新人"为根本导向，挖掘育人育德相统一的课程资源，是开发工作的重中之重。以"育新人"的导向，坚持党对意识形态的领导，是新媒体背景下高校德育课程资源有效开发的主旋律。

（二）坚持继承与发展兼容的开发原则

正确的开发原则可有效指导课程资源有效开发实现高校德育功能，新媒体背景下高校德育课程资源有效开发要坚持党对意识形态的领导，坚持继承与发展兼容的开发原则。

长期以来，我国十分重视高校德育工作的开展，在长期摸索前进的过程中，积累了丰富的经验和方法，这些宝贵的财富对新媒体背景下高校德育课程资源有效开发具有一定的借鉴意义。因此，我们立足新背景下高校德育的发展机遇，吸纳过去积累的精华，不断创新发展。新媒体是变幻莫测开放的世界，并且学生对新媒体呈现依恋的趋势，高校德育要扩大思想教育领地及其影响范围，占领高校德育的制高点，必须在课程资源有效开发过程中坚持开放原则，主动迎接新媒体带给高校德育课程的考验。其次，在开发课程资源的同时，要考虑课程资源开发的最终成效，实现效率与经济的相对平衡。换言之，在追求课程资源开发的效率的同时，要尽可能地减少时空以及经济物质支出，争取用最少的投入换取高校德育课程资源的价值最大化。新媒体带来的便利条件，开发主体要保持高度的敏感性，不要在课程资源选择上浪费太多时间和精力。另外，最重要的一点是课程资源有效开发本身就是教师和学生教学相长的德育过程，以学生的需求为起点，促进教师和学生知、情、意、行平衡发展。在瞬息万变的新媒体世界中，师生在交流互动、积极思考中找到和这个世界相处共存的方式。

新媒体悄然改变了人们的生活方式和思维方式，高校对千篇一律的信息容易产生审美疲劳，想要牢牢把握党对意识形态的领导权，就要学会创新。用新媒体思维和全新的视野开展课程资源有效开发，构建当今时代的新型课程资源体系，给高校德育提供新鲜的血液。高校应着眼于学生关注的热点，保持课程资源的动态性，实现与学生生活的无缝衔接。新媒体背景下，坚持继承与创新兼容的开发原则，是高校课程资源开发有序发展的必然选择。

三、拓宽课程资源开发的主体

（一）重塑教师的主体地位

古人语"师者，人之模范也"，教师不仅是学问之师，还是品行之师，更是学生全面发展的一面镜子。在高校德育过程中，教师不单单传递学生知识，还是学生价值体系的筑造者，其潜在的价值不可估量。重塑教师在课程资源有效开发中的地位是新媒体背景下高校德育发展的必然要求。

传统的课程资源开发过程中，主体一般是德育领域内少数学科专家或是国家教育主管部门，并没有赋予高校教师参与开发的权力，其主体地位没有受到重视，导致教师课程资源开发意识淡薄，创造性以及主观能动性没有得到良好发挥。在新媒体背景下，重塑教师的开发主体地位，革新课程资源观，赋予其挖掘课程资源的权力，为高校德育添砖加瓦。教师的地位之所以不可撼动，原因有两点。一方面，高校教师的学科知识底蕴深厚，接受新鲜事物的速度快，和学生交往机会多，奋斗在德育工作一线，对课程资源有更深的理解，在全新的角度下可以挖掘更优秀的课程资源；另一方面，高校教师不仅本身是德育课程资源，还是课程资源的实践者。课程资源终将成为课程的重要因素，进入到高校德育中，教师参与开发过程再使用课程资源时更加得心应手，并且直观地感受到课程资源的开发价值，在获得成就感的同时，也会深思课程资源开发是否仍有不足之处。

教师发挥主观能动性，积极投身开发课程资源，既丰富了课程内容，吸引了学生，又促进了自身课程资源开发能力的提升。高校德育不仅存在德育课程中，各学科知识都渗透着德育元素，教师在挖掘课程资源时不能忽视蕴藏在其他学科领域内相关的德育资源，调动自己全部的智慧，把孕育在学科知识中的课程资源，通过教材、图书馆、报纸、期刊、新媒体平台或者与学生交流经验等一切渠道利用起来，拓宽课程资源开发的广度和深度。在研究设计的过程中，教师对课程资源的不断接纳，不断反思，让创设性合理开发的课程资源成为高校德育的活源头。

（二）尊重学生的主体行为

高校德育的一切活动针对的对象是学生，任何德育课程资源开发也是为了服务学生，其所取得的效果更是由学生外显行为表现出来。高校德育课程活动中的基本要素是学生，他们的心理发展、知识储备、生活经验以及情感状态都是高校德育课程资源。在新媒体背景下，学生既是课程资源的消费者也是开发者，尊重学生的主体行为，充分发挥学生的主体性。

传统的高校德育是教师占据主导地位，学生是被动的接受者，只作为课程资源的消费者，在德育过程中处于边缘位置。在新媒体背景下，原有的师生之间简单的授受关系逐渐嬗变成主体客体化和客体主体化的"双主体"模式。学生改变了原有的学习模式，主动学习，增强了课程资源开发意识，由课程资源的客体转变成主体，以满足更高的自我需要。

新媒体背景下高校德育课程资源有效开发过程中，学生是不可或缺的主体。一方面，学生在高校阶段，具有一定的德育知识和判断水平。随着新媒体的发展，学生和教师将在人格、权力以及获取课程资源的内容和途径上均达到平等。大学生群体以原有的基础知识作为依托，探求新知识，掌握前瞻技术，自主学习的能力逐步加强，想法更加多元化。从学生的角度出发有效开发德育课程资源会更加满足学生的需求。另一方面，学生是自我发展和教育的主体。学生是有意识、有情感的个体，不是盲目、机械、被动的接受教师的传递，而是具有主观能动性的人。在课程资源有效开发中，学生作为主体参与，就是一种自我德育发展的过程。课程资源鱼龙混杂，整合开发此课程资源，是学生提升鉴别信息能力、强化主体意识、塑造魅力人格的发展过程。新媒体无国界无时空的限制，让学生接触到更多的课程资源，视野随之变得更宽阔，创造力也有所提升，有巨大的潜在可能性。因此，尊重学生的主体行为是新媒体背景下高校德育课程资源有效开发主体队伍建设的关键因素。

（三）关注新媒体社群的主流导向

新媒体解除了限制，人人都有发言权，人人都可以成为信息源。活跃在新媒体平台上，具有较强的专业解读能力、独特的见解，由有共同兴趣的人形成的社群，通常具有一定规模的受众。新媒体时代改变了人们的交往方式和人际关系。新媒体平台上的交往衍生出各种方式，比如依靠 QQ、微信、微博、电子邮件以及 BBS 社区等新媒体平台来交流，就会形成新的道德观念和道德伦理。新媒体社群还可以自行组织话题进行讨论，增强社员之间的互动性。部分新媒体社群甚至会提倡将线上交往延续到现实生活中，从而进一步扩大了学生的交往范围，形成全新的实际的话语体系或团体。再者，在新媒体时代，人人都可以在新媒体平台上针对热点问题发表意见，某条微小信息，经微博、微信、热聊群等转载、评论，就可以引起"蝴蝶效应"，迅速在新媒体平台上"流行"。高校学生的身心发展相对不健全，很容易受到新媒体平台上热点舆论的影响，不能理性客观地分析事件发生背后的缘由，在这个时候就需要新媒体社群中的成员有代表有见地的发表言论，弱化非主流言论，引导新媒体舆论。新媒体社群与普通用户互动频繁，通过实事求是的材料和富有个性的言论吸引众多网民跟帖、转发，包括依赖新媒体的大学生群体，让新媒体社群的主流思想迅速占据新媒体阵地。

另外，新媒体社群成员一般都具有广泛的资源渠道，能够获得更多一手的资源，在课程资源开发主体队伍中是不可替代的。新媒体社群在新媒体背景下的地位不言而喻，其可以根据新媒体平台的交流，获取学生近期的思想状态以及关注的热点事件，为课程资源有效开发提供切入点，继而使高校教师在德育过程中更容易抓住学生眼球，吸引学生的兴趣，进行正确的道德引导。因此，新媒体社群在高校德育课程资源有效开发中的作用不言而喻。

四、夯实课程资源开发的基础

（一）加强师资和财力建设

建设知识素质过硬、道德情怀高尚、理想信念崇高的教师队伍是高校建设的基础性工作。教师是高校进行德育的实施者，最了解高校德育需要的课程资源类型，并且还是和学生交往关系最密切的个体，其成为课程资源有效开发的中坚力量是理所应当的。另外，课程资源是开展高校德育的外部条件，课程资源开发的顺利进行是新媒体背景下高校德育课程资源有效开发研究的资金来源的必要保障，资金的投入力度决定了课程资源开发的纵深度以及开发队伍的规模。如果没有资金支持，开发队伍纵有极大热情，也很难将课程资源有效开发推行发展。因此，加大开发课程资源的资金投入和建设高素质教师队伍，是新媒体背景下高校德育课程资源有效开发的重要保障。

随着教育信息化的不断发展，知识传授方式、获取方式和师生关系发生了变化，教师的素质决定高校德育发展水平。首先，教师要树立正确的课程资源观，拓宽视野，发挥能动性，增加主动开发课程资源的概率。教师在参与课程资源有效开发的过程中，提升自身开发能力。视野宽广、能力提升，可以大大提高课程资源有效开发效率。其次，教师要提高敏锐洞察力，认真判断分析新媒体平台呈现的课程资源背后隐藏的真正意识，迅速捕捉课程资源的利用点，将其和德育课程进行融合。再者，教师要以德立学、以德立身、以德施教，努力提升自身的道德修养。学生具有向师性的特点，教师的言谈举止、讲课风格、思维方式都会熏陶感染学生，身教胜于言传，不可忽视教师作为学生榜样的力量。最后，教师要善于反思。"吾日三省吾身"同样适用在开发课程资源过程中，在开发过程中，善于发现问题，总结问题，反思问题，才会磨练开发出更符合社会和学生需要的德育课程资源。反思过程不仅展示教师智慧的一面也让其在反思中学会成长。

课程资源开发的每一个过程都需要资金支持，但资金的支持力度尤其对课程资源开发的纵深度有着决定性的作用。高校根据实际情况加大资金的投入力度，尽可能为开发主体提供物质充足的外部条件，完善课程资源开发的技术支撑，为课程专家、教师、学生以及其他主体拓宽课程资源开发范围做好基础措施。另外，课程资源开发队伍在资金的支持下可以进行实地调查以及培训进修，提升自身的开发技术水平，更深层次地了解课程资源本质，在课程资源的开发深度上更进一步。同时，资金的支持力度制约着课程资源有效开发主体队伍的规模。对于教师来说，高校增加资金支持，意味教师可以申请课程资源开发相关的科研项目，适当地延长课程资源开发周期等，没有后顾之忧，保持足够的热情参与高校德育课程资源的开发进程。从学生的角度出发，高校以小额奖金奖励为主，鼓励他们主动发挥自身已有的知识经验挖掘课程资源，为开发主体提供学生群体中热点关注的德育课程资源。高校有了资金的支持，还可以引进德育课程专家和新媒体技术人员，与教师、学生一起组建课程资源开发队伍，为高校德育的实施提供资源支撑。

一切从实际出发，加强师资和财力建设，夯实课程资源开发的重要基础，使高校有效开发大量优质的德育课程资源，推动新媒体背景下高校德育课程资源有效开发更上一层楼。

（二）制定完善的规章制度

课程资源的有效开发不仅需要资金的支持，还需要规章制度上的保证。目前，国家、地方政府以及高校本身都没有出台保证课程资源有效开发的相关规章制度。完善规章制度，促进课程资源开发的制度化是高校德育课程资源有效开发的必要保障。

从国家角度来说，教育部要根据新媒体时代特征制定与时俱进的规章制度，出台相关文件，首先在政策上肯定高校德育课程资源有效开发的价值。国家不能全面顾及每个地方和高校的德育课程资源开发情况，尤其是新媒体发展迅速，课程资源膨胀，但是可以在宏观上调控各高校德育课程资源有效开发的进程。国家制定的规章制度从整体上规定课程资源有效开发大方向，实时把控课程资源有效开发的进行。各地方以及高校根据自身的实际情况建立适用性规章制度，及时为国家政策制度补充内容。从地方政府角度来说，政府在教育政策上必须为高校提供新媒体设施、分配足够的德育课程资源，开发保障达到国家政策要求的起码标准，在国家政策的基础上完善课程资源有效开发相关规章制度。从高校本身来说，高校领导要意识到课程资源有效开发的重要性，制定完善的规章制度体系。此外，教师和学生作为课程资源的开发者和使用者，有着不可替代的地位，同时本身也是德育课程资源，有待开发，高校领导应保障课程资源有效开发的顺利进行以及教师和学生的合法权益，促使课程资源有效开发的制度化，避免开发过程出现纰漏。

只有给予课程资源有效开发物质条件和规章制度的双重保证，才能有效实现新媒体环境下高校德育课程资源有效开发的价值，加快课程资源开发制度化发展的脚步。

（三）革新课程资源开发技术

随着科技的进步以及信息技术的不断发展，新媒体促使人类的生活进行改革，同时新媒体技术成为了高校德育的新兴工具。采用前沿的新媒体技术，将理论应用于实践，整合课程资源整体系统，是新媒体背景下高校德育课程资源有效开发的必需手段。

高校德育主动占领新媒体领地，牢牢把握意识形态的主动权，主动出击，顺应新媒体趋势。新媒体已然成为大学生学习和生活娱乐的重要场域之一，也是大学生获取信息资源的主渠道，更是高校德育需要攻克的新领域。课程资源有效开发要与时俱进，不断促进高校德育发展，就要不断应用新媒体技术，技术是课程资源有效开发创新的坚实保障和前提条件。[①] 新媒体技术是一种崭新的媒介力量，继承传统媒介功能的同时创新了传统媒介的形态。新媒体具有覆盖面广、传播方式扁平化、受众平等化等特点，为高校德育构建了全新的教育环境，拓宽了开发主体挖掘课程资源的渠道，为课程资源有效开发提供史无前例的便利。但新媒体技术是一把双刃剑，提高开发效率、创新开发形式的同时带来了技术更新速度快等不可控的因素，我们需要了解和掌握有关新媒体技术的知识和操控技能，时刻保持技术的前沿性，更好的利用新媒体技术，使课程资源有效开发保持时代性。

依托新媒体技术，整合开发课程资源的同时要保障德育课程资源的安全性。新媒体冲击着传统的教育模式，增加了高校德育的困难，无屏障式的传播更让教师无法控制资源的安全性。一方面，采用前沿的新媒体技术，建设课程资源校园绿色过滤机制，保障课程资源的安全性。另一方面，课程资源有效开发采用新媒体技术，给学生带来形式新颖的高校德育课程，更重要的

---

① 拓春晔. 新媒体背景下高校思想政治教育路径创新研究 [J]. 法制与社会，2020(7): 193–194.

是掌握新媒体技术可以提高教师和学生的媒介素养，推动清洁、文明、健康的高校德育主阵地建设。在高校德育课程资源有效开发中，采取先进的新媒体技术进行课程资源整合，使新媒体这个最大变量成为高校德育最大的增量。

（四）完善课程资源体系

1.新媒体课程资源与文本课程资源有机结合

课程资源依照其可利用价值，被划分为校外、校内课程资源和信息化课程资源。校内课程资源包括教材、图书馆、教育设施等课程资源，高校德育最常用的课程资源是教材。新媒体课程资源是信息化课程资源中的一种特殊资源。随着教育现代化进程的推进，新媒体课程资源是最富有开发前景的课程资源，将新媒体课程资源和原有的文本课程资源有机结合，是完善课程资源体系的必然趋势。

文本课程资源是高校德育课程资源系统中使用频率最高的资源，也是教师直观传递德育知识的载体，从任何一个角度来考虑，文本课程资源仍是课程资源有效开发的重点内容。文本课程资源不断随着时代的发展而发展，活用文本课程资源，科学开发利用文本课程资源是新媒体背景下有效开发文本课程资源的路径。新媒体课程资源是具有信息和资源双重属性的资源，技术手段高、呈现效果别具匠心、渗透力度较高，极易吸引学生注意力，引发学生更多思考，促进学生德育知识内化。更重要的是新媒体课程资源智能化，对于扩大德育空间和提高德育效果有着极其重要的作用，覆盖面广，时时刻刻对学生进行隐性教育，是高校德育中其他课程资源所无法替代的。发挥文本课程资源和新媒体课程资源各自独特的教育功能，使两者有机结合进而促进高校德育数字化和高效化的发展。

新媒体课程资源作为相对独立于文本课程资源的特殊形态，其即时的传播方式、广泛的覆盖面积、丰富的内容选择等独特性教育功能是文本课程资源无法匹敌的。只有全方位开发课程资源，将文本课程资源和新媒体课程资源高效结合，完善课程资源体系，才能更好地为高校德育提供课程载体，推动信息化进程发展。

2.本土课程资源与外域课程资源深度融合

新媒体技术的发展迅猛，开辟了高校德育的新环境，从内涵和外延上都拓展了高校德育的空间，实现了资源共享。许多外域课程资源也呈现在新媒体平台上，丰富了高校德育课程资源。

新媒体为外域课程资源和本土课程资源的互动提供了途径和平台，我们可以接收更多的外域课程资源，紧随时代步伐，用国际眼光发展我国高校德育，正确比较本土课程资源和外域课程资源的优劣势，做出客观的评价，将本土课程资源和外域课程资源深度融合，使高校德育水平决不落后于其他国家。一方面，因为各国的高校德育体系不同，学生自身的德育认知有差异、媒介素养水平不一等，如果外域课程资源直接进入我国高校德育课程，多多少少会"水土不服"，所以这就意味不能将外域课程资源完全不经过筛选整合就作为我国高校德育的课程资源。另一方面，外域课程资源提倡的是外域国家主导的德育理念，如果全部照搬到我国高校德育中，会弱化我国本土的德育理念和政治思想。将外域课程资源引入是为了让高校学生在比较学习中坚定信心，为做中国社会主义事业合格的建设者和接班人而奋斗。

"洋为中用"的口号在今天仍然有适用的价值，外域课程资源尤其是外域的新媒体课程资源比我国本土课程资源的发展速度要快，对我国新媒体背景下高校德育课程资源有效开发有借鉴意义。去糟粕，取外域课程资源的精华，和本土课程资源深度融合，有效开发更高层次的德育课程资源，促进新媒体背景下高校德育的发展。

3. 国家课程资源与地方课程资源相互渗透

从课程管理的政策角度出发，课程资源被划分为学校课程资源、地方课程资源、国家课程资源三大层面。课程资源是丰富多彩的，高校要充分挖掘、利用所在地独特的课程资源，打造具有鲜明特色的高校德育课程，促使高校德育和社会生活水乳交融。

新课程改革后，国家提倡开发地方课程资源，立足地方，依托本土优势，将国家课程资源和地方课程资源相互渗透，协调发展高校德育。首先，高校可以开发地方自然景观类的德育课程资源。山川河流、花草树木、古老建筑等独特的自然环境贴近生活，有利于培养学生亲近自然、爱家乡、保护传统文化的道德情操。其次，高校可以开发地方风土人情类的特色德育课程资源。中国是国土辽阔、地方习俗差异大的国家，全国各地的风土人情各不相同，国家课程资源有效开发时，即使细细考虑多种方案，也不能面面俱到，还是会存在各种各样的矛盾。高校教师和学生要积极探索当地的风土人情，将民风民俗凝练浓缩到高校德育课程资源中，促进国家课程资源和地方课程资源的相互渗透，从而为德育课程资源增添一抹民族特色。再者，高校可以开发当地民族的宗教信仰类的德育课程资源。宗教信仰一般具有区域性和民族性，不同宗教信仰的人们在思想观念、为人处世、行为方式、价值判断等方面都存在巨大的差异，这对高校德育的实施有一定的影响。涉猎广阔非正式的德育知识和经验，对学生渗透无潜在意识、间接作用的影响因子，覆盖其生活时空，和国家德育课程资源形成教育合力。

国家课程资源和地方课程资源具有统一性，是有机的整体。国家课程资源开发依赖于地方课程资源，地方课程资源也要以国家课程资源为标准，相互协调、相互创造、相互渗透，使国家课程资源和地方课程资源共存。

五、强化课程资源开发的反馈与评价

（一）线上线下整体联动

在新媒体背景下推进高校德育课程资源有效开发，不仅要求思想认识、服务保障到位，还要做到组织协调、反馈与评价到位。评价课程资源是否符合学生实际需要，是否实现高校德育目标，是否发挥其开发效用，都需要线上线下整体的课程资源使用者不断反馈评价。新媒体为大家反馈与评价提供交流平台，实现了即时反馈，因此，线上线下整体联动以强化反馈效果是高校德育课程资源有效开发的必要途径。

课程资源如何达到开发目的、完善课程资源体系、呈现良好的教育效果等作用，需要及时反馈，反复调整，只有这样才能使其发挥最大的德育效用，所以课程资源的反馈环节不容小觑。教师和学生作为高校德育课程资源的使用者和开发者，对于其发挥的效用和影响程度最具有发言权，应该发挥主观能动性，成为课程资源反馈与评价的首要主体。首先，教师可以根据课程资源和德育目标的契合度、对学生的影响度以及在高校德育中课程资源的使用率进行反馈评价，促进课程资源有效开发目标的现实性和开发原则的创新性发展。其次，新媒体环境下学生可以随时和开发队伍人员进行沟通交流，从课程资源的启发性、自身的吸引性以及课程资源的时效性角度分析课程资源的有效开发，为队伍提供课程资源有效开发的方向及其纵深度。再者，新媒体课程资源相比于其他课程资源，是一种特殊的课程资源，高校需配备专业人员对其安全性、影响力、覆盖范围等问题及时反馈，更要及时更新新媒体课程资源，保持课程资源的时效性。最后，线上线下深度融合推进虚拟空间的现实性。加强线上线下整体联动，强化反馈环节的作用，为更好的有效开发课程资源做好铺垫。

新媒体背景下，课程资源的种类以及存在的方式多种多样，其延伸力度、挖掘、层次以及对高校德育的影响都难以控制。因此，线上线下的整体联动可推进现实环境和虚拟空间的协同反馈，保持课程资源的即时性，最终形成动态发展的课程资源反馈环节。

（二）多元评价体系提高开发的有效性

评价是课程资源有效开发过程中的重要环节，也是促进高校德育发展的重要保障。依据不同的标准，评价方式各有不同。根据评价主体的不同，评价可被划分为内部评价和外部评价；根据评价所起的作用不同，评价可被分为诊断性评价、形成性评价和终结性评价；根据评价标准的不同，评价也可被分为相对评价、绝对评价和个体差异性评价。[①] 对课程资源有效开发的评价应该引入多元化评价方式，提升课程资源开发的有效性。

首先，评价主体的多元化有利于提高课程资源开发的有效性。地方政府、高校领导、开发人员、教师、学生以及任何可能利用高校德育课程资源的人员都可以作为评价的主体，对已开发的高校德育课程资源进行评价，开发主体可以根据不同的使用者的评价对课程资源进行反复深度的开发。其次，评价标准的多元化有利于提升课程资源开发的有效性。新媒体背景下，课程资源的类型千差万别，开发主体在开发过程中要不断评估课程资源的开发效果，而评价标准的多元化可以引导课程资源开发的主导方向，并为提升课程资源开发的有效性提供了依据。再者，评价方式的多元化有利于提升课程资源开发的有效性。定性与定量评价相结合，对开发出的课程资源进行质、量等多方面的评价，保证课程资源开发的实用性；终结性评价和形成性评价方式相结合，实现评价重心向课程资源开发过程的转移，形成一种动态的系统的评价方式。在课程资源开发的过程中，形成性评价可以及时了解其开发进度、使用效果，以便开发主体及时进行修正、调整和强化。另外，新媒体背景下课程资源更新速度较快，形成性评价方式可以发挥其作用，促进课程资源发挥出最大的效用，保证课程资源的时效性，大大提升了课程资源开发的有效性。

多元的评价体系，提升开发的有效性，既强化了评价与反馈，也保证了课程资源有效开发的质量。新媒体背景下，反馈与评价形成合力，提高高校德育的效果，稳步推进课程资源有效开发的长远发展。

---

① 黄甫全.现代课程与教学论 [M].北京：人民教育出版社,2014:460-461.

参考文献

[1] 陈学飞 . 中国高等教育研究 50 年 , 1949, 1999[M]. 北京 : 教育科学出版社 , 1999.

[2] 肖念 , 孙崇正 . 高校教育教学改革的理论思考与实践探索 [M]. 北京 : 人民出版社 , 2010.

[3] 李秉德 . 教学论 [M]. 北京 : 人民教育出版社 , 1991.

[4] 赵希文 . 大学课堂教学技巧 [M]. 哈尔滨 : 哈尔滨工业大学出版社 , 2010.

[5] 潘懋元 . 新编高等教育学 [M]. 北京 : 北京师范大学出版社 , 1996.

[6] 吉林省教育厅高等教育局 . 吉林高等教育 [M]. 长春 : 长春教育出版社 , 1958.

[7] 谢维和 . 教育活动的社会学分析——一种教育社会学的研究 (修订版)[M]. 北京 : 教育科学出版社 , 2007.

[8] 约翰·S. 布鲁贝克 . 高等教育哲学 [M]. 王承绪 , 译 . 杭州 : 浙江教育出版社 , 2002.

[9] 廖哲勋 , 田慧生 . 课程新论 [M]. 北京 : 教育科学出版社 , 2003.

[10] 范印哲 . 教材设计导论 [M]. 北京 : 高等教育出版社 , 2003.

[11] 小威廉姆·多尔 , 诺·高夫 . 课程愿景 [M]. 张文军 , 张华 , 余洁 , 译 . 北京 : 教育科学出版 , 2004.

[12] 陈玉琨 . 高等教育评价论 [M]. 广州 : 广东高等教育出版社 , 1993.

[13] 刘延东 . 深化高等教育改革 , 走以提高质量为核心的内涵式发展道路 [J]. 中国高等教育 , 2012(15):1.

[14] 罗道全 , 李玲 . 国外高校面向 21 世纪教学改革述略 [J]. 北京高等教育 , 2001(1):45-47.

[15] 胡建华 , 陈玉祥 , 邵波 , 等 . 我国高等学校教学改革 30 年 [J]. 教育研究 , 2008(10):11.

[16] 曹莉. 关于文化素质教育与通识教育的辩证思考 [J]. 清华大学教育研究, 2007 (2):24-33.

[17] 陆根书. 优化学生学习经验提高高校教学质量——基于学生视角的高校教学质量改进途径与方法探讨 [J]. 复旦教育论坛, 2007(2):8-11.

[18] 杜朝辉, 邱隽. 基于知识经济时代大学教学的改革与创新 [J]. 黑龙江高教研究, 2005(4):99-100.

[19] 胡象明, 胡雅芬. 论以人为本的教育理念与高校教学改革 [J]. 北京教育 (高教版), 2008(2):3.

[20] 潘懋元.《学习风格与大学生自主学习》书评 [J]. 西安交通大学学报 (社会科学版), 2004, 24(4):95-96.

[21] 卢文忠, 陈慧, 刘辉. 大学研究性学习的特征和模式构建 [J]. 扬州大学学报 (高教研究版), 2006(5):61-64.

[22] 费文晓. 高校办学特色的特征及价值探析 [J]. 内江师范学院学报, 2008, 23(7):4.

[23] 邓军, 李菊英, 谢自芳. 浅论现代大学教学方法 [J]. 大学教育科学, 2007(1): 68-70.

[24] 张波, 李念良. 浅议高校教学方法的改革 [J]. 赤峰学院学报 (自然科学版), 2010, 26(5):180-181.

[25] 王宜艳, 孙虎山. 基于移动互联网环境的高校教学手段和教学方法改革 [J]. 内蒙古师范大学学报 (教育科学版), 2017, 30(5):88-91.

[26] 张一川, 钱扬义. 国内外"微课"资源建设与应用进展 [J]. 远程教育杂志, 2013, 31(6):26-33.

[27] 王玉秋. 大学课程改革应处理好的几对关系 [J]. 临沂师范学院学报, 2010, 32(2):10-13.

[28] 段远源, 冯婉玲. 研究型大学教材建设相关问题思考 [J]. 中国大学教学, 2008(12):82-85.

[29] 袁金超. 基础教育微课资源设计开发的现状分析与策略研究 [D]. 西安 : 陕西师范大学, 2013.

[30] 刘邦奇. "互联网 +"时代智慧课堂教学设计与实施策略研究 [J]. 中国电化教育, 2016(10):51-56.

[31] 孙曙辉. 在线教学 4.0: "互联网 +"课堂教学 [J]. 中国教育信息化, 2016

(14):17–20.

[32] 赵培培 . 智慧课堂 : 优化与创新传统课堂 [J]. 教育现代化 , 2017, 4(14):171–174.

[33] 黄玲 , 卢红兵 . 深化教学改革 , 努力提高人才培养质量——江苏省高校教学改革热点述评 [J]. 江苏高教 , 1995(2):62–64.

[34] 有宝华 . 课程连续统一体——一种新的学校课程系统 [J]. 全球教育展望 , 2000(1):5.

[35] 庞振超 . 新中国成立初期中国大学人文课程的变革及特点 [J]. 大学教育科学 , 2007(6):5.

[36] 段远源 , 冯婉玲 . 研究型大学教材建设相关问题思考 [J]. 中国大学教学 , 2008(12):82–85.

[37] 范树成 . 21 世纪初叶我国高等学校课程体系改革与建构 [J]. 大连理工大学学报 (社会科学版), 2003(1):6.

[38] 向文江 , 唐杰 , 周平 . MOOC 背景下地方高校教学管理改革研究 [J]. 中国现代教育装备 , 2015(13):22–25.

[39] 孙东辉 . 创新人才培养理念下的高校教学管理体制创新 [J]. 中国成人教育 , 2015(14)41–42.

[40] 严文蕃 , 李娜 . 互联网时代的教学创新与深度学习——美国的经验与启示 [J]. 远程教育杂志 , 2016(2):26–31.

[41] 余胜泉 , 王阿习 . "互联网 + 教育" 的变革路径 [J]. 中国电化教育 , 2016(10):1–9.

[42] 曹培杰 . 未来学校的变革路径—— "互联网 + 教育" 的定位与持续发展 [J]. 教育研究 , 2016(10):46–51.

[43] 陆薇 , 陈琳 . "晒课" 促进教师智慧成长研究 [J]. 中国电化教育 , 2015(12):132–136.

[44] 康全礼 . 我国大学本科教育理念与教学改革研究 [D]. 武汉 : 华中科技大学 , 2005.

[45] 胡弼成 , 王威廉 . 高等学校课程体系现代化研究 [J]. 集美大学学报 (教育科学版), 2011, 26(2):1.

[46] 李桂芳 . MOOC 背景下大学课堂教学模式的反思与建构 [D]. 济南 : 山东师范大学 , 2015.

[47] 马迪.新时代高校德育创新路径探析[J].教书育人,2020(30):55-57.

[48] 张青.高校德育与心理健康教育的整合研究[J].中学政治教学参考,2020(11):83.

[49] 李威燃,王紫麒.新时代高校德育工作模式探析[J].科技资讯,2020,18(17):227,229.

[50] 李小康,陈军.浅谈高校德育范式的转换及路径研究[J].教育信息化论坛,2020(12):7-8.

[51] 徐方.高校德育实践经验与发展途径研究[J].青年与社会,2020(28):90-91.

[52] 仲帅.新时代高校德育的层次性思考[J].人民论坛,2020(8):119-121.

[53] 李楠.新时代高校德育教育的实现路径[J].现代交际,2020(2):109-110.

[54] 李菩菩,傅新禾.契合心灵:高校德育的优化路向选择[J].日照职业技术学院学报,2012,7(3):11-14.

[55] 虞丽娟.谈高校德育的优化与评价[J].中国高等教育,2003,24(8):22-23.

[56] 王家姝,李佳航.关于优化高校德育评价体系的思考[J].林区教学,2020(1):13-15.

[57] 张晶.浅析高校德育教育存在的问题与优化[J].山西青年,2018(1):162.

[58] 严丽娜.新时代背景下高校德育工作优化途径研究[J].山海经(教育前沿),2020(15):53.